기독교교육과 청소년: 기독교청소년교육학

김성중

민영사
예사람

머리말

필자는 기독교교육학과 일반교육학을 함께 공부한 기독교교육학자이며, 청소년 교육과 사역의 전문가로서 기독교청소년교육학 학문서를 발간하고 싶었다. 그 결과물이 바로 이 책이다. 기독교청소년교육학은 이론만 중요하지도 않고, 그렇다고 이론이 없는 실천적 기술만 중요하지도 않다. 이론도 중요하고, 실천적 기술 및 실제도 중요하다. 따라서 이 책은 청소년 교육과 사역의 현장을 염두에 두면서 기록했고, 이론과 실제의 융합에 관심을 가지고 기록했다. 따라서 이 책은 청소년 교육과 사역에 관심 있는 목회자, 사역자, 신학생, 학자들이 필수적으로 읽으면 좋을 만한 책이라고 생각한다. 그동안 청소년 교육과 사역의 현장은 발전해왔고, 다양한 교육과 사역의 내용이 있어 왔지만, 그에 맞는 학문적인 연구는 따라가지 못한 것이 사실이다. 이제는 기독교교육 안에서 청소년에 대한 연구가 좀 더 체계적이고 종합적이고 현장 지향적이고 이론과 실제의 융합으로 진행되어야 한다.

본 책에서 필자는 청소년 교육의 중요한 영역이 되는 내용을 담았다. 기본적으로 마리아 해리스(Maria Harris)가 제시하는 교육목회의 5가지 영역을 담았고, 이 외에 청소년 교육의 꽃이라고 말할 수 있는 수련회와 청소년 교육에 있어 가장 중요한 주제인 진로 탐색, 그리고 청소년 교육에 있어서 반드시 고민해야 하는 신앙과 학업의 관계 정리, 청소년들의 삶의 도구인 유튜브의 사용 실태에 관한 내용을 담았다.

구체적으로 1장에서는 청소년들의 눈높이에 맞는 설교에 대한 내용을 실었다. 청소년 교육에 있어서 설교는 중요한 내용으로 성인 설교와는 차별성을 가져야 하고, 청소년들의 특성을 잘 고려해서 그들의 눈높이를 맞출 수 있어야 한다.

2장에는 시대적 상황에 맞는 청소년 예배에 대한 내용을 실었다. 온라인 시대를 맞이해서 청소년 예배가 어떻게 이루어져야 하는지에 대해 무게중심을 두면서 기록했다.

다음으로 3장에는 청소년 세례입교 교육에 대한 내용을 실었다. 청소년 세례입교 교육이 형식적으로 진행되지 않고 체계적으로 진행될수 있도록 이론과 실제를 제시했고, 여기서 제시한 세례입교 교육은 세례입교 교육뿐만 아니라 새신자 교육, 제자훈련 등에서도 활용될 수 있다.

4장에는 청소년들을 위한 친교와 교제에 대한 내용을 실었다. 청소년들에게 친교와 교제는 어떤 목적과 내용, 방법을 가지고 구체적으로 이루어져야 하는지에 대한 내용을 4장에 담았다.

5장에는 청소년들을 위한 섬김과 봉사에 대한 내용을 실었다. 청소년들의 전인적 성장을 위해 필요한 것은 섬김과 봉사의 실천인데, 이 부분을 교육 안에서 어떻게 담아낼 수 있는지 실제적인 내용을 제시했다.

6장에는 청소년들의 신앙 형성과 성숙에 있어서 가장 중요한 프로그램이자 내용인 청소년 수련회에 대한 내용을 실었다. 특히 코로나19

팬데믹 시대에 어떻게 청소년 수련회를 할 수 있는지에 대한 구체적인 내용을 담았다.

다음으로 7장에는 청소년들의 최대 관심이자 고민의 주제인 진로 탐색에 대한 내용을 실었다. 청소년 교육에서 진로에 대한 내용은 중요하게 연구되어야 한다. 왜냐면 청소년들의 최대 관심인 동시에 최대 고민의 주제와 내용이기 때문이다. 따라서 7장에는 기독교 진로 탐색에 대한 이론과 실제를 교육적인 측면에서 연구하고 제시했다.

8장에는 청소년 교육에 있어서 반드시 고민해야 하는 신앙과 학업의 관계 정리에 대한 내용을 실었다. 입시 위주의 문화 가운데서 청소년들은 공부하는 삶을 살고 있다. 즉 학업이 그들의 일상이자 삶이다. 따라서 신앙과 학업의 관계를 잘 설정해주어야 신앙생활도 열심히 할 수 있고, 공부도 열심히 할 수 있는 것이다.

마지막으로 9장에는 청소년들에게 있어서 떼래야 뗄 수 없는 삶의 도구가 유튜브인 것에 주목하여 기독 청소년들의 유튜브 사용 실태에 관해 연구한 내용을 실었다. 본 연구 내용은 기독 청소년들의 유튜브 사용 실태를 종합적으로 살펴볼 수 있는 최초의 체계적인 연구로서 그 가치와 의의가 있다고 말할 수 있다.

이 책에 담긴 내용 중에 학술지에 실렸던 내용을 수정 보완한 것들이 많이 있다. 연구 내용을 학자들 중심으로 활동하는 학술지에 게재되는 것으로 끝나는 것이 아니라, 여러 다양한 독자들에게 정리해서 소개하는 것은 의미 있는 작업이라고 생각한다.

아무쪼록 본 책이 기독교청소년교육학이라는 학문을 체계적으로 정립하는 데 일조하고, 기독교청소년교육학의 개론서로 자리매김하기를 간절히 소망한다. 이 책을 읽으시는 모든 분들에게 하나님의 은혜와 평안이 가득하기를 기도하고, 청소년 교육과 사역의 현장 가운데서 눈물로 씨를 뿌리는, 이름과 빛도 없이 수고하시는 모든 분들에게 이 책을 바친다.

2021년 12월

광나루 연구실에서 교수 김성중

차례

1장

청소년들의 눈높이에 맞는 설교[1)]

1) 이번 장은 2018년 <선교와 신학> 45집, 43-78에 게재했던 필자의 논문을 수정 보완한 것이다.

1. 들어가는 말

한국교회 안에 청소년들이 급격하게 줄어들고 있는 이 시점에서 청소년 목회를 살리기 위해서 필요한 것은 무엇일까? 청소년 교육의 핵심은 설교이다. 설교는 한국교회 어느 청소년부에서나 다 하고 있다. 그럼 중요한 것은 설교를 해야 한다가 아니라, 설교를 잘 해야 한다는 것이다. 청소년부가 건강하게 성장하는 교회를 탐방해보면, 그 동력에는 설교가 자리 잡고 있음을 공통적으로 발견할 수 있다. 그럼 어떤 설교가 청소년들에게 영향을 줄 수 있는 좋은 설교가 될 수 있을까? 직설적으로 말해서 어떻게 하면 청소년들에게 맞는 설교를 할 수 있을까? 그 하나의 답으로 "청소년 발달"이라는 핵심어를 생각하게 되었다.

청소년들에게 맞는 설교를 하기 위해서는, 청소년들의 눈높이에 맞는 설교를 하기 위해서는, 청소년들에게 영향력을 주는 설교를 하기 위해서는 청소년들을 알아야 한다. 설교학의 관점에서 보면 회중을 이해하는 것이다. 설교를 듣는 청소년들을 이해하지 않고는 청소년들에게 맞는 좋은 설교를 할 수 없다.

"청소년들을 안다"는 말의 구체적인 의미는 청소년들의 발달을 이해한다는 것이다. 청소년들의 발달을 이해하기 위해서는 인지 발달, 심리 발달, 도덕성 발달, 신앙 발달의 측면을 살펴보아야 한다. 청소년들은 청소년 시기에 맞는 발달이 이루어지고 있다. 청소년 설교자는 청소년들의 발달의 모습들을 이해하면서 그 발달의 측면에 맞는 설교가 준비되어야 한다. 많은 청소년들이 설교 시간에 집중하지 못하고 딴짓을 하거나 졸고 있다. 많은 청소년 사역자들은 청소년들 대상으로 설교하는 것이 너무 힘들다고 말한다. 이러한 상황 가운데 청소년의 발달을 이해하면서 청소년 설교에 방향성을 제공해주는 연구가 필요하다.

따라서 이번 1장의 본론에서는 청소년들을 이해하면서, 즉 청소년의 발달을 이해하면서 어떤 설교의 목표와 설교의 내용을 설정하고, 어떻게 설교할 수 있는지에 대해 기독교교육학적인 관점에서 살펴보려고 한다. 구체적으로 청소년 설교를 논하기 위해 설교가 무엇인지에 대해 개략적으로 살펴보고, 청소년 발달 이론들을 살펴본 이후에 청소년들을 위한 설교의 실제를 제시해보도록 하겠다.

II. 청소년 설교에 대한 이해

구약에서의 설교는 하나님으로부터 소명을 받은 선지자(예언자)들이 하나님의 말씀을 온전히 전하는 사명을 감당한 것에서 찾아볼 수 있다. 그들은 하나님의 말씀의 사자라는 정체성을 가지고 하나님의 말씀을 전하는 데에만 온 관심을 두면서 사명을 감당하였다.

신약에서의 설교는 예수 그리스도와 관련이 된다. 예수 그리스도의 삶과 예수 그리스도의 가르치심, 십자가에서의 고난과 부활 및 승천, 그리고 다시 오시는 재림을 선포하는 것이 설교의 내용이 된다. 예수 그리스도의 승천 이후에 사도들은 자신들이 그리스도의 사자들이라는 정체성을 가치고, 예수 그리스도를 온전히 증거 하였다.[2] 이것은 신약에서 나온 헬라어 단어인 "케리그마(Kerygma)"와 연관이 된다. 우리말로는 "복음"이라고 번역되는 이 단어는 예수 그리스도의 구속 사역을 뜻하는 것이다.[3] 정리하면 성경 안에서 설교는 "하나님의 구속의 역사를 증언하고, 그 기록에서 주어진 말씀을 전달하기 위한 운반의 사명을 감당함으로써 이루어졌다."[4]

설교 자체를 가리키는 최초의 용어는 "호밀리아(Homilia)"였는데, 이 단어는 "'서로 이야기한다'는 뜻을 가진 '호멜리엔(Homilien)'에서 파생된 명사로 2세기경 폴리캅에게 보내는 이그나시우스의 서신에서 처음 발견된다."[5] 이 용어에 근거한 설교는 "회중예배에서 선포되는 말씀을 지칭하는 전문어로 성경본문을 순서대로 주석하는 것"을 의미한다.[6] 중세시대에는 설교보다는 의식이 강조되다 보니까 설교가 정체성의 위기를 맞이하게 되었다. 그러다가 종교개혁에 의해 설교가 개신교회의 정체성에 가장 중요한 부분을 차지하게 되었다. "종교개혁에 이르러서는 '콘치오(contio)'라는 용어가 사용되었는데, 이는 성경본문을 바탕으로 공중예배에서 행해지는 설교"라는 의미를 뜻하기 때문에 예배에서 설교의 비중이 얼마나 중요해졌

---

2) 정장복,『한국교회의 설교학 개론』(서울: 예배와설교아카데미, 2001), 63-66.
3) 김희자,『기독교 청소년교육』(서울: 기독한교, 2005), 163.
4) 정장복,『한국교회의 설교학 개론』, 67.
5) 김희자,『기독교 청소년교육』, 164.
6) 위의 책.
7) 위의 책, 165.

는지를 설명해주는 용어이다.[7)]

종교개혁자 존 칼빈(John Calvin)은 설교는 하나님으로부터 선택된 설교 사역자, 즉 하나님의 종을 통해서 이루어지며, "하나님이 예배의 현장에 임재하시어 그의 종을 통하여 말씀하신 것이며, 그 말씀을 통하여 하나님의 약속과 계명이 성취되는 효과를 거두게 된다"고 주장하였다.[8)]

현대에 들어와 신학자 칼 바르트는 "설교는 하나님의 말씀이며 하나님은 변천하는 역사 속에서 교회의 설교를 통하여 그 자신의 말씀을 그 시대의 인간들에게 전파하고 계신다"고 주장하였다.[9)] 클라우스 함스(Claus Harms)도 "설교가 곧 하나님의 말씀"이라고 주장하였다.[10)] 미국 성공회의 대표적인 설교가였던 필립스 브룩스(Phillips Brooks)는 "설교는 한 사람에 의하여 다수의 사람들에게 주어지는 진리의 전달"이라고 정의 내렸다.[11)] 성경의 근거와 몇몇 학자들의 의견을 종합해서 설교학자인 정장복은 "설교란 택함 받은 설교자가 당대의 커뮤니케이션을 통하여 회중에게 하나님의 말씀인 성경의 진리를 선포하고 해석하고 이 진리를 회중의 삶에 적용한 것이며, 이것은 성령의 감화하심에 의해 이루어진다"고 설명하였다.[12)]

---

8) 정장복,『한국교회의 설교학 개론』, 68.

9) 위의 책, 69.

10) Friedrich Wintzer, 정인교 역,『현대 설교학』, (서울: 한국신학연구소, 1998), 108.

11) 정장복,『한국교회의 설교학 개론』, 69.

12) 위의 책, 70.

설교의 가장 중요한 구성요소는 설교자, 설교, 그리고 회중이다. 설교를 듣는 회중이 없는 설교는 없다. 그렇기 때문에 설교에 대해 생각할 때 설교를 듣는 회중을 반드시 생각해보아야 하는 것이다.

로마의 감독이었던 그레고리(540~604)는 591년 『목회지침(Pastoral Rule)』이라는 책을 서술했는데, 이 책에서 그는 주교의 책임에 있어서 설교의 중요성에 대해서 강조했다. 이 책에서 그레고리는 설교는 수사학적 이론보다 회중들을 실제적으로 보살피고 인도하는 실천적인 측면이 중요하다는 점을 언급했다.[13] 그리고 "36쌍의 서로 상반된 특징을 가진 회중 목록을 열거한 다음 각각의 쌍에 적합한 짧은 설교문을 제시했다."[14] 즉 회중의 다양한 필요를 만족시키는, 회중의 삶에 영향력을 주는 회중에게 맞춰진 설교가 필요함을 드러낸 것이다. 선교적 설교를 연구한 진희근도 "설교 메시지의 형태는 현장화의 과정 중에서 수용자들의 문화에 따라 적절히 변모하여야 한다"고 주장하면서 회중 맞춤식 설교를 강조하였다.[15]

이상으로 살펴본 내용을 청소년 설교에 비추어 정리해보면, 청소년 설교에서 중요한 부분 첫 번째는 설교자이다. 청소년 설교자는 본인이 하나님으로부터 택함 받은 설교자라는 거룩한 부담감과 자의식을 가져야 한다. 청소년 설교자 중에 웃기는 말을 잘 하고, 말을

---

13) Richard Lischer, 정장복 역,『설교신학의 8가지 스펙트럼』(서울 : 예배와 설교 아카데미, 2008), 385.

14) 위의 책.

15) 진희근, "선교적 설교의 한 모델-한국 무교를 배경으로,"『선교와 신학』제1집(1998), 191.

청산유수처럼 잘 해서 청소년들에게 영향력을 주려고 하는 사람들이 있다. 청소년 설교자는 본인이 만담가나 강연자가 아니라, 하나님으로부터 택함 받은 설교자라는 정체성을 가지고 청소년들에게 다가가야 한다. 청소년 설교자는 본인이 설교한대로 본인이 실천해야 하는, 삶으로 보여주는 설교자가 되어 청소년들에게 선한 영향력을 발휘해야 한다.

청소년 설교에서 중요한 부분 두 번째는 설교이다. 청소년 설교자는 하나님의 말씀을 회중들에게 온전히 잘 전달해야 하는 의무와 사명이 있는 것이다. 설교는 하나님의 말씀이다. 아무리 청소년들에게 눈높이를 맞춰도 자신이 하고 있는 설교는 하나님의 말씀이라는 것을 잊지 말고 거룩한 마음으로 준비하고, 두려운 마음으로 설교해야 한다.

청소년 설교에서 중요한 부분 세 번째는 회중이다. 청소년 설교를 듣는 회중은 청소년이다. 그렇기 때문에 청소년들을 이해하고, 청소년들에게 눈높이를 맞춰서 청소년들의 다양한 필요를 채워주는 설교가 진행되어야 한다. 즉, 청소년들의 삶에 영향력을 주는 청소년 맞춤식 설교가 이루어져야 하는 것이다.

III. 청소년 발달 이론

1. 인지 발달 이론

청소년들의 인지 발달을 이해하기 위해서는 장 피아제(Jean Piaget)의 이론을 반드시 살펴보아야 한다. 피아제는 생물학을 공부하면서 “유기체가 환경에 적응하기 위해 그 구조를 발전시켜 가는 것을 주목하고, 이를 인간의 지능의 문제에 적용시켜 인간이 환경의 요구에 따라 인지 구조를 끊임없이 재구성해 간다”고 보았다.[16] 피아제 이론에서 중요한 점은 인지발달에 있어서 단계를 거친다는 점이다. 피아제가 주장한 인지 발달은 4가지 단계로 진행된다.

첫 번째 단계는 감각운동기이다. 이 단계는 0~2세까지에 해당되며, 중심적인 특징은 모방, 기억, 사고가 시작되고, 대상영속성을 인식하고, 단순 반사행동에서 목적을 가진 행동으로 발전하게 되는 것이다.

두 번째 단계는 전조작기이다. 이 단계는 2~7세까지에 해당되며, 중심적인 특징은 언어가 발달하고 상징적인 형태로 사고하는 것이다. 그리고 일방적인 관점에서 사고하면서 사고와 언어가 자아중심적인 특징을 보이게 되는 것이다.

세 번째 단계는 구체적 조작기이다. 이 단계는 7~11세까지에 해당되며, 중심적인 특징은 논리적 사고가 시작되고 논리적으로 구체

16) 신명희 외 3인,『교육심리학의 이해』(서울: 학지사, 2001), 45.

적인 문제를 해결할 수 있게 되고, 보전의 개념을 이해하고, 분류 및 서열화할 수 있게 되는 것이다.

마지막 네 번째 단계는 형식적 조작기이다. 이 단계는 11세 이후 청소년기에 해당되며, 중심적인 특징은 논리적 사고뿐만 아니라 추상적인 사고도 가능하게 되어 추상적인 문제를 해결할 수 있게 되고, 사고가 점차 과학적이 되고, 복잡한 언어과제나 가설적인 문제를 해결할 수 있게 되는 것이다.[17)]

이 네 단계의 인지 발달 단계에서 청소년기에 해당되는 단계는 네 번째 단계인 형식적 조작기이다. 네 번째 단계인 형식적 조작기의 핵심은 논리적 사고와 추상적인 사고이다. 논리적 사고는 논리적이지 않는 것에 대해 의문을 품게 되면서 시작되고, 추상적인 사고는 지금, 여기에 있지 않는 것을 유추하면서 이루질 수 있다.

네 번째 단계인 형식적 조작기를 좀 더 이해하기 위해 세 번째 단계인 구체적 조작기와 비교해보면 다음과 같다. 구체적 조작기에는 사고가 지금 여기에로 제한되지만 형식적 조작기에는 사고가 가능성에까지 확장된다. 구체적 조작기에는 문제해결이 문제의 세부적인 내용에 근거해서 진행되지만, 형식적 조작기에는 문제해결이 계획된 가설검증에 의해서 진행된다. 구체적 조작기에는 사고가 구체적 대상과 상황에 의해 제한되지만 형식적 조작기에는 사고가 구체적 대상과 상황뿐만 아니라 가능한 아이디어까지로 확대된다. 그리고 구체적 조작기에는 사고가 자신을 바라보는 것에 초점을 맞추지만, 형식적 조

17) 위의 책, 48.

작기에는 사고의 초점이 타인을 바라보는 것까지로 확대된다.[18)]

피아제의 인지 발달 이론은 청소년들을 위한 설교에 통찰을 준다. 모태신앙으로 자란 아이가 청소년기에 들어서서 신앙에 대해 의심을 품고 부모들에게 신앙에 대한 의심의 질문을 던지면 부모들은 충격을 받고 아이가 시험에 들었느니, 요즘 기도 안 해서 그렇다느니 이상한 해석을 하게 된다. 보수적인 신앙생활을 한 부모일수록 더욱 그러하다. 그러나 이것은 피아제의 인지 발달에 근거하면 당연한 것이다. 청소년 시기에는 논리적인 사고가 계속 진행되는 시기이기 때문에 논리적으로 설명하기 힘든 믿음의 체계 안에 있는 신앙의 가르침에 대해서 의심과 의문을 품을 수밖에 없다. 의심하기는 비판적인 사고로 연결이 되는데, 이러한 의심을 교육학적으로 바라보면, 의심은 진리를 찾기 위한 과정이 되는 것이다. 의심을 통해서 지금까지 믿어왔던 신앙을 버리는 것이 아니라, 의심을 통해서 참된 진리를 확고하게 갖추기 위한 것이다. 의심과 비판적인 사고가 없으면 진리와의 대화가 이루어질 수 없는 것이다.[19)]

따라서 청소년 설교는 무조건 믿고 받아들이라는 의심과 질문 자체를 막는 주입식 설교의 형태가 아니라, 학생들의 의심과 질문에 대해 열어 놓고 논리적으로 설명하고 제시하는 설교의 형태가 되어야 함을 알 수 있다. 게다가 형식적 조작기 때 진행되는 추상적인 사고

---

18) 위의 책, 57.

19) Paulo Freire, Pedagogy of the Oppressed(New York : Continuum International, 1993), 92.

는 지금, 여기에 있지 않는 것을 유추할 수 있게끔 도와주기 때문에 청소년 설교원고를 논설문 형식으로 쓰고 선포식, 웅변식 설교로 진행하기보다는 이야기를 바탕으로 청소년들의 상상력을 자극해서 보이지 않는 하나님에 대해서 상상하고 알아가고 믿을 수 있도록 도와주어야 한다. 묵상적이고, 미적이고, 창조적이고 신성한 상상은 힘이 있다. 이야기는 이러한 상상을 자극하고, 이러한 상상은 진리를 재구성하는 힘이 있다.[20]

2. 심리 발달 이론

청소년들의 심리 발달을 이해하기 위해서는 에릭 에릭슨(Erik H. Erikson)의 이론을 반드시 살펴보아야 한다. 에릭슨은 전 생애 발달 이론을 제시한 학자인데, 그는 자신의 책 *Childhood and Society* 안에 있는 Eight Ages of Man이라는 장에서 8가지의 전 생애 발달의 단계를 제시하였다. 에릭슨의 이론에서 중요한 점은 각 단계마다 일어나는 심리적 역동을 이야기한 점이다. 그리고 그 역동에서 이루어야 하는 발달과업을 제시했다는 점이다.

제1단계의 심리적 역동은 기본적 신뢰 대 기본적 불신이고, 이때 이루어야 하는 발달과업은 인간이 살아가면서 필요한 신뢰감을 형성하는 것이다. 인간의 전 생애 가운데 이 시기를 유아기 때로 본다.

제2단계의 심리적 역동은 자율성 대 수치심 및 의심이고, 이때

20) Maria Harris, Teaching and Religious Imagination(New York : HarperCollins Publishers, 1991), 4.

이루어야 하는 발달과업은 자율성을 갖추는 것이다. 인간의 전 생애 가운데 이 시기를 초기 아동기로 본다.

제3단계의 심리적 역동은 주도성 대 죄책감이고, 이때 이루어야 하는 발달과업은 주도성을 갖는 것이다. 인간의 전 생애 가운데 이 시기를 놀이기로 본다.

제4단계의 심리적 역동은 근면성 대 열등감이고, 이때 이루어야 하는 발달과업은 근면성을 갖추는 것이다. 인간의 전 생애 가운데 이 시기를 학동기로 본다.

제5단계의 심리적 역동은 정체성 대 정체성 혼란이고, 이때 이루어야 하는 발달과업은 정체성을 찾는 것이다. 인간의 전 생애 가운데 이 시기를 청소년기로 본다.

제6단계의 심리적 역동은 친밀감 대 소외감이고, 이때 이루어야 하는 발달과업은 친밀감을 형성하는 것이다. 인간의 전 생애 가운데 이 시기를 초기 성인기로 본다.

제7단계의 심리적 역동은 생산성 대 침체성이고, 이때 이루어야 하는 발달과업은 생산성을 갖추는 것이다. 인간의 전 생애 가운데 이 시기를 성인기로 본다.

마지막 제8단계의 심리적 역동은 통합성 대 절망감 및 혐오감이고, 이때 이루어야 하는 발달과업은 통합성을 이루는 것이다. 인간의 전 생애 가운데 이 시기를 노년기로 본다.[21]

---

21) Donald Capps, 문희경 역,『인간 발달과 목회적 돌봄』(서울: 이레서원, 2001), 11-12.

전 생애 발달 가운데서 청소년기에 해당되는 시기는 제5단계이다. 그러나 우리나라의 경우에는 제4단계도 포함될 수 있다. 에릭슨의 이론에서 눈여겨보아야 할 점은 개인의 발달에서 사회와의 상호작용이 중요하다는 점이다. 개인의 발달 단계를 보면, 사회적 상호작용이 점차 확대되고 다양화되는 것을 볼 수 있다. 부모와의 상호작용에서, 전체 가족과의 상호작용, 학교 구성원과의 상호작용, 이웃과의 상호작용, 동반자와의 상호작용, 직업과 관계된 사람과의 상호작용으로 사회적 상호작용이 확대되고 다양화된다.[22] 그렇기 때문에 발달은 나 홀로 외딴섬에서 일어나는 것이 아니라, 사회 구성원과의 상호작용 가운데 이루어진다는 것이다. 따라서 사회 구성원들의 특징과 문화에 따라서 개인의 발달이 이루어진다고 말할 수 있다. 즉, "인간"이라는 공통성에 의해 국가, 문화권에 관계없이 발달 단계의 공통된 모습은 나타나지만, 사회 구성원들의 특징과 문화에 따라서 그 시기는 조금씩 달라질 수 있다.

우리나라를 표현할 때 IT 강국이라고 표현한다. 인터넷이 발달된 이후부터 우리나라는 IT(Information Technology)분야를 선도하는 나라가 되었다. 우리나라는 2017년 조사에 따르면 인터넷 평균 속도가 28.6Mbps(초당 메가비트)로 13분기 연속 세계 1위였고, 광대역 인터넷(4Mbps·10Mbps·15Mbps·25Mbps) 보급률도 1위였다.[23] 이 인터

22) 위의 책, 17.

23) 이주영, "한국 인터넷 속도 압도적 '세계 1위' … 보급률도 최고," 매일경제온라인, 2017년 6월 8일, http://news.mk.co.kr/newsRead.php? year=2017&no=382809.

넷 발달에 가장 민감하게 영향을 받은 계층이 바로 아동, 청소년층이다. 인터넷을 기반으로 하는 여러 미디어에서 다양한 정보들을 얻고 있고, 미디어에 큰 영향을 받고 있다. 빠른 인터넷 때문에 초등학교 저학년부터 온라인 게임에 손쉽게 접할 수 있고, 아이돌 그룹의 음악과 패션에 영향을 받고 있다. 그래서 우리나라 초등학생들은 발달이 빨라져서 초등학생으로서의 특징이 나타날 때 청소년으로서의 특징도 혼합되어 나타나는 경향이 있다. 왕따, 학원폭력과 같은 청소년기에 나타나는 문제가 요즘은 초등학생들 사이에서 나타나고 심해지고 있다. 재단법인 푸른나무 청예단이 지난 2016년 12월부터 2017년 2월에 걸쳐 전국 17개 시도의 초, 중, 고등학생 7531명을 대상으로 조사한 결과, 학교 폭력 피해 학생 가운데 초등학생이 조사 대상의 68.5%에 이르렀고, 이것은 학교 폭력을 당한 학생 10명 가운데 6명 이상이 초등학생이라는 뜻이다.[24)]

이렇게 본다면, 발달의 시기는 사회에 따라 조금씩 달라질 수 있고, 우리나라 청소년들은 에릭슨의 이론에서 제5단계뿐만 아니라, 제4단계에도 해당될 수 있다.

먼저 제4단계에서 중요한 발달과업은 근면성이다. 우리나라는 초등학생부터 여러 학원들을 다니며 바쁜 시간들을 보내고 있다. 초등학교 고학년부터 벌써 대학입시를 준비하는 경우까지 있다. 이러한 환경 속에서 청소년들은 서로 경쟁한다. 학교에서, 학원에서 또

24) 장윤진, "전체 학교 폭력 피해자의 68.5%는 초등학생... 비행 청소년 예방과 관찰은 초등학교부터가 관건," 시빅뉴스온라인, 2017년 11월 23일,

래들과 경쟁한다. 경쟁에서 승리하기 위해 열심히, 부지런히 공부하고, 경쟁에서 승리하면 칭찬을 받고 인정을 받게 된다. 그러나 반대로 경쟁에서 승리하지 못하면 교사로부터, 부모로부터 인정을 못 받게 되고, 쓴소리를 듣고, 벌을 받게 된다. 이러한 상황 속에서 열등감이 생기게 되고, 열등감이 깊어지면 일반적인 청소년의 삶에서 이탈해서 비행 청소년이 되기도 한다.

제5단계에서 중요한 발달과업은 정체성은 "내가 누구인지"를 알 때 형성되는 것이다. 정체성을 논할 때, "비전"을 언급할 수밖에 없다. "비전(vision)"이라는 단어는 라틴어 visus(seeing), videre(to see), video(I see)에 어원을 두고 있다.[25] 그래서 비전은 "내가 이미 있는 무엇을 보고 이해한다"는 뜻으로 해석할 수 있다.[26] 그렇기 때문에 정체성은 내가 이미 존재하는 나를 보고 이해할 때 형성되는 것이다. 자기 자신을 아는 것, 자기 자신을 이해하는 것, 자기 자신을 깨닫는 것이 정체성 형성에서 필요한 것이다. 정체성이 형성되면 자신의 삶의 목적을 깨닫게 된다. 내가 왜 이 세상에서 살아야 하는지를 아는 것이다. 그리고 내 삶에서 이루어야 하는 실천과제인 사명을 찾게 되는 것이고, 소망과 열정을 가진 사명자로 살게 되는 것이다.[27] 반대로 자기 자신이 누구인지 모를 때 사명을 모르게 되고, 삶에 대한 회의와 절망이 발생하게 되는 것이다. 이에 따라 청소년기의

---

25) 김성중, 『비전을 심어주는 청소년사역 매뉴얼』(서울: 쿰란출판사, 2007), 12.
26) 위의 책.
27) 김성중, 『너는 커서 이떤 나무가 될래? 』(서울: 생명의말씀사, 2016), 52.

위기가 생기고, 여러 사회적 문제가 발생하게 되는 것이다.

에릭슨의 심리 발달 이론은 청소년들을 위한 설교에 통찰을 준다. 제4단계의 발달과업을 살펴보면서 청소년들을 위한 설교에서는 청소년들을 마음으로 인정해주고, 진심으로 격려해주며, 구체적인 칭찬을 통해 자신감을 불어 넣어주어야 한다는 점을 알 수 있다. 그리고 청소년 설교의 내용에서는 경쟁에서 승리하는 내용을 지양하고, 하나님 안에는 우리 각자는 고유하게 귀한 존재라는 사실을 일깨워주고, 하나님 나라 안에서의 상생과 협동을 강조하는 내용을 지향해야 함을 알 수 있다. 다음으로 제5단계의 발달과업을 살펴보면서 청소년들을 위한 설교에서는 청소년들이 하나님 앞에서 자기 자신이 누구인지를 알고 이해하고 깨닫게 해 주는 내용이 중요하다는 점을 알 수 있다. 하나님 앞에서 자신이 누구인지를 알기 위해서는 먼저 하나님을 알고 만나야 한다. 그래서 청소년 설교에서는 하나님이 누구이신지에 대한 내용과 하나님을 만나는 방법에 대한 내용이 중심되어야 한다. 그리고 하나님 앞에서 우리의 삶의 목적이 무엇이고, 그 목적을 바탕으로 구체적으로 자신의 사명을 이해하고 찾는 방법에 대한 내용이 중요하게 제시되어야 함을 알 수 있다.

3. 도덕성 발달 이론

로렌스 콜버그(Lawrence Kohlberg)는 도덕성 발달을 주장한 학자로서, 도덕성 발달의 단계를 심리학적 근거에 기초하여 구조적으로 제시했다.[28] 콜버그는 6단계의 도덕성 발달 단계를 제시하였다.

제1단계는 처벌과 복종 지향의 단계로서 이때는 행위의 결과로 옳고 그름을 결정하는 특성이 나타나고 무조건적인 복종이 도덕적 가치를 지니게 되는 단계이다.

제2단계는 도구적 상대주의 지향의 단계로서 이때는 욕구를 도구적으로 충족시키려고 노력한다. 그리고 공정성, 상호성, 평등성과 같은 가치에 대한 인식이 시작되지만, 도덕적 행동을 자신과 타인을 만족시키는 도구로서 이해하며 결국 자신에게 돌아오는 이익을 생각하는 경향을 가지게 되는 단계이다. 제1단계와 제2단계의 수준은 전인습적 수준의 도덕성으로 규정할 수 있다.

다음으로 제3단계는 대인 간 조화의 단계로서 다른 사람과 좋은 관계를 유지하면서 다른 사람에게 인정받는 것이 옳은 행동으로 인식하는 특징을 가지고 있다. 즉, 타인의 반응여부가 도덕성 판단의 기준이 되는 것이다.

제4단계는 법과 질서 지향의 단계로서 법은 절대적으로 지켜야 하는 것이고, 사회에서 해야 하는 의무를 지키며 사회적 질서는 반드시 유지되어야 한다는 것을 강조하는 특성을 가지고 있다. 제3단계와 제4단계의 수준은 인습적 수준의 도덕성으로 규정할 수 있다.

다음으로 제5단계는 사회적 계약과 합의성 지향의 단계로서 융통성을 가지게 되어 법은 자유의 극대화를 위해 합의에 의해 만들어

---

28) Lawrence Kohlberg, 문용린 역,『콜버그의 도덕성 발달 이론』(서울: 아카넷, 2000), 19.

진 것으로 인식하게 된다. 그렇기 때문에 법이 그 기능을 제대로 못하면 변경시킬 수 있다고 생각하게 되는 특성을 가지고 있다.

제6단계는 보편적인 윤리적 원리 지향의 단계로서 선하고 옳은 행동은 윤리적인 원리와 부합하는 양심에 의해 결정된다고 믿게 되는 경향을 가지고 있고, 인간의 존엄성, 정의와 사랑, 공정성의 원칙에 따라 행동하게 되는 특성을 가지게 된다. 제5단계와 제6단계의 수준은 후인습적 수준의 도덕성으로 규정할 수 있다.[29)]

이와 같은 6개의 단계 중에 청소년들의 도덕성 발달 수준은 보통 제3단계와 제4단계의 인습적 수준의 도덕성으로 진행하게 된다. 제3단계는 보통 초등학교에 들어가서 친구 관계가 형성될 때 시작되지만, 초등학교 고학년이 되고 청소년기가 시작됨에 따라서 계속 밟아나가야 하는 단계가 된다. 위에서 살펴보았듯이 청소년기가 시작되면 의심과 비판적 사고가 발달된다. 의심과 비판적 사고를 친구에게까지 적용하기 때문에 친구 관계의 이중성이 나타나서 자신의 마음에 맞는 친구는 평생 친구고 동료로 인식하지만, 그렇지 않은 경우는 내 적으로 인식해 버린다. 그래서 친구 관계에서 왕따, 학원 폭력 문제가 청소년들 사이에서 발생하게 되는 것이다.

이뿐만이 아니라 의심과 비판적 사고를 부모와 교사, 어른들에게까지 적용하기 때문에 반항이 생기고, 어른 세대와의 갈등이 깊어지는 것이다. 따라서 콜버그의 도덕성 발달 단계에서 제3단계인 대인 간 조화의 단계가 중요하게 된다. 자신의 마음에만 맞는 친구, 어

---

29) 김동일 외 14인,『청소년 상담학 개론』(서울: 학지사, 2014), 146.

른들과만 조화하는 것이 아니라, 자신의 스타일과 다르고 자신과 반대되는 성향의 친구, 어른들과도 어울리고 조화하는 노력이 필요하다. 더 나아가 자신보다 힘들고 어려운 환경에 있는 사람들을 배려하고 편견 없이 어울리는 노력이 필요하다.

제4단계인 법과 질서 지향의 단계에서는 청소년들은 학교의 울타리를 넘어서는 사회라는 큰 공동체가 있음을 인지해야 한다. 이 큰 공동체가 유지되기 위해서는 법이 필요하고, 질서가 유지되어야 함을 깨닫고, 이러한 깨달음 안에서 법과 질서를 지키기 위한 노력을 해야 한다. 제4단계의 도덕성 수준이 확립된 청소년들은 학교에서 성실히 공부하며 미래를 준비하지만, 제4단계의 도덕성 수준이 확립되지 못한 청소년들은 반대로 법과 질서를 깨는 행위들을 하게 된다. 학교 안에서 여러 문제들을 일으키고, 일탈을 하게 되고, 청소년 범죄로 진행되기도 한다. 그렇기 때문에 청소년 시기에는 고등학교 졸업 이후 사회에 나가 어른으로, 사회의 일원으로 역할을 하고 살아가기 위해 제 4단계의 도덕성 수준을 확립해야만 한다.

로렌스 콜버그의 도덕성 발달 이론은 청소년 설교에 통찰을 준다. 청소년 설교는 청소년들의 문제에 대한 주제를 다루어야 한다. 콜버그의 도덕성 발달에서 제3단계와 제4단계가 이루어지지 않았을 때 일어나는 청소년들의 문제에 대해서 자신들이 진지하게 생각하고, 깨닫고, 신앙적으로 어떻게 해결할지에 대한 답변을 주는 설교가 진행되어야 한다. 콜버그의 도덕성 발달에서 제3단계와 제4단계가 제대로 이루어지지 않았을 때 일어날 수 있는 문제는 다양하다.

인간관계의 문제가 발생되어 나타나는 왕따, 가출 등의 문제, 인간관계의 소외에서 발생되는 자살, 게임과 같은 중독의 문제가 발생될 수 있고, 이 외에 사회적 법과 질서를 깨는 범죄행위들("절도 범죄, 폭력 범죄, 성범죄, 약물 범죄")이 발생할 수 있다.[30] 자신들의 실제 삶과 관련이 있는 문제들에 관한 사례를 설교 시에 제시하면서 청소년 자신들의 모습을 보게 하고, 하나님의 말씀을 통해서 처방을 내려 주어야 한다. 그래서 설교를 듣고 자신의 삶을 성찰하고 자신들의 잘못된 행동을 변화시킬 수 있도록 도와주어야 하고, 도덕성이 지속적으로 발달할 수 있도록 도와주어야 한다.

4. 신앙 발달 이론

신앙에 있어서 발달을 주장한 대표적인 학자는 바로 제임스 파울러(James W. Fowler)이다. 파울러가 주장한 신앙의 발달은 7가지 단계로 구성된다. 영아기와 미분화된 신앙의 단계가 있고, 제1단계인 직관적-투사적 신앙의 단계가 있고, 제2단계인 신화적-문자적 신앙의 단계가 있고, 제3단계인 종합적-인습적 신앙의 단계가 있고, 제4단계인 개별적-반성적 신앙의 단계가 있고, 제5단계인 결합적 신앙의 단계가 있고, 마지막으로 제6단계인 보편화된 신앙의 단계가 있다.[31]

영아기와 미분화된 신앙의 단계에서는 신앙의 기초가 되는 덕목

30) 위의 책, 351-354.

31) James W. Fowler, 사미자 역,『신앙의 발달단계』(서울: 한국장로교출판사, 2002), 7.

들이 만들어지는 시기이고, 제1단계인 직관적-투사적 신앙의 단계에서는 신앙형성에 있어서 상상력을 사용하며 주변의 중요한 사람들로부터 신앙을 배운다. 제2단계인 신화적-문자적 신앙의 단계에서는 하나님을 구체적으로 이해하지만 사람의 관점에서 바라보고 상징이나 신앙을 문자적으로 바라보고, 제3단계인 종합적-인습적 신앙의 단계에서는 다양한 집단을 경험하면서 신앙이 정리되고 종합된다. 제4단계인 개별적-반성적 신앙의 단계에서는 상징들을 개념적인 의미로 바꾸면서 비 신화화의 모습이 나타나기도 하고, 자신만의 자주적인 신앙을 형성한다. 제5단계인 결합적 신앙의 단계에서는 신앙의 내적인 성숙이 일어나고 자신만의 뚜렷한 신앙을 가지면서도 자신과 다른 입장을 포용하려는 태도를 가진다. 마지막으로 제6단계인 보편화된 신앙의 단계에서는 절대적인 선과 진리에 따라서 삶을 살아가게 된다.[32)]

이 중에서 청소년기는 주로 제3단계인 종합적-인습적 신앙의 단계에 해당된다. 이 단계에서 중요한 것은 자기 정체와 공동체이다. 에릭슨의 이론에서도 보았듯이 이 단계에서는 자기 정체성에 대해서 끊임없이 고민하는 시기이다. 기독 청소년들은 신앙적인 측면에서 자기 정체성을 찾으려고 노력한다. 그런데 이러한 자기 정체성을 집단에서 찾으려는 경향을 보이게 된다. 더 구체적으로 말하면 자신이 속한 신앙공동체에 의존하면서 자신의 신앙이 형성되고, 그 안에서

32) 박원호, 『신앙의 발달단계』(서울: 장로회신학대학교출판부, 1999), 66-75.

자기 정체성을 찾아 나가게 되는 것이다.[33]

파울러의 신앙발달이론은 청소년 설교에 통찰을 준다. 청소년들에게 있어서는 집단이 중요하다. 다시 말하면 공동체가 중요하다. 공동체 안에서 신앙을 형성하고, 자기 정체성을 찾아 나간다. 그래서 건강한 신앙공동체가 중요한 것이다. 대개 청소년들은 이중적인 경향을 보인다. 혼자만의 세계에 빠지려는 경향 속에 집단 안에 소속되어야 안정감을 느끼는 경향이 동시에 존재한다. 그렇기 때문에 청소년 설교에서는 청소년들에게 신앙공동체에 대해서 알려주고 그럼으로써 자신이 소속된 신앙공동체를 소중하게 생각할 수 있는 마음을 가지게 하며, 자신이 소속된 신앙공동체를 하나님께서 기뻐하시는 모습으로 아름답게 가꿀 수 있도록 도전을 주어야 한다.

Ⅳ. 청소년들을 위한 설교의 실제

1. 청소년 설교의 목표

청소년 설교의 첫 번째 목표는 청소년들이 삼위일체 하나님을 만나는 것이다. 성부 하나님께서 이 세상을 창조하셨을 뿐만 아니라 나라는 존재를 창조하셨고, 성자 예수님께서 우리 죄를 위해서 십자가에 못 박혀 죽으시고 부활하심으로 나의 죄가 씻어졌고, 보혜사 성령 하나님이 상담자, 위로자로서 지금 나와 함께 하셔서 나를 지키시

33) 위의 책, 70-71.

고 인도하신다는 사실을 믿고 이 은혜에 감사하며 살 수 있는 청소년들을 키우는 것이다. 청소년들이 하나님을 제대로 만날 때 자기 자신이 누구인지 정체성을 알게 되는 것이다. 자기 자신이 예수 그리스도로 말미암아 죄 씻음을 받은 존재이고, 창세기 1장 27절에 나온 대로 하나님의 형상대로 지음 받은 귀한 존재이며, 베드로전서 2장 9절에 나온 대로 하나님의 택하신 사람이고, 왕 같은 제사장이고, 하나님께서 거하시는 거룩한 나라고, 하나님의 소유된 백성이라는 사실을 깨닫게 된다. 삼위일체 하나님과의 만남은 회심 때에만 필요한 것이 아니라 성화의 과정을 겪으면서 일상 속에서 지속적으로 필요한 것이다. 그렇기 때문에 하나님과의 만남에 관한 설교는 수련회 때에만 필요한 설교가 아니라 일상적인 주일 설교에서 강조되고 진행되어야 하는 것이다.

청소년 설교의 두 번째 목표는 청소년들이 하나님 앞에서 진심어린 회개를 하는 것이다. 회개는 내가 나의 삶의 주인이었던 것을 내려놓고 하나님께서 나의 삶의 주인임을 받아들이는 과정이다. 청소년 설교를 분석해보면, 회개에 대한 강조가 빠져있는 경우가 많이 있다. 기독교 신앙에서 회개는 아무리 강조해도 지나침이 없다. 회개를 통해 삼위일체 하나님을 온전히 믿게 되고 하나님을 내 삶에 주인으로 모시고 변화된 삶을 살 수 있게 되는 것이다. 회개는 하나님과의 만남 속에 자신의 인생의 방향을 완전히 바꾸는 회개도 있지만, 자신의 삶 속에서 지은 죄에 대해 회개하는 일상의 회개도 있다. 청소년들은 일상의 삶 속에서 지은 죄를 회개할 수 있어야 한다. 왕따,

폭력, 가출, 중독, 여러 갈등 등 청소년들이 겪는 문제를 담은 설교를 통해서 청소년 스스로 자신들의 문제를 돌아보고 회개의 자리로 나아갈 수 있도록 도와주어야 하는 것이다.

청소년 설교의 세 번째 목표는 청소년들을 위로하는 것이다. 설교는 위로의 기능이 있다. 청소년들은 입시 위주의 체제 안에서, 경쟁주의의 삶의 환경 속에서 많은 스트레스를 받으며 지쳐 있다. 여러 가지 갈등의 상황과 몸과 심리의 변화로 말미암아 혼란을 느낀다. 학교와 학원, 가정 안에서 겪는 여러 가지 인간관계의 어려움으로 말미암아 분노를 마음에 품고 있다. 이 속에서 청소년들은 "위기의 시간"을 경험할 수 있다.[34)] 그렇기 때문에 청소년 설교는 청소년들을 위로할 수 있어야 한다. 지치고 힘들고 고민하는 청소년들에게 하나님의 말씀으로 위로하고, 삶의 희망을 줄 수 있어야 한다.

청소년 설교의 네 번째 목표는 인생의 목적을 알게 하는 것이다. 청소년기에는 자신의 인생 목적이 무엇인지에 대해서 진지하게 고민하는 시기이다. 자신이 누구인지, 어디서 왔는지, 왜 사는지에 대해 철학적인 질문, 성찰적인 질문을 끊임없이 스스로에게 던지는 시기이다. 그렇기 때문에 청소년 설교는 청소년들의 고민에 답을 주어야 한다. 성경 안에서 하나님께서는 인생의 목적을 무엇이라고 말씀하시는지에 대한 답을 청소년들에게 알려주고 설명해주어야 한다. 인생의 목적에 대한 답을 청소년들이 얻을 때 방황하지 않고 하나님 앞

---

34) 고수진, "위기 청소년의 회복 탄력성을 위한 기독교교육,"『선교와 신학』제41집 (2017), 161.

에서 올바른 삶을 살아가게 되는 것이다.

청소년 설교의 다섯 번째 목표는 인생의 사명을 발견하는 것이다. 청소년들이 내가 왜 사는지에 대한 인생의 목적을 알게 되었으면 내가 무엇을 하며 어떻게 살아가야 하는지에 대한 사명을 발견해야 하는 것이다. 그렇기 때문에 청소년 설교를 통해서 사명이 무엇인지, 사명을 발견하는 방법은 무엇인지, 사명을 발견하고 사명자로 살아갔던 성경의 인물들, 사명자로 살고 있는 현재 우리 시대에 살고 있는 신앙인들에 대한 설교를 해야 한다. 그래서 청소년들이 설교를 들으면서 하나님께서 자신에게 주신 사명이 무엇인지를 이해하게 하고, 그 사명을 위해서 준비할 수 있도록 자극하고, 평생 사명자로 살아갈 수 있는 결심을 할 수 있게끔 인도해야 한다.

청소년 설교의 여섯 번째 목표는 공동체를 강조하는 것이다. 요즘 청소년들은 혼자만의 세계 속에 빠져있는 경우가 많다. 온라인을 통한 게임, 온라인을 통한 의사소통, 온라인을 통한 비대면의 만남이 일상이 되어 있다. 가정 안에서도 형제, 자매 없이 혼자 있는 경우가 많기 때문에 다른 사람과 교제하는 경우들이 상당히 제한되는 환경에 있다. 그렇기 때문에 요즘 청소년들이 자아 중심적인 이기주의 성향에 빠져 있는 것을 볼 수 있다. 게다가 주일에도 학원에 가는 기독 청소년들이 많이 있기 때문에 주일 성수의 개념이 약화 되었고, 교회 공동체에 대한 인식과 끈끈함이 약화 되었다. 청소년 시기에는 건강한 신앙공동체가 중요하다. 그렇기 때문에 청소년 설교는 공동체의 소중함을 강조하고, 성경 안에 나오는 신앙 공동체에 대해 알려

주고, 지금 우리가 함께 예배드리고 있는 교회 공동체가 왜 중요하고 소중한지를 일깨워주어야 한다.

2. 청소년 설교의 내용

첫째, 삼위일체 하나님이다. 신앙생활에 있어서 가장 중요한 부분은 믿는 대상을 정확히 아는 것이다. 우리가 믿는 하나님은 삼위일체 하나님이다. 삼위일체론은 성부 하나님, 성자 예수님, 성령 하나님은 세 위격을 가지면서도 동일한 분이라는 뜻을 가지고 있는데 여기서 "동일하다"는 "본질과 속성이 똑같다"는 의미이다. 고린도후서 13장 13절에는 삼위일체 하나님에 대해서 나온다.

> 주 예수 그리스도의 은혜와 하나님의 사랑과 성령의 교통하심이 너희 무리와 함께 있을지어다

성부, 성자, 성령 하나님은 같이 계시지만, 주요 역할은 다르다. 성부 하나님은 주로 창조의 역할을 하시고, 성자 예수님은 구원의 역할을 하시고, 성령 하나님은 우리를 위로하고, 도우시고, 알려주시고, 깨우쳐주시는 역할을 하신다. 정리하면 청소년 설교의 내용은 우리의 믿음의 대상이신 삼위일체 하나님인데, 구체적으로는 삼위일체 하나님이 누구신지 삼위 하나님에 대한 내용을 정확히 알려 주어야 하고, 삼위일체 하나님께서 우리에게 어떤 은혜를 주셨는지에 대해서 알려주어야 한다. 그래서 하나님을 정확히 알고 믿으며, 하나님께서 베풀어주신 은혜에 감사의 반응으로 살아갈 수 있도록 청소

년들을 도와주어야 한다. 요즘 청소년들을 보면 여러 스트레스로 말미암아 분노가 많다. 사용하는 말을 보면 너무 거칠다. 불평과 불만만 가득 차 있다. 그렇기 때문에 삼위일체 하나님께서 베풀어주신 은혜를 깨닫고 감사할 수 있는 삶으로 나아갈 수 있도록 인도해야 하는 것이다.

둘째, 예수님의 삶의 모습이다. 청소년 시기에는 의심하는 시기이고, 비판적인 사고를 하는 시기이다. 이것이 잘못 진행되면 자신의 문제는 바라보지 못하고 다른 사람들이 문제라는 이기주의적 사고에 빠질 수밖에 없다. 한국 교회 청소년부가 위기인데 그것은 단순히 숫자가 줄어들어서 위기가 아니라, 하나님을 믿는 청소년이나 하나님을 믿지 않는 청소년이나 별반 차이가 없기 때문이기도 하다. 그렇기 때문에 이제 청소년 설교에서 예수님의 삶의 모습을 가르쳐서 청소년들의 예수님을 자신의 인생의 모델로 삼고 예수님처럼 살기 위해 노력할 수 있도록 도와주어야 한다. 마태복음 11장 29절에 의하면, 예수님은 온유하고 겸손한 분이시다. 예수님은 사랑이 넘치시고 약자를 품으시고 그들의 아픔을 공감하시고 위로하시고 치유하시는 분이시다. 반면 예수님은 율법의 핵심을 잃어버리고 율법의 껍데기만 남은 유대 지도자들을 비판하신 정의로운 분이시다. 복음서에서 나타나는 예수님의 성품, 지상에서의 삶, 예수님께서 사역하시는 모습에 대한 내용을 가지고 설교해서 청소년들이 자신의 삶을 돌아보며 예수님의 삶을 본받는 삶이 될 수 있도록 인도해야 한다.

셋째, 청소년들의 고민의 주제이다. 청소년들은 고민이 많은 시기이다. 매년 발간되는 『청소년백서 및 한국청소년상담복지개발원 상담통계』를 통해서 우리나라 청소년들의 고민이 무엇인지를 확인할 수 있다. 이 통계는 전국에 있는 청소년상담지원센터에서 청소년들을 상담한 상담주제를 건당 수집한 것인데, 상담을 많이 한 주제가 바로 청소년들이 제일 고민을 많이 하고 있는 주제인 것이고, 통계에서 나온 상담주제가 바로 청소년들이 지금 고민하고 있는 문제인 것이다. 이 통계에 의하면, 청소년들은 대인관계에 대한 고민이 제일 많고, 그다음 학업/진로, 정신건강 문제, 컴퓨터/인터넷 중독, 가정, 성격, 성, 생활습관태도 순으로 고민을 하고 있는 것으로 나타났다.[35] 청소년들은 사춘기를 지나면서 어른과의 관계에서, 친구와의 관계에서, 선·후배와의 관계에서 갈등을 경험하게 된다. 그리고 입시 스트레스 속에 살면서 학업에 대해 끊임없이 고민하고 진로에 대해 고민한다. 이 뿐만 아니라, 변화의 시기를 겪으면서 정신건강에 대해 고민하고, 스트레스 해소 공간인 컴퓨터/인터넷을 붙잡고 살게 되는 중독 문제, 특히 온라인 게임 중독 문제로 힘들어한다. 가정 안에서의 갈등과 불화 때문에 힘들어하고, 제2차 성징을 통해 몸의 변화가 이루어지고 성에 대해 관심을 가지게 되면서 여러 고민들이 생겨나고, 불만족스러운 생활습관태도 때문에 자책하고 고민하게 된다. 청소년들은 설교에서 자신들이 고민하는 주제가 다뤄지기를 소

35) e-나라지표, “전국 청소년 상담 내용 및 대상 현황,” 통계청 온라인, 2018년 2월 12일, http://www.index.go.kr/potal/main/EachDtlPageDetail.do? idx_cd=1600.

망한다. 그리고 설교를 통해 위로를 받고 고민하고 있는 문제의 해답을 얻기를 원한다. 많은 청소년들이 설교 시간에 졸거나 딴짓을 하는 이유는 설교 자체에 흥미를 갖지 못하기 때문이 아니다. 정확히 말하면, 자신들의 삶에 와 닿는 설교가 아니기 때문에 흥미를 갖지 못하는 것이다. 고민 속에서도 함께 하시는 하나님의 위로를 청소년들이 경험할 수 있어야 하며, 고민의 주제에 대한 하나님의 뜻, 하나님의 생각을 찾고 깨달을 수 있어야 한다.

넷째, 청소년들의 사회적 문제이다. 청소년의 문제는 먼저 청소년들이 서로 가해자와 피해자가 되어 서로 힘들게 하는 청소년 문제인 동시에 사회에 부정적인 영향을 주는 사회적 문제이다. 청소년의 문제는 청소년들이 다른 사회 구성원들에게 해를 끼칠 수 있게 때문에 사회적 문제이다. 청소년의 문제는 청소년 시절의 문제로 끝나지 않고, 청소년들이 사회로 진출했을 때 계속 발생할 수 있는 사회적 문제이다. 청소년들의 사회적 문제의 대표적인 예는 학교 안에서 일어나는 왕따 문제이다. 왕따를 집단 따돌림이라는 용어로 사용하기도 하는데, 이는 "두 사람 이상이 집단을 이루면서 특정인을 소외시켜 반복적으로 인격적인 무시를 하거나 또는 괴롭히는 언어적, 신체적인 일체의 행위"를 의미한다.[36] 이 왕따 안에 언어적인 폭력과 신체적인 폭력이 포함되며, 이것은 학교 폭력의 문제로 규정될 수 있

36) 연세 이룸 정신건강의학과 소아청소년 클리닉, "집단따돌림, 학교폭력-내 아이가 왕따?," *연세 이룸 정신건강의학과 온라인*, 2018년 4월 7일, https://blog.naver.com/irumclinic/221245719439.

다. 이 밖에도 가출이 청소년들의 사회적 문제이다. 가출의 문제는 가출의 문제로 끝나는 것이 아니라, 가출 이후에 재산 비행, 성 비행, 약물 비행으로 연결될 수 있다.[37)]

이러한 사회적 문제를 설교 시간에 다룸으로 청소년들에게 경각심을 일깨워주어야 한다. 그리고 혹시 설교를 듣는 청중 중에 이 문제에 연루된 청소년들이 있으면 자신의 문제를 깨달을 수 있는 기회를 제공해주어야 하고, 이 문제에서 빠져나오기 위해서는 어떻게 해야 하는지 그 해답을 제공해 줄 수 있어야 한다. 그리고 이 문제를 하나님의 방법대로 어떻게 해결해야 할지, 하나님을 믿는 청소년들로서 어떤 노력을 해야 할 지에 대해서도 알려 주어야 한다. 그래서 청소년 설교가 단지 영적인 차원에서만 다루는 것이 아니라, 청소년들의 사회적 문제를 다루고, 사회적 문제를 해결하기 위해 노력하는 사회적 책임을 감당할 수 있어야 한다.

다섯째, 삶의 목적 및 사명이다. 성경에서는 우리 인생의 목적을 분명하게 제시하고 있다. 이사야 43장 21절에 보면,

> 이 백성은 내가 나를 위하여 지었나니 나를 찬송하게 하려 함이니라

고 나온다. 하나님을 위해서 우리는 창조된 것이다. 우리 인간의 창조된 목적은 하나님을 찬송하기 위한 것이다. 베드로전서 2장 9절에 보면,

---

37) 재산 비행은 절도, 특수절도, 장물, 사기, 횡령, 배임, 손괴에 해당되는 범죄 행위를 말한다. 성 비행은 성폭력 등 물리적 행위를 동반하는 비행과 포르노물 접촉, 성관계 등 학교나 사회에서 금지하는 성과 관련된 비행을 뜻한다. 김동일 외 14인,『청소년 상담학 개론』, 351~353.

> 너희는 택하신 족속이요 왕 같은 제사장들이요 거룩한 나라요 그의 소유가 된 백성이니 이는 너희를 어두운 데서 불러내어 그의 기이한 빛에 들어가게 하신 이의 아름다운 덕을 선포하게 하려 하심이라

고 나온다. 죄 가운데 빠져 어두움 속에 있던 우리를 복음의 빛 안으로 들어가게 하신 예수님의 놀라운 은혜를 선포하기 위해 우리를 귀한 존재로 만드신 것이다. 고린도전서 10장 31절에 보면,

> 그런즉 너희가 먹든지 마시든지 무엇을 하든지 다 하나님의 영광을 위하여 하라

고 나온다. 하나님의 영광을 위해 사는 것이 우리 인생의 목적인 것이다. 종합하면 우리 인생의 목적은 하나님을 기쁘시게 하는 것이다.[38] 성경의 여러 본문에서 우리 인생의 목적이 우리 자신에게 있는 것이 아니라, 우리를 만드신 하나님께 있음을 알려주고, 하나님께서 우리에게 부여해주신 인생의 목적은 바로 하나님을 기쁘시게 하는 것임을 청소년들에게 알려 주어야 한다.

그리고 이러한 목적을 깨달았으면, 내가 어떻게 구체적으로 하나님의 기쁨으로 살 수 있을까를 발견할 수 있도록 청소년들을 도와주어야 한다. 이것이 바로 사명을 발견하는 것이다. 하나님의 기쁨이라는 삶의 목적을 구체적으로 이루기 위해 내가 삶 속에서 이루어야 할 과제가 바로 사명인 것이다.[39]

사명을 찾도록 도와주는 방법은 청소년 자신이 가진 상위 재능

---

38) 김성중,『너는 커서 어떤 나무가 될래? 』, 50~51.

39) 위의 책, 52.

세 가지를 깨달을 수 있도록 하는 것이다. 그래서 재능과 관련된 성경 본문을 가지고 재능에 관한 설교를 해야 한다. 재능과 관련된 대표적인 성경 본문은 바로 마태복음 25장에 나온 달란트 비유이다. 그리고 설교 시간에 재능과 관련된 상식으로 제공해줄 수 있는 이론은 하버드 대학교 교육학과 교수인 하워드 가드너의 다중지능이론이다. 다중지능이론은 다양한 지능이 우리 안에 있고, 그 지능은 언어지능, 수리논리지능, 공간지능, 음악지능, 신체운동지능, 대인관계지능, 자기이해지능, 자연친화지능으로 구성되어 있다는 것이다. 사람은 자신이 가진 강점적인 지능(재능) 세 가지가 맞아떨어지는 직업을 택할 때 그 직업을 즐길 수 있고 놀라운 성과를 낼 수 있다는 것이다.[40] 따라서 설교를 통해 청소년들이 다른 사람을 기준으로 하는 상대평가가 아니라 자기 자신을 기준으로 하는 절대평가를 통해서 자신 안에 하나님께서 주신 재능이 있음을 깨닫고, 그 재능과 관련된 하나님께서 원하시는 자신의 사명을 깨닫고, 그 사명을 위해서 준비할 수 있도록 도전을 주어야 한다. 이것은 루터의 소명론과도 연관된다. 루터의 소명론은 "하나님께서 우리에게 다양한 은사와 직업을 주셨으며, 그 직업을 통하여 온전히 하나님과 세상을 섬기는 그리스도인이 되어야" 한다는 것이다.[41]

이뿐만이 아니라, 성경 속에서 하나님의 사명으로 살았던 인물

---

40) 위의 책, 60-61.

41) 최정민, "루터의 종교개혁과 기독교 부모교육," 『선교와 신학』제43집 (2017), 426.

들(아브라함, 이삭, 야곱, 요셉, 모세, 다윗, 솔로몬, 엘리야, 엘리사, 이사야, 예레미야, 에스겔, 다니엘, 호세아, 요엘, 아모스, 오바댜, 요나, 미가, 나훔, 하박국, 스바냐, 학개, 스가랴, 말라기, 에스라, 느헤미야, 에스더, 베드로, 요한, 바울, 디모데, 바나바, 실라 등)을 청소년들에게 소개하고 도전하는 인물편 설교를 진행하면 청소년 자신이 성경 속 인물들을 통해 사명을 찾도록 하는 좋은 방법이 될 수 있다. 그리고 이 시대에 하나님의 기쁨으로 살고 있는 사명자 샘플들을 설교 시간에 예시로 언급해주는 것이다. 의료 분야, 교육 분야, 연예계 분야, 음악 분야, 스포츠 분야 등 각 분야 별로 하나님의 기쁨으로 살고 있는 사명자들이 많다. 요즘 인터넷이나 유튜브를 통해서 각 분야의 사명자들을 쉽게 찾을 수 있고 이들의 간증들을 볼 수 있다. 청소년 설교자가 이에 대한 정보를 가지고 설교시간에 언급한다면 청소년들이 사명에 대한 큰 도전과 깨달음을 얻을 수 있다.

여섯째, 공동체이다. 혼자 있는 시간이 많고 자기만의 세계에 빠져서 이기적인 경향을 가질 수밖에 없는 청소년들에게 설교를 통해 공동체에 대한 교육이 이루어져야 한다. 성경에 나온 이스라엘 공동체에 대해서 교육하고, 하나님의 사랑이 넘쳤던 초대 기독교공동체에 대해서 교육하고, 지금 우리가 함께 예배드리고 있는 교회공동체, 신앙공동체에 대해서 교육해야 한다. 공동체 교육을 통해 청소년들은 공동체가 함께 모여 예배드리는 것이 중요함을 깨닫고 되고, 자신이 속해 있는 청소년부 부서공동체, 더 나아가 교회 공동체의 소중함을 깨닫게 되고, 나만 생각하는 것이 아니라, 다른 사람을 생각할 수 있는 성숙함이 생길 수 있을 것이다.

3. 청소년 설교의 방법

설교를 교육학적인 관점에서 보면, 가르침이다. 바울은 디모데전서 2장 7절과 5장 17절의 말씀에서 설교와 가르침을 연결하는 것을 볼 수 있다.[42] 그래서 설교의 방법을 연구할 때 교육방법에서 도움을 받을 수 있다.

청소년 설교에서 가장 자주 사용할 수 있는 첫 번째 방법은 강의법이다. 강의법은 "일반적으로 가장 보편적으로 사용되는 교육방법이며 역사적으로도 가장 오래된 방법"이다.[43] 강의법은 설교자가 청중에게 "지식 혹은 정보를 제공하는 일방적인 방식"으로 효율적인 방법이다.[44] 그렇기 때문에 강의법은 청소년들에게 성경의 지식이나 정보를 제공할 때 사용할 수 있다. 그리고 강의법은 허들슨(E. Hudelson)의 연구에 의하면 "학급 크기가 150명 정도 되는 비교적 큰 경우가 불과 12명에서 60명 되는 작은 규모보다 강의의 효과가 크다."[45] 따라서 적게 모이는 청소년부보다는 많이 모이는 청소년부에서 강의의 방법을 사용해야 좋은 교육적 효과를 볼 수 있다.

청소년 설교의 두 번째 방법은 선포의 방법이다. 전통적으로 설

42) Selby, B. Leadership Development Specialist, *Baptist General Convention of Oklahoma*, 2006, October, 1-6.

43) 강용원,『기독교교육 방법론』(서울: 기독한교, 2008), 47.

44) 위의 책, 53.

45) 위의 책, 59.

교는 선포의 방법을 사용하였다. 위에서 살펴보았듯이 설교는 "하나님 말씀의 선포"로서 이해되어져 왔다. 그래서 청소년 설교에서 "선포"라는 단어가 가진 이미지에 주목하면서 청소년들을 일깨워야 한다. "선포"라는 단어가 가진 이미지는 열정, 도전이다. 말의 외침을 통한 선포는 청소년 자신의 삶을 돌아볼 수 있도록 도전을 주고, 행동의 변화, 삶의 변화를 촉구한다. 이 선포는 위축되어 있는 청소년들에게 열정을 불어 넣어줄 수 있다. 따라서 강력한 선포의 방법을 사용하면서 잠자는 청소년 영혼들을 깨울 수 있어야 한다.

청소년 설교의 세 번째 방법은 질문법이다. 질문법은 교육의 현장에서 "가장 광범위하게 사용되어 온 교수 방법"이다.[46] 물론 이 질문법은 한 설교에서 지속적으로 사용할 수는 없다. 다른 방법을 사용하며 설교하면서 중간 중간에 청소년들을 향해 질문을 던질 수 있다.

일상적인 설교에서 사용할 수 있는 질문의 종류는 첫째, 정보에 대해서 묻는 사실적 질문이고, 둘째, 의미에 대해서 묻는 해석적 질문이고, 셋째, 어떻게 삶 속에서 실천할 것인지에 대해 묻는 적용적 질문이다.[47] 좋은 질문은 간결하고 명확한 질문이고, 사고를 진작시키는 질문이며 학생의 수준에 맞는 질문이다.[48] 설교 도입부에 사용하는 질문은 청소년들이 오늘 설교의 주제에 대해서 생각할 수 있도록 도와주고, 설교 중반에 사용하는 질문은 잠을 깨워주는 역할을 하

46) 위의 책, 88.
47) 위의 책, 91.
48) 위의 책, 96-99.

고, 지금까지 설교를 잘 들었는지 확인할 수 있는 역할도 한다. 설교 마지막에 사용하는 질문은 설교를 듣고 청소년 자신의 삶을 돌아보고 적용할 수 있도록 돕는 역할을 한다.

청소년 설교의 네 번째 방법은 이야기법이다. 이야기법은 공동체 구성원들로 하여금 이야기 안에 담겨 있는 가치를 지키기 위한 힘을 불어 넣어 주고, 참여 정신을 촉진하고, 상상력을 자극해서 창의성을 개발하도록 도우며, 이해 지평의 확장을 도울 수 있고, 실천할 수 있는 힘을 불어 넣어주는 역할을 한다.[49] 이야기의 구성요소는 시간적, 공간적 배경, 등장인물들, 줄거리, 갈등, 해결, 교훈 등이다.[50] 설교 안에서 성경 이야기는 동화구연이나 연극 같이 등장인물들의 목소리를 바꾸고, 상황을 리얼하게 묘사하고, 감정을 사용하면서 진행할 수 있다. 이뿐만이 아니라 설교 안에서 사용하는 예화도 이야기법을 사용하면서 전달하면 효과가 크다. 청소년 설교 안에서 사용하는 예화는 삶의 예화를 사용하는 것이 좋다. 설교자가 청소년들을 이해하면서 자신이 청소년 시절에 겪은 삶의 예화라든가, 지금 삶 속에서 경험하는 청소년들이 이해할 수 있는 삶의 예화를 사용하면 청소년들이 설교에서 공감을 느끼게 된다. 설교자와 청중이 공감이 일어날 때 그 예화는 효과적이 된다. 삶의 예화를 이야기함으로 공감이 일어나서 설교자와 청중이 같은 입장이 되어서 같은 감정을

49) 위의 책, 78-81.

50) 위의 책, 70-71.

함께 느껴 볼 수 있는 것이다.[51] 이 밖에 청소년 자신들의 실제 삶과 관련이 있는 문제들에 관한 사례를 설교 시에 제시할 때도 있는데, 이때도 이야기법으로 제시하면 청소년들에게 매우 효과적이다.

청소년 설교의 다섯 번째 방법은 연극이다. 연극을 사용하는 설교는 새로운 형태의 설교 방법이 될 수 있다. 물론 새로운 형태의 설교 방법은 매주 사용하기는 힘들기 때문에 절기 예배나 특별 예배 때 사용하면 매우 효과적인 방법이 될 수 있다.

예를 들어, 성탄절에 청소년부의 임원들 5~6명과 함께 준비하고 함께 연극으로 설교를 진행할 수 있다. 이 설교를 위해서 몇 주 전에 설교자와 임원들이 함께 모여서 성탄절, 그리고 성탄절 전의 대강절의 의미와 역사에 대해서 함께 공부하는 시간을 가진다. 그리고 임원들과 함께 시나리오를 만들어서 연습하는 것이다. 그리고 부활절 예배 때는 임원들과 설교자가 함께 앞에 나와서 청중을 바라보고 연극 하면서 설교가 진행될 수 있다. 전통적으로 교회 안에서 해 온 연극은 성경 시대로 돌아가서 성경 시대 인물들을 재구성해서 연기하는 것인데, 이것만이 연극이 아니라, 청소년 설교에서 활용할 수 있는 연극은 임원들이 그야말로 청소년부 학생들 대표가 되고, 설교자는 그대로 설교자로서 나와서 임원들은 주제에 맞는 여러 가지 궁금한 질문들을 던지면서 연기하고, 설교자는 그 질문들에 답을 하는 형태로 연기하면서 진행할 수 있다. 청중석에 앉은 청소년들은 자신들의 선, 후배, 친구들이 앞에 나오니까 신기해서 집중하게 되고, 연극

---

51) 김성중,『기독교교육행정학의 이론과 실제』(서울: 민영사, 2015), 126.

의 요소가 있기 때문에 흥미를 더할 수 있는 것이다.

청소년 설교의 여섯 번째 방법은 패널토의이다. 패널토의를 사용하는 설교도 새로운 형태의 설교 방법이 될 수 있다. 한국교육심리학회에서 발간한 교육심리학용어사전에 의하면, 패널토의란 "토의에 참가하는 약 3~4명의 배심원과 다수의 일반 청중으로 구성되며, 특정 주제에 대해 상반되는 견해를 대표하는 몇몇 사람들이 사회자의 진행에 따라 토의하는 형태이고, 청중은 주로 듣기만 하는데, 경우에 따라서는 질문이나 발언권을 받기도 한다"고 나와 있다.[52] 패널토의는 이것을 선택할지, 저것을 선택할지에 관한 주제에 대해서 설교할 때 활용할 수 있다. 선택의 주제는 다양하다. 돈을 어디에 써야 하는지에 대한 선택의 주제부터, 이성 교제의 선택에 대한 주제, 친구 선택에 대한 주제 등등 청소년들의 관심사인 주제들을 가지고 패널토의가 진행되면 좋다. 청소년 임원들 4명 정도가 앞에 나와서 설교자와 함께 진행할 수 있다. 설교자는 사회자의 역할을 하며 청소년 임원들은 두 편으로 나뉘어서 상반된 의견을 주장하게 하면 좋다. 그리고 청중은 패널토의를 듣다가 질문하거나 발언하게 하면 좋다. 패널토의로 설교가 진행되어도 이것은 설교이기 때문에 토의한 채로 설교가 끝나는 것이 아니라, 설교자는 사회자의 역할을 하다가 마지막 부분에서는 설교자의 역할을 해야 한다. 즉, 패널토의를 마

52) 네이버 지식백과, "교육심리학 용어사전 -패널토의-," *네이버 지식백과 온라인*, 2000년 1월 10일, http://terms.naver.com/entry.nhn?docId=1944932&cid=41989&categoryId=41989.

무리하면서 성경에서는 뭐라고 말하고 있는지, 기독교적으로는 어떤 답을 이야기하고 있는지 등을 말하면서 청소년들이 이해하고 정리할 수 있도록 도와주어야 한다.

청소년 설교의 일곱 번째 방법은 시청각 자료 활용방법이다. 청소년들은 시청각 자료 활용에 익숙해 있는 존재들이다. 학교 수업 시간에 영상, PPT를 사용하기 때문에 청소년들은 시청각 자료를 사용하는 데 매우 익숙하다. 많은 청소년들은 스마트폰으로 영상을 찍고 제작하는 실력이 전문가급이다. PPT 제작에 있어서도 그렇다. 따라서 설교자가 시청각 자료를 활용할 때는 질 좋은 최신 영상을 사용해야 하며, PPT를 사용할 때도 청중석에 앉아 있는 청소년 중에 PPT를 잘 만드는 청소년들이 만들어 내는 수준과 비슷하거나 더 잘 만든 PPT를 사용해야 한다. 청소년들은 형식이 마음에 들어야 내용이 들어가는 세대이다.

예를 들어, 청소년들은 찬양을 들을 때도 음악 장르가 자신의 마음에 들어야 찬양 가사를 듣는다. 영상을 보는데 영상의 질이 자신의 마음에 들어야 영상의 내용을 본다. 그렇기 때문에 무작정 영상이나 PPT를 사용하기보다 설교 시간에 사용하고자 하는 영상이 너무 오래되거나 뻔한 영상은 아닌지 검증해 봐야 하고, PPT를 사용할 때도 PPT 완성도의 수준이 어떤지를 확인하고 사용해야 한다. 만약 설교자가 영상이나 PPT를 사용하고 싶은데 실력이 부족하면 다른 동료 사역자들 중에 도움을 받거나, 아니면 청소년 임원들 중에 영상 편집을 잘 하거나 PPT 제작을 잘 하는 청소년이 있으면 도움을 받아야 한다. 영상의 구체적인 활용은 설교의 주제와 맞는 5분 정도의 영상을 보여주면서 설교의 도입부를 열면 앞으로 진행될 설교의 내용을 전달하는 데 매우 효과적이다. 그리고 영상에서 제일 많이 활용되는 것은 영화인데, 영화를 좋아하는 청소년들에게는 좋은 설교의 도구가 될 수 있다.

이상으로 살펴본 청소년 설교의 방법에서 중요한 점은 위의 교육 방법들을 다양하게 사용하라는 것이다. 변화의 속도가 빠른 청소년들은 한 가지로 고정된 스타일을 싫어하고 금방 염증을 느끼게 된다. 청소년들은 변화하는 것을 좋아한다. 그렇기 때문에 청소년 설교에서도 매주 다른 설교의 방법을 사용하면 청소년들을 교육하는 데 있어 효과적이다. 구체적으로 매월 첫째 주는 이 방법을 사용하고, 매월 둘째 주는 이 방법을 사용하고 등등 매월 매주 마다 사용하는 설교 방법을 선정해서 사용하면 좋은 시도가 될 수 있다. 그리고 설교의 내용에 따라 설교 방법을 선정해도 괜찮다.

예를 들어, 성경 본문이 성경 인물의 이야기라면 이야기법을 통해 설교하면 좋고, 잠언서의 말씀과 같은 본문이면 선포의 방법을 통해 삶의 변화를 촉구할 수 있도록 하면 좋고, 이스라엘 역사에 관한 왕정 시대의 본문이면, 역사에 대해 설명하는 강의법을 통해 설교하면 좋다.

또 다른 시도는 한 설교 안에 3~5개의 설교의 방법을 사용하는 것이다. 설교 도입부에는 시청각 자료를 활용하고, 예화를 언급할 때는 이야기법을 사용하고, 본문의 배경을 설명할 때는 강의법을 사용하고, 도전을 줄 때는 선포의 방법을 사용하고, 설교 중간 중간에 청중들을 향해서 질문법을 사용하는 것이다. 청소년 설교의 목표는 설교의 내용이 청소년들에게 잘 전달되는 것이다. 그렇기 때문에 설교의 내용을 잘 전달할 수 있도록 도와주는 도구인 설교의 방법을 잘 연구하고, 다양하게 사용할 수 있어야 한다.

V. 나가는 말

보통 청소년 시기를 질풍노도의 시기라고 부른다. 어떤 사람은 어디로 튈지 모르는 위태로운 시기라고 말하기도 한다. 그러나 청소년들은 설교를 통해 그들의 삶이 변하고 인생이 변한다. 즉, 설교를 통해 청소년들은 하나님을 온전히 만난다. 설교를 통해 청소년들은 자기 자신이 누구인지 깨닫는다. 설교를 통해 청소년들은 자신들의 삶의 목적을 찾고 사명을 깨닫게 된다. 설교를 통해 청소년들은 자신들의 문제를 해결한다. 설교를 통해 청소년들은 내 옆에 친구, 동료, 이웃이 있음을 인지하고 그들의 소중함을 깨닫게 된다. 그래서 청소년 목회의 꽃은 설교라고 말할 수 있다. 청소년들의 발달과정을 이해하고, 발달의 모습을 존중하는 가운데 청소년 설교가 진행되어야 한다. 다시 말하면 청소년 맞춤식 설교가 이루어져야 한다.

청소년들을 이해하기 위해 가장 필요한 것은 그들에 대한 사랑이다. 청소년들에게 설교를 잘 하기 위한 목적으로서의 청소년 이해가 아니라, 그들을 진정으로 사랑하기 때문에 나오는 자연스러운 반음으로서의 청소년 이해인 것이다. 따라서 진정으로 청소년들을 사랑하는 청소년 설교자라면 당연히 청소년들을 이해하기 위해 노력할 것이고, 청소년들을 이해하는 가운데 설교를 진행할 것이다. 한국교회 청소년부가 줄어들고 있다고 한숨을 쉬거나, 혹은 청소년 아이들은 어떤 설교를 해도 집중 안 하고 자는 아이들이라고 편견을 가지지 말고, 청소년들에 대해 희망과 소망을 바라보고, 그들을 무조건적으로 품고 사랑할 수 있는 청소년 설교자들이 한국교회 곳곳에서 활약할 시점이다. 청소년들을 뜨겁게 사랑하고 그들을 이해하는 가운데 청소년들에게 선한 영향력을 주는 청소년 맞춤식 설교가 한국교회 청소년부에 진행됨으로 말미암아 한국교회 청소년부가 생동감 있게 살아나기를 간절히 소망하는 바이다.

코로나19로 말미암아 온라인 설교가 대세가 되어가고 있는 이 시대 가운데서도 이번 장에서 다룬 내용들을 온라인이라는 도구에 담아낼 수 있다면 청소년들의 눈높이에 충분히 맞출 수 있다고 확신한다. 중요한 것은 청소년 설교의 목표와 내용과 방법에 대한 노하우와 전문성을 갖추고 있을 때 오프라인이든지, 온라인이든지 별 무리 없이 청소년 맞춤식 설교가 진행될 수 있는 것이다.

참고문헌

☆ Freire, Paulo. *Pedagogy of the Oppressed*. New York：Continuum International, 1993.

☆ Harris, Maria. *Teaching and Religious Imagination*. New York: HarperCollins Publishers, 1991.

☆ Selby, B. Leadership Development Specialist. *Baptist General Convention of Oklahoma*. 2006. October, 1-6.

☆ Capps, Donald. 문희경 역.『인간 발달과 목회적 돌봄』. 서울: 이레서원, 2001.

☆ e-나라지표. "전국 청소년 상담 내용 및 대상 현황." *통계청 온라인*. 2018년 2월 12일, http://www.index.go.kr/potal/main/EachDtlPageDetail.do?idx_cd=1600.

☆ Fowler, James W. 사미자 역.『신앙의 발달단계』. 서울: 한국장로교출판사, 2002.

☆ Friedrich, Wintzer. 정인교 역.『현대 설교학』. 서울: 한국신학연구소, 1998.

☆ Kohlberg, Lawrence. 문용린 역.『콜버그의 도덕성 발달 이론』. 서울: 아카넷, 2000.

☆ Richard, Lischer. 정장복 역.『설교신학의 8가지 스펙트럼』. 서울: 예배와 설교 아카데미, 2008.

☆ 강용원.『기독교교육 방법론』. 서울: 기독한교, 2008.

☆ 고수진. "위기 청소년의 회복 탄력성을 위한 기독교교육."『선교와 신학』제41집 (2017), 157-185.

☆ 김동일 외 14인.『청소년 상담학 개론』. 서울: 학지사, 2014.

☆ 김성중.『비전을 심어주는 청소년사역 매뉴얼』. 서울: 쿰란출판사, 2007.

☆ 김성중.『기독교교육행정학의 이론과 실제』. 서울: 민영사, 2015.

☆ 김성중.『너는 커서 이떤 나무가 될래?』. 서울: 생명의말씀사, 2016.

☆ 김희자.『기독교 청소년교육』. 서울: 기독한교, 2005.

☆ 네이버 지식백과. "교육심리학 용어사전 -패널토의-," *네이버 지식백과 온라인*, 2000년 1월 10일. http://terms.naver.com/entry.nhn?docId=1944932&cid=

41989&categoryId=41989.

☆ 박원호.『신앙의 발달단계』. 서울: 장로회신학대학교출판부, 1999.

☆ 신명희 외 3인.『교육심리학의 이해』. 서울: 학지사, 2001.

☆ 연세 이름 정신건강의학과 소아청소년 클리닉. "집단따돌림, 학교폭력-내 아이가 왕따?" *연세 이름 정신건강의학과 온라인*. 2018년 4월 7일. https://blog.naver.com/irumclinic/221245719439.

☆ 이주영. "한국 인터넷 속도 압도적 '세계 1위'... 보급률도 최고." *매일경제온라인*. 2017년 6월 8일. http://news.mk.co.kr/newsRead.php?year=2017&no=382809.

☆ 장윤진. "전체 학교 폭력 피해자의 68.5%는 초등학생...비행 청소년 예방과 관찰은 초등학교부터가 관건." *시빅뉴스온라인*. 2017년 11월 23일. http://www.civicnews.com/news/articleView.html?idxno=11586.

☆ 정장복.『한국교회의 설교학 개론』. 서울: 예배와설교아카데미, 2001.

☆ 진희근. "선교적 설교의 한 모델-한국 무교를 배경으로."『선교와 신학』제1집 (1998), 189-208.

☆ 최정민. "루터의 종교개혁과 기독교 부모교육."『선교와 신학』제43집 (2017), 405-430.

2장

시대적 상황에 맞는 청소년 예배[53)]

53) 이번 장은 2021년 <한국콘텐츠학회논문지> 21집, 615-627에 게재했던 필자의 논문을 수정 보완한 것이다.

Ⅰ. 들어가는 말

2019년 말부터 인류에 찾아온 코로나19가 우리의 모든 일상을 바꾸어 놓았다. 심지어 우리의 신앙생활의 모습조차 바꾸어 놓았다. 코로나 바이러스의 위협으로 말미암아 현장 예배가 힘들어지자, 온라인 예배를 시작하게 되었다. 그리고 코로나19가 다소 주춤했을 때에는 현장 예배와 온라인 예배를 병행하기도 하였다. 성인의 경우에는 연령층이 높을수록 현장 예배가 열리는 경우 다시 현장 예배에 참여하기 위해 노력하지만, 다른 연령층에 비해 온라인에 익숙한 청소년들의 경우에는 그렇지 않은 모습을 보인다. 코로나19가 끝나도 청소년들은 현장 예배보다는 온라인 예배를 선호할 확률이 높다. 그렇다면 과연 "온라인 청소년 예배가 가능한 것일까?"에 대한 신학적, 기독교교육적 고찰을 해 보아야 한다. 코로나19가 우리에게 갑자기 왔기 때문에 선택의 여지없이, 신학적, 기독교교육적 고찰 없이 온라인 예배로 나아갔지만, 이제 포스트 코로나 시대를 바라보면서 온라인 청소년 예배에 대해 진지하게 성찰하고 연구해보아야 한다.

한국 교회에 청소년층이 줄어들고 있다는 것은 코로나19 이전 시대에도 우리가 익히 들어왔던 이야기이다. 그렇다면 포스트 코로나 시대에 새로운 반전을 기대하기 위해서는 지금 코로나 시대에 구체적인 준비를 해야 한다.

신앙 교육에서 가장 중요한 부분은 바로 예배이다. 따라서 한국 교회 청소년부가 살아나기 위해서는 청소년 예배가 회복되고 살아나야 한다. 청소년부 예배를 살리기 위해 코로나19 시대에 도입된 온라인 예배에 대한 신학적, 기독교교육적 고찰을 통해서 온라인 예배의 정당성을 확인해야 한다. 그리고 청소년 특성에 맞는, 청소년들의 영적인 필요를 채워주는 온라인 예배를 기획하고 각 교회마다 진행되어야 한다.

이번 2장은 이와 같은 기대를 가지고 온라인 청소년 예배를 연구하였다. 본론에서는 먼저 온라인 청소년 예배에 대한 신학적 고찰을 위해 예배의 정의, 예배의 요소, 예배의 장, 예배의 역사에 대해 살펴보면서 온라인 청소년 예배에 대한 신학적 정당성을 확인하도록 하겠다. 그다음 청소년기의 특성을 살펴보면서 온라인 청소년 예배의 가능성을 모색해보도록 하겠다. 마지막으로는 온라인 청소년 예배의 기획을 위해 온라인 청소년 예배의 목적과 내용, 방법에 대해 살펴보도록 하겠다. 이번 장은 온라인 예배가 가능한지에 대한 신학적인 고찰을 했다는 점, 온라인 청소년 예배에 대한 강조를 통해 한국 교회 청소년부의 교육목회 방향을 제시했다는 점에서 의미가 있고, 예배의 본질이 무엇인지를 생각하게 했다는 점에서 의미가 있다고 여겨진다.

II. 청소년 예배에 대한 이해

1. 예배의 정의

예배에 대한 정의는 학자마다, 목회자마다 다양하다. 종교개혁자 마틴 루터(Martin Luther)는 "우리의 사랑하는 주님께서 그분의 거룩한 말씀을 통해 우리에게 직접 말씀하시고, 우리는 그에 대한 응답으로 기도와 찬송으로 그분에게 말하는 것"이라고 예배에 대해 정의했다.[54] 러시아 정교회의 신학자인 조지 플로로브스키(George Florovsky)는 "기독교 예배는 그리스도의 구속 행위 속에서 절정을 이룬 하나님의 부르심, 하나님의 놀라운 역사에 대한 인간의 응답"이라고 예배를 정의했고 "예배는 본질적으로 찬양과 경배의 행위인데, 이 행위는 하나님의 큰 사랑과 구속의 자애에 대한 감사도 함축한다"고 덧붙였다.[55] 감리교 신학자인 폴 훈(Paul Hoon)은 "하나님과 예배자의 만남"이 예배인데, "예수님을 통해서만 만남이 가능"하다고 주장했다.[56] 정장복 교수는 예배는 "하나님의 부르심과 은총의 계시가 창조와 구속의 역사 속에 먼저 나타났기에 거기에 응답적 행위로 감사와 경배와 찬양을 드리는" 것이라고 정의했다.[57]

예배라는 용어를 구약성경과 신약성경에서 찾을 수 있는데, 구

---

54) Brunner, Peter, *Worship in the Name of Jesus*, (St. Louis: Concordia, 1968), 123 ; White, F. James, Introduction to Christian Worship(3rd ed), 김상구, 배영민 역,『기독교 예배학 개론 (제3판)』, (서울 : 기독교문서선교회, 2017), 31에서 재인용.

55) Florovsky, George, "Worship and Ever-Day Life: An Eastern Orthodox View," *Studia Liturgica* 2(December 1963), 268, 269 ; White, F. James, Introduction to Christian Worship (3rd ed), 김상구, 배영민 역,『기독교 예배학 개론 (제3판)』, 32, 33에서 재인용.

56) 한국복음주의 실천신학회 편,『복음주의 예배학』(서울: 요단, 2005), 19.

57) 정장복,『예배학 개론 (수정증보판)』(서울: 예배와 설교 아카데미, 1999), 73.

약성경에는 예배에 대한 용어가 세 가지 정도 나온다. 첫 번째로 "다라쉬(darash)"는 "찾는다, 구한다"의 뜻을 가지고 있고, 두 번째로 "아바드(abad)"는 "일한다, 노동한다, 섬긴다"의 뜻을 가지고 있고, 세 번째로 "사가드(sagad)"는 "엎드리다, 납작 엎드리다'의 뜻을 가지고 있다.[58]

신약성경에는 예배에 대한 용어가 다섯 가지 정도 나온다. 첫 번째로 "레이투르기아(leiturgia)"는 "회중 전체의 공적인 일 혹은 행위"라는 뜻을 가지고 있고, 두 번째로 "세보마이(sebomai)'는 "존경하고 경배하다"의 뜻을 가지고 있고, 세 번째로 '라트레이아(latreia)"는 "종교적으로 섬긴다"의 뜻을 가지고 있고, 네 번째로 "트레스케이아(treskeia)"는 "하나님 앞에서의 깨끗한 마음"의 뜻을 가지고 있고, 다섯 번째로 "프로스쿠네오(proskuneo)"는 "무릎을 꿇어 경배하다"의 뜻을 가지고 있다.[59] 이 외에 예배와 관련되어 있는 영어 단어로서 "worship"이 있는데, 이 단어는 "가치를 돌린다"는 뜻을 가지고 있다.[60]

이상으로 살펴본 예배에 대한 정의들과 '예배'라는 용어를 청소년 예배에 비추어 종합적으로 정리해보면, 청소년 예배는 하나님의 창조와 구속의 역사 속에서 나타나는 하나님의 부르심과 은총에 대한 응답적 행위로 하나님께 대한 존경의 마음과 납작 엎드리고 무릎

58) 김소영,『현대예배학개론』(서울: 한국장로교출판사, 2002), 33-34.

59) 위의 책, 34-35.

60) 한국복음주의 실천신학회 편,『복음주의 예배학』, 18.

을 꿇는 겸손한 마음과 하나님 앞에서의 깨끗한 마음을 가지고 청소년들이 하나님을 찾고 구하고 섬기고 경배하고 찬양하며 하나님께 최고의 가치를 돌리며 하나님과 만나는 공적인 행위라고 정의할 수 있다.

2. 예배의 요소

신약에서 나오는 예배의 요소는 "성경읽기," "강해," "권면," "성찬식," "시편 찬송," "신앙고백," "헌금," "축도," "송영"이다.[61] 현대교회에 있어서 예배의 요소는 "전주, 개회찬송, 예배의 말씀, 기원기도, 주기도, 송영, 교독문 낭독, 목회기도, 구약성경 낭독, 찬양, 설교, 찬송, 신앙고백, 헌금, 위탁의 말씀, 교회소식, 새교우 환영, 축도 등이다."[62] 이 외에 예배의 요소로서 중요한 예전이 있다. "예전은 하나님의 말씀을 보이게 만드는 것으로" 큰 의미를 가지고 있다.[63]

개혁교회에서 지키는 두 예전은 '세례'과 '성찬'이다.

먼저 세례에 대해서 살펴보면, 매리언 클라크(D. Marion Clark)는 세례의 의미를 다섯 가지로 정리했는데, 첫째, 예수 그리스도께서 우리 죄를 사해주셨음을 의미하는 것이고, 둘째, 예수 그리스도와 연합되었음을 의미하는 것이고, 셋째, 성령님께서 새롭게 하시는 성

61) 김소영,『현대예배학개론』, 63-64.

62) 위의 책, 64.

63) 위의 책, 149.

화의 역사를 의미하는 것이고, 넷째, 예수 그리스도 안에 있는 은혜의 언약으로 들어가는 것을 의미하는 것이고, 다섯째, 구속적인 심판의 표지를 의미하는 것이다.[64)]

세례를 받는다는 것은 "그리스도 안에서 살고 그리스도를 위하여 산다"는 뜻, "그리스도의 몸 된 교회 안에서 책임과 의무를 감당하면서 교회를 위하여 산다"는 뜻, "세계 속에서 책임 있게 살며 세계를 위하여 산다"는 뜻을 가지고 있다.[65)]

다음으로 성찬에 대해서 살펴보면, 성찬은 예수께서 인류 구원을 위해 십자가에서 돌아가시기 전날 밤에 제자들과 함께 만찬을 하심으로 제정해 주셨다. 성찬은 "그리스도 안에서 하나님의 구원의 역사를 기념하는" 의미, "그리스도와의 현재적인 거룩한 영적 교제 혹은 동참"하는 의미, "재림의 소망의 선포"라는 의미를 가지고 있다.[66)] 세계교회협의회(WCC)의 '세례, 성찬 성례전, 그리고 사역(BEM : Baptist, Eucharist, and Ministry)' 문서에서는 "하나님의 구속의 은혜에 대한 감사의 예전으로서의 성찬식," "예수 그리스도와의 만남과 연합으로서의 성찬식," "예수 그리스도의 십자가와 부활의 사건을 기념 혹은 회상으로서의 성찬식," "예수 그리스도의 희생제로서의 성찬식," "예수 그리스도를 중심으로 하여 이루어지는 공동체

64) Philip Graham Ryken, Derek W. Thomas, and J. Ligon Duncan Ⅲ., ed. Give Praise to God, 김병하, 김상구 역,『개혁주의 예배학』(서울: 개혁주의신학사), 290-299.

65) 김소영,『현대예배학개론, 155.

의 모체로서의 성찬식"이라는 성찬 신학이 제시되어 있다.[67)]

이상으로 살펴본 예배의 요소를 청소년 예배에 비추어 정리해보면, 예배의 요소 중에 개혁교회 전통에서는 설교가 큰 비중을 차지하지만, 다른 요소들도 중요하고 각각의 신앙적, 신학적 의미를 가지고 있기 때문에 설교를 중심으로 해서 다른 요소들을 예배에 참여하는 대상인 청소년들의 특성, 관심, 영적인 필요에 적합하도록 배열하는 것에 대한 깊은 관심을 가져야 한다,

예배의 요소를 배열하는 것이 바로 예배의 순서인데, 예배의 순서는 시대마다, 교단마다, 교회마다, 참여하는 연령마다 조금씩 다르다. 예배의 순서는 "최대한 논리적으로나 심리적으로 사리에 맞아야 하고" 예배의 순서에 대한 "합당한 이유"를 가지고 있어야 한다.[68)] 그리고 성찬과 같은 예전의 횟수를 얼마나 자주 할 것인지에 대한 부분은 참여하는 청소년들과 교회 상황을 고려하면서 합당한 이유를 가지고 정해야 한다. "초대 교회에서는 매일 저녁 집회 때마다 성찬식을 행했으며, 그 후에는 매 주일 예배 때마다 거행하였고, 오늘날은 매 주일 혹은 연 4회 또는 연 2회 또는 매월 성찬식을" 하는데 "교회, 교파마다 차이"가 있다.[69)]

---

66) 위의 책, 161-162.

67) 정장복,『예배학 개론 (수정증보판), 253-258.

68) Massey H. Shepherd, Jr., The Worship of the Church, 정철범 역,『예전학』(서울: 대한기독교서회, 1991), 60.

69) 김소영,『현대예배학개론』, 162.

3. 예배의 장

전통적으로 예배가 이루어지는 장은 바로 교회이다. “교회”를 나타낼 때 구약성경에서 주로 사용되었던 단어는 “카할”이고, 이 단어는 “모인다”라는 뜻을 가지고 있는데 사적으로 모이는 것이 아니라 공적으로, 공식적으로 모일 때 사용되던 말이다.[70] 그리고 신약성경에서 이 “카할”에 해당하는 단어는 “에클레시아”이다.[71]

“에클레시아”라는 단어는 신약에서 첫째, “사회적 혹은 종교적 특수한 목적의 모임”으로 사용되었고, 둘째, “지역적으로 모이는 성도들의 모임”으로 사용되었고, 셋째, “하나님의 부름을 받은 무리들의 모임”으로 사용되었고, 넷째, “그리스도이신 예수님의 구속 역사를 통한 구원의 확신과 함께 하나님께 영광을 돌리면서 그분의 약속을 믿고 기다리는 무리”를 지칭할 때 사용되었다.[72]

“교회의 의미는 신약 시대, 특히 사도 시대에 와서 구체화 되었는데,” 이때의 교회는 “보이는 건물을 가리키는 것이 아니라 그리스도이신 예수님을 구세주로 모시는 사람들, 즉 죽음과 직결되는 죄악의 세계로부터 영원한 생명의 세계로 이끌어 주신 그리스도를 구세주로 영접한 무리들의 모임”이었다.[73]

---

70) 정장복,『예배학 개론 (수정증보판)』, 31-32.

71) 위의 책, 32.

72) 위의 책.

73) 위의 책, 32-33.

74) 위의 책, 39.

예배의 측면에서 교회가 무엇인지에 대한 정의를 살펴보면, 개혁교회 전통에서는 "예배하는 공동체(worshiping community)"로서 교회를 이해하고 있다.[74] 폴 틸리히(Paul Tillich)는 "예배란 교회의 고차원적인 응답이며 그 존재의 궁극적인 터전"이라고 말했다.[75] 예배하는 공동체라는 의미에서 중요하게 나타나는 점은 드리는 예배가 '나'라는 개인보다 '우리'라는 전체성을 언제나 내포해야 한다는 점이다.[76]

이상으로 살펴본 바에 의하면 교회는 보이는 건물을 가리키는 것보다는 예수 그리스도를 구세주로 영접한 사람들이 공식적으로 예배드리는 모임이고, 이 모임은 '우리'를 강조하는 공동체였다. 그렇다면 이 모임의 내용을 지킨다면 어디서든지 예배드릴 수 있다는 결론이 나온다. 시편 150편 1절에 보면,

> 할렐루야 그의 성소에서 하나님을 찬양하며 그의 권능의 궁창에서 그를 찬양할지어다

라고 나온다. 그렇다면 청소년들이 예배드릴 수 있는 예배의 장은 공동체로 함께 할 수 있고 예배의 내용을 정확히 담는다면, 보이는 건물인 교회에서도 가능하고, 하나님의 능력으로 만드신 하늘 아래 모든 곳에서 가능한 것이다. 이렇게 본다면 온라인이라는 장에서 드리는 예배는 가능하다는 온라인 예배에 대한 신학적 정당성을 확인할

---

75) Tillich, Paul, *Systematic Theology*(Vol. Ⅲ), (Chicago : The University of Chicago Press, 1931), 190 ; 정장복,『예배학 개론(수정증보판)』, 39에서 재인용.
76) 정장복,『예배학 개론 (수정증보판)』, 39.

수 있다.

4. 예배의 역사

족장 시대에는 이스라엘의 족장이 예배에 있어서 중요한 역할을 담당했다. 이스라엘의 족장은 가족 중심의 예배를 인도했고, 제단에서 희생 제물을 드리는 것이 예배에 중요한 요소였다.

율법 시대에는 성전에서 제물을 드리는 공적인 예배를 세부적인 규정과 절차에 따라서 드렸고, 성전 외의 장소에서는 할 수 없었다. 성전에서는 제사장과 레위인이 동물 제사를 중심으로 하는 예배를 집행했으며, 백성은 간접적으로 참여했다.

포로 시대에는 성전에서 동물 제사를 드리는 예배를 할 수 없었기 때문에 회당이라는 곳에서 말씀을 낭독하거나 설교를 하는 예배가 이루어졌다. 포로지 귀환 이후에는 성전을 재건하고 성전에서 동물 제사를 드리는 예배도 회복해서 드리고, 또한 회당예배도 계속 드리게 되었다. 회당은 유대인들이 사는 곳이면 어디서든지 만들 수 있었고, 장로 회의에 의해 운영되었고, 이 회의에서 회당장이 선출되었다. 회당장은 예배에서 사회를 맡기도 했고, 설교를 하기도 했다.

예수 시대에도 회당에서도 예배가 드려졌고, 성전에서도 드려졌다. 예수는 요한복음 4장에서 의식 위주의 예배가 아닌, 영과 진리 안에서 드리는 영적 예배를 말씀하셨고, 예수 그리스도의 구원의 사역을 기억하는 성찬식과 예수 그리스도로 말미암아 영적으로 거듭나는 세례식을 제정하셨다.

사도 시대에는 예수 그리스도의 복음을 전하는 전도 중심의 예배를 드렸고, 매일 밤마다 어느 집에 모여서 예배를 드렸다. 이 예배 때에는 예배드리러 오는 사람들이 각자 음식을 가지고 왔고, 주의 만찬을 하면서 식사도 나누었다. 이 식사 시간에는 기도도 하고, 감사도 하고, 간증도 같이 했다.[77)]

초대 교회 시대에는 로마 박해가 심해지면서 함께 모여 예배드리는 것에 어려움이 있었으나, 로마의 콘스탄틴 황제가 313년 밀라노 칙령을 발표하면서 신앙의 자유를 얻게 되었고, 380년에 로마의 데오도시우스 황제가 기독교를 국교로 만들면서 예배를 드리기 위한 대형 예배당들이 건축되었고, 교회의 조직이 갖추어졌고, 여러 제도들이 생겨나게 되었다.

중세교회로 넘어가면서 국가와 교회는 결탁되었고, 교황을 비롯한 성직자의 권위는 절대적이 되었다. 예배 현장에는 성직자의 권위를 높여주는 신비적 요소와 상징물들, 수많은 의식들이 생겨났고, 성직자들만 읽을 수 있는 라틴어 성경을 사용하고 라틴어로 의식을 집례하느라 회중들은 성직자에게 의존할 수밖에 없었다. 중세교회는 변질되어 면죄부 판매와 같은 타락의 모습을 보이며 무너지게 되었다.

종교개혁자들은 비성서적인 것에 대해 개혁하면서 초기 교회 때의 예배로 돌아가기를 주장하였다. 그들은 예배 시에 모국어를 사용하면서 회중과 함께 참여하는 예배를 드리기를 시도했고, 의식 중심

77) 김소영,『현대예배학개론』, 15-28.

이 아니라 설교 중심의 예배를 시도했다. 그 이후에 청교도들이 미국으로 이주하면서 종교개혁자들의 예배를 실천해나갔다. 국가와 교회를 철저히 분리했고, 탈 의식적 예배, 말씀 중심의 예배를 정착시켰다.

우리가 살고 있는 현대의 교회는 말씀 중심의 예배를 유지하지만, 의식에 대한 부분도 회복하기 위해 노력하고 있다.[78] "단순히 '듣는' 예배만이 아니라 '드리는' 예배도 겸해야 한다는 당위성과 함께 이를 힘써 추구"하고 있다.[79]

이상으로 살펴본 예배의 역사를 청소년 예배에 비추어 정리해보면, 청소년 예배는 개혁교회의 전통에 따라 말씀 중심, 설교 중심의 예배를 유지하지만, 예배의 요소 안에서 의식에 참여하면서 받는 영적인 유익과 교훈을 고려해야 한다. 그리고 시청각 교육, 체험 및 경험 교육, 상상력 교육의 측면에서 세례 및 성찬과 같은 예전이 주는 영적인 유익과 교훈도 고려하면서 예배가 이루어져야 한다.

Ⅲ. 청소년기 특성에 대한 이해

1. 변화에 익숙한 세대

청소년기에 해당하는 연령대는 시대마다, 국가마다, 문화마다

78) 정장복, 『예배학 개론 (수정증보판)』, 60-69.

79) 위의 책, 69.

다르다. "여자아이들은 보통 13/14세부터" 청소년기의 특징이 나타나고, "남자아이들은 15세 중반부터 나타나지만" 전통적으로 청소년기에 해당하는 연령대는 영어의 'teen'이 들어가는 연령대이다.[80] 그렇다면 13세(thirteen)부터 19세(nineteen)까지가 청소년기에 해당한다.

청소년기는 "신체적·생리적 변화와 함께 시작"된다.[81] 이 시기에는 급격한 신체의 변화가 일어나고, 심리적·정신적인 변화가 동반되는 제2차 성징의 시기이다. "사춘기 발달에 중요한 두 개의 기본적인 호르몬이 있는데, 그것은 안드로겐(남성호르몬)과 에스트로겐(여성호르몬)이다."[82] 이 호르몬이 청소년 시기에서 가장 많이 분비되기 때문에 신체가 급격하게 변하며 성장하게 된다.[83]

그리고 청소년 시기에는 인지 부분에서 변화가 이루어지는데, 논리적인 사고가 강화되고, 비판적인 사고가 자리 잡으면서 생각이 복잡해진다. 그래서 청소년 시기에는 "이전에 받아들였던 관념 가운데서 비 일관된 관념을 발견하게 되면 격분할 뿐만 아니라, 이것이 주위의 어른들에게서 발견되면 자신을 기만한 것으로 인식하여 이들에게 도전하고 공격하게 된다."[84]

---

80) 김도일 외 13인, 『제4차 산업혁명 시대의 교육목회』(서울 : 기독한교, 2017), 143.

81) 사미자, "청소년기의 정체성 형성에 관한 고찰," 『장신논단』 제20집 (2003), 372

82) 한국청소년학회 편, 『청소년학 총론』(서울: 양서원, 1999), 89.

83) 위의 책.

84) 위의 책, 121.

또한 청소년들은 “내가 누구인지”를 찾는 자아정체성에 대한 심리적인 과제를 가지고 치열하게 고민하고 힘들어한다. “청소년기에는 ‘나는 누구인가?’ ‘나는 무엇을 하며 어떻게 살아야 하는가?’에 대한 고민을 하게 된다.”[85] 자아정체성에 대한 치열한 고민 속에 심리적인 불안정감을 경험하기도 한다. 더욱이 선택을 해야 하는 시기이기 때문에 그 혼란함과 불안정감은 가중 된다. 자신의 진로에 대해서 결국은 본인이 선택을 해야 하기 때문에 힘들어 한다. “스스로의 선택에는 책임이 수반될 뿐만 아니라 미래의 삶의 방향이 좌우될 수 있다는 점에서 불안감과 초조감을 가지게 된다.”[86]

변화는 익숙함에 대한 탈피이기 때문에 불안하고 혼란한 것이다. 이러한 신체적·인지적·심리적 변화 가운데서 청소년들이 불안함과 혼란함, 그리고 두려움과 막막함을 느끼지만, 적응해 나아가면서 성인으로 성장하게 된다.

워낙 변화의 요소가 많고, 변화에 적응해야 하는 것들이 많은 청소년기이기 때문에 청소년층은 사회의 변화에 대해서도 다른 연령층에 비해 빨리 적응할 수 있는 능력을 가지고 있다. 따라서 온라인 시대, 언택트 시대를 맞이해서 온라인으로 예배가 이루어져도 그것에 적응할 수 있는 능력을 가장 많이 가지고 있는 연령층이 바로 청소년층이라고 말할 수 있다.

---

85) 김성중,『사자 웃으며 키우기』(서울: 두란노, 2020), 86.

86) 한국청소년학회 편,『청소년학 총론』, 135.

2. 온라인 미디어 세대

코로나19 시기를 경험하면서 청소년들이 온라인 미디어 사용 시간과 횟수가 확연히 증가했다. 대부분의 수업을 온라인으로 받고 있기 때문에 온라인 수업을 위한 목적으로 온라인 미디어 사용이 늘어났고, 이 외에도 청소년들이 좋아하는 게임이나 채팅 등의 목적으로 하는 사용 시간과 횟수도 함께 늘어났다.

대한민국의학한림원은 2020년 10월 8일부터 15일까지 전국에 있는 만 15세부터 18세까지의 청소년들을 대상으로 "온라인 수업 전환 후 학생들의 미디어 사용실태 조사"를 실시하였다. 온라인 수업 전환 후 학생들이 온라인 미디어 사용이 늘었는지에 대한 조사 결과 '매우 늘었다'가 27.1%로 나타났고, '조금 늘었다'가 38.4%로 나타났다. 합산하면 65.5%가 온라인 수업 전환 후 온라인 미디어 사용이 증가했다고 대답한 것이다. 그다음 미디어 유형별 평균 미디어 사용 시간에 대한 결과를 보면, 스마트폰, 온라인 게임, SNS 등 청소년들이 주로 쓰는 모든 미디어 유형의 사용이 늘었다. 주목해서 볼 점은 스마트폰 사용과 동영상 시청이 증가했는데, 온라인 수업 전환 전에 평균 스마트폰 사용 시간은 2시간 이상~3시간 미만이었던 것이 온라인 수업 전환 후에는 평균 1시간 정도 늘어나서 3시간 이상~4시간 미만이 되었다. 다음으로 온라인 수업 전환 전에 동영상 시청 시간은 평균 1시간 이상~2시간 미만이었던 것이 온라인 수업 전환 후에는 역시 평균 1시간 정도 늘어나서 2시간 이상~3시간 미만이 되었다.[87] 더 놀라운 통계는 2019년 10월 13일 김윤화 정보통신정책 연구원 부연구위원이 "어린이와 청소년의 휴대폰 보유·이용 행태 분석" 보고서를 발표했는데, 우리나라에서 스마트폰 보유율이 가장 높은 연령층은 중학생으로 무려 보유율이 95.9%에 달했다. 고등학생도 95.2%의 스마트폰 보유율을 보였다. 이것은 전체 연령층 평균인 87.2%보다 훨씬 높은 보유율이다.[88]

이상의 조사 결과 청소년들에게는 온라인 미디어가 삶의 중요한 부분이 되었다. 특히 수업이 온라인을 통해 이루어지는 것을 경험하면서 온라인을 통한 교육에 익숙해지게 되었다. 이런 상황 속에서 온라인 예배는 청소년들에게 공식적인 수업과 같이 느끼고 인지하게 할 수 있으며, 온라인 안에서도 집중도 있는 예배가 이루어질 수 있다고 판단된다.

3. 바쁜 세대

우리나라 청소년들은 학업을 감당하느라 정말 바쁜 하루를 보내고 있다. 학교에서 공부하고, 학원에서 공부하고, 과외받으며 공부하고, 숙제하면서 공부하고 하루를 보낸다. 2020년 청소년 통계에

---

87) 장진숙, 2020년 11월 3일, "온라인 수업 전환 후 청소년 온라인, 미디어 사용 크게 증가,"『데이터솜』[On-line], http://www.datasom.co.kr/news/articleView.html?idxno=109655, (2021년 1월 10일 접속).

88) 전준상, 2019년 10월 13일, "중고교생 스마트폰 보유율 95%…하루 이용 시간 2시간 이상,"『연합뉴스』[On-line], https://www.yna.co.kr/view/AKR20191011023600017, (2021년 1월 3일 접속).

따르면, "2019년도에 중학생 10명 중에 7명(71.4%), 고등학생 10명 중 6명(61.0%)이 사교육을 받고 있고, 2016년 이후부터 계속 증가하고 있다."[89] 학교에서 수업을 듣고 집에 와서 개인 시간을 갖는 것이 아니라 또 사교육을 받으며 공부하는 것이다.

2009년 한국청소년정책연구원의 "아동·청소년의 생활 패턴에 관한 국제비교연구"에 의하면 우리나라 청소년들의 평일 학습시간은 평균 7시간 50분이었다. 이는 다른 OECD 국가들에 비해 2시간 이상 길었음을 알 수 있다. 미국은 5시간 4분, 독일은 5시간 2분, 스웨덴은 5시간 55분, 핀란드는 6시간 6분, 일본은 5시간 21분으로 나타났다.[90] 그러다 보니 하루에 학생이 자유롭게 활용할 수 있는 시간이 1~2시간 밖에 되지 않는다. 2020년 청소년 통계에 따르면, 하루에 학생이 자유롭게 활용할 수 있는 시간이 1~2시간 된다고 답한 학생 비율이 중학생, 고등학생 모두에서 가장 높았다.[91] 이렇게 공부하느라 바쁘게 살다 보니 수면시간은 확연히 줄어들 수밖에 없다. 우리나라 고등학생은 10명 중 약 5명(45.9%)이 6시간 미만 잠을 자고 있음을 통계조사를 통해 확인할 수 있다.[92]

이처럼 바쁘고 피곤한 삶을 살아가는 세대가 바로 청소년들이기 때문에 주일이 되면 교회 나오기가 힘들게 되는 것이다. 더욱이 주일

---

89) 통계청, 여성가족부, 『2020 청소년 통계』(보도자료, 2020), 2.

90) 김주찬, 2019년 7월 24일, "[김주찬의 교육이야기] 공부 많이 하는 한국, 그래서?" 『파이에듀뉴스』[On-line], https://www.pie-news.com/mobile/article.html?no=8130, (2021년 1월 10일 접속).

91) 통계청, 여성가족부, 『2020 청소년 통계』, 25.

92) 위의 책, 10.

에도 부모의 영향 아래서 평일처럼 공부를 하는 청소년들도 많고, 학원 보충수업에 참여하는 경우도 많이 있기 때문에 교회에 나오기가 힘들다. 청소년들이 교회에서 줄어드는 현상을 청소년들이 교회에 관심이 없다는, 청소년 자체에만 원인을 둘 것이 아니라, 청소년들의 삶 속으로 들어가서 입시 위주의 사회 속에 바쁘게 돌아가는 그들의 생활 패턴, 주변 환경이 원인일 수 있다는 점을 염두에 두어야 한다. 따라서 온라인 예배는 청소년들을 배려하는 예배가 될 수 있다.

온라인 예배는 교회로 이동하는 시간, 교회에서 집으로 가는 시간이 없기 때문에 청소년들의 삶의 환경에서 보았을 때, 청소년들의 예배 참여율을 높일 수 있는 기회가 될 수 있다. 더욱이 자신의 의지와 관계없이 부모에 의해 학원이나 독서실에 가야 할 경우에는 핸드폰을 통해서 잠시 시간을 내어서 온라인 예배를 드릴 수 있기에 예배 참여율을 높일 수 있다. 이런 면에서 온라인 예배는 청소년들의 삶 속에서 긍정적인 효과를 낼 수 있다.

Ⅳ. 온라인 청소년 예배의 실제

1. 목표

첫째, 삼위일체 하나님과 교제하고 하나님의 사랑을 경험하는 것이다. 청소년들의 중요한 특징 중의 하나는 바로 친구 관계가 매우 중요하다는 것이다. 자신의 마음에 맞는 친구와 어울리면서 교제하고, 그 친구를 온전히 신뢰한다는 것이다. 그러다가 어떤 일로 인해 싸우고 토라지고, 또 다른 자신의 마음에 맞는 친구를 찾게 된다. 어떤 청소년들은 마음에 맞는 친구를 찾지 못하거나 자신과 친하게 지내려는 친구가 주변에 없는데, 이러한 청소년들은 외로움과 고독함을 깊게 느끼게 되고, 이것은 청소년의 사회적 문제 중의 하나가 되고 있다. 따라서 예배 가운데서 변함없는 진실한 친구 되시는 하나님이 계심을 느끼고 깨닫고, 그 하나님과 교제하는 행복을 누려야 한다.

> 이제부터는 너희를 종이라 하지 아니하리니 종은 주인이 하는 것을 알지 못함이라 너희를 친구라 하였노니 내가 내 아버지께 들은 것을 다 너희에게 알게 하였음이라(요한복음 15:15)

예배 가운데서 삼위일체 하나님과 온전히 교제하는 청소년들은 하나님의 사랑을 충만하게 경험한다.

> 이는 하나님은 사랑이심이라(요한1서 4:8)

시간과 공간을 초월하는 눈에 보이지 않는 하나님과 눈에 보이지 않는 공간인 온라인에서 교제하면서 하나님께서 나를 사랑하신다는 사실을 깊이 있게 경험하는 청소년들은 근원적인 삶의 희망을 얻게 된다. 외로움, 고독함, 우울함, 걱정, 염려에서 벗어나서 하나님의 사랑을 전하는 선한 영향력을 발휘하는 존재로 성숙하게 된다.

둘째, 삼위일체 하나님의 은혜를 깊이 있게 생각하고 감사하는 것이다. 많은 청소년들의 삶 가운데 빠져있는 것은 바로 감사이다. 다른 사람과의 비교 평가 속에 생겨난 불평, 지금 주어진 삶에 대한 불평, 청소년기에 경험하는 여러 가지 문제로 인한 불평이 자리 잡고 있다. 따라서 청소년들은 불평이 아닌 감사 훈련을 해야 한다. 예배 가운데서 삼위일체 하나님께서 청소년 각자에게 베풀어주신 은혜를 깊이 있게 생각하고 감사해야 하는 것이다. 하나님께서 청소년 각자를 창조하시고 이 세상에 태어나게 하는 은혜를 생각하며 감사하고, 죄 가운데 있었지만 예수님을 보내셔서 죄를 씻어주시고 구원해주신 은혜를 생각하며 감사하고, 예수님께서 승천하신 후에 성령님을 보내셔서 언제나 우리와 동행해주시고 위로해주시고 도와주시는 은혜를 생각하며 감사해야 한다. 이뿐만이 아니라, 예배드릴 수 있도록 인도해주신 은혜를 생각하고 감사하고, 학창시절에 학교 다니며 공부할 수 있도록 인도해주신 은혜를 생각하고 감사하고, 매끼 밥을 먹게 해 주신 은혜를 생각하고 감사하고, 함께 할 수 있는 가족을 주신 은혜를 생각하고 감사하고, 선생님·친구·선·후배를 주변에 허락해 주신 은혜를 생각하고 감사해야 한다. 예배를 통해서 감사 훈련이 될 때, 청소년들이 그들의 평생의 삶 가운데서 감사하며 살아갈 수 있게 된다. 청소년기에 감사할 수 있는 사람은 어른이 되어서도 평생 하나님의 은혜에 감사하며 살아갈 수 있다.

셋째, 삼위일체 하나님께 드리는 것이다. 하나님의 은혜를 깊이 있게 생각하고 감사하는 사람은 그 은혜에 대한 반응, 감사에 대한 표현으로 하나님께 찬양하게 되며, 하나님께 헌금을 드리게 된다.

청소년들의 예배 문화 가운데서 중요한 것은 찬양이다. 그러나 찬양이 스트레스 해소의 창구가 되거나 혹은 감정을 분출하는 취미가 되어서는 안 된다. 찬양은 하나님께서 베풀어주신 은혜에 대한 반응, 감사에 대한 표현으로 하나님을 높이는 것이다. 청소년들이 이러한 찬양의 개념을 정확하게 알고, 예배 가운데서 마음과 뜻과 정성을 담아서 하나님께 찬양을 올려 드려야 한다.

그리고 헌금은 하나님께서 우리가 살아갈 수 있도록 모든 것을 주신 것을 인정하고, 그 은혜에 감사해서 하나님께 올려 드리는 것이다. 헌금은 우리에게 주신 돈이 우리 것이 아니라 하나님의 것임을 선포하는 것이다. 그리고 일상을 살아갈 수 있도록 인도해주신 하나님의 은혜를 생각하고 감사하는 것이다. 물론 대부분의 청소년들은 본인이 돈을 벌지 않기 때문에 부모님께서 주신 돈으로 헌금을 드리는 경우가 많겠지만 부모님이 번 돈도 하나님의 것이기 때문에 청소년들이 헌금을 드릴 때 하나님의 것으로 인정하고 감사하는 마음으로 드리는 그 자체가 중요한 것이다. 그리고 부모님께 받은 것을 기계적으로 내는 것을 넘어서서 부모님께 받은 용돈에서 자신의 헌금을 준비해서 드릴 수도 있어야 한다.

온라인 예배 때에 예배의 요소 중에 찬양과 헌금이 제일 약화 되기 쉬운 부분이라 이 부분에 대한 강조가 필요하다. 집에서 혼자 온라인 예배 중에 찬양을 할 때에도 하나님께서 그 공간에 계심을 믿고 열심히 찬양하고, 헌금을 부모님을 통해서 계좌이체로 헌금을 하게 되어도 자신이 부모님께 받은 용돈에서 헌금을 준비해서 부모님께 드리며 계좌이체로 헌금해달라고 부탁할 수 있어야 한다. 온라인 예배가 온전히 이루어지기 위해서는 하나님께 드리는 찬양과 헌금에 대한 교육이 철저히 이루어져야 한다.

넷째, 하나님께서 주시는 영적인 기쁨을 회복하는 것이다. 많은 청소년들은 삶 속에서 우울을 경험한다. 매일 반복된 일상을 살아가면서 매너리즘에 빠진다. 미래에 대한 불안감, 공부에 대한 스트레스, 몸과 마음의 변화로 인한 혼란감, 가족 및 친구 관계 속에서 오는 갈등 등 어른으로 성장하는 과정에서 많은 힘든 부분을 경험한다. 그래서 한숨 쉬고, 힘들어하는 청소년들이 많이 있다. 예배는 영적인 기쁨을 회복하는 장이다. 영적인 기쁨을 누리는 시간과 기회이다. 따라서 청소년들이 온라인 예배 순서 하나 하나에 참여하면서 하나님께 주시는 영적인 기쁨, 참된 기쁨을 회복해야 한다.

다섯째, 예전을 이해하는 것이다. 개신교회의 두 가지 예전은 세례와 성찬이다. 청소년들은 예수 그리스도를 구주로 영접하고 나서 세례를 받거나 유아세례를 받았던 청소년들은 자신의 신앙고백으로 입교를 받는다. 세례는 죄 사함을 받았다는 공적인 선포이다. 사도행전 2:38에는

> 베드로가 이르되 너희가 회개하여 각각 예수 그리스도의 이름으로 세례를 받고 죄 사함을 받으라 그리하면 성령의 선물을 받으리니

라고 나온다. 그리고 예수 그리스도 안에서 귀중한 공동체의 일원이 되었다는 공적인 선포이다. 고린도전서 12:13에는

> 우리가 유대인이나 헬라인이나 종이나 자유인이나 다 한 성령으로 세례를 받아 한 몸이 되었고 또 다 한 성령을 마시게 하셨느니라

라고 나온다.

다음으로 성찬은 예수께서 제정하신 중요한 의식이자, 우리에게 시행하라고 말씀하신 의식이다.

> 내가 너희에게 전한 것은 주께 받은 것이니 곧 예수께서 잡히시던 밤에 떡을 가지사 축사하시고 떼어 이르시되 이것은 너희를 위하는 내 몸이니 이것을 행하여 나를 기념하라 하시고 식후에 또한 그와 같이 잔을 가지시고 이르시되 이 잔은 내 피로 세운 새 언약이니 이것을 행하여 마실 때마다 나를 기념하라 하셨으니 너희가 이 떡을 먹으며 이 잔을 마실 때마다 주의 죽으심을 그가 오실 때까지 전하는 것이니라(고린도전서 11:23~26)

이같이 청소년들이 온라인 예배에 참여하면서 세례와 성찬이 얼마나 중요한지를 깨닫고, 기독교 예전인 세례와 성찬을 이해할 수 있는 기회를 제공해야 한다.

2. 내용

첫째, 예배의 의미이다. 청소년들은 온라인 예배를 드리는 가운데 그 의미를 직접적으로, 간접적으로 배우고 깨닫게 되는 것이다. 예배의 의미를 모른 채 예배에 형식적으로 참여하는 청소년들이 많이 있기 때문에 직접적으로 예배에 대한 내용을 가르칠 수 있고, 예배 중 설교 가운데서 예배에 대해 가르칠 수 있다. 그리고 청소년들은 예배의 순서에 참여하는 가운데 예배가 무엇인지를 자연스럽게 깨달을 수 있다. 즉 "교육(敎育)"이 일어나야 하는 것이다. 직접적으로 가르치는 "교(敎)"에 대한 부분과 간접적으로 참여하면서 자연스럽게 습득이 되는 "육(育)"에 대한 부분이 이루어져야 하는 것이다.

둘째, 예배의 요소들이다. 다양한 예배의 요소들이 있다. 전통적인 예배에서 사용하는 예배의 요소들이 있고, 현대적인 예배에서 사용하는 예배의 요소들이 있다. 많은 청소년부에서는 현대적인 예배에서 사용하는 요소들을 선호하는 경향이 있는데, 현대적인 예배에서 사용하는 요소들뿐만 아니라 전통적인 예배에서 사용하는 요소들도 같이 사용해야 한다. 청소년기의 중요한 특징 중의 하나는 바로 변화에 민감하다는 것이다. 청소년들은 변화하는 것을 좋아한다. 돌려서 말하면, 고정된 것, 반복된 것을 계속하는 것을 힘들어한다. 이러한 청소년기의 특징을 이해하면서 온라인 예배 가운데 예배의 요소들을 다양하게 넣을 필요가 있다. 청소년들은 전통적인 예배 요소들을 배열한 순서 하나 하나에 참여하면서 그 요소들의 의미와 내용을 자연스럽게 습득할 수 있고, 현대적인 예배 요소들을 배열한 순서 하나 하나에 참여하면서 그 요소들의 의미와 내용을 또한 자연스럽게 습득할 수 있다. 예배의 본질을 잘 붙잡으면, 예배의 요소들을 배열한 순서는 다양하게 변할 수 있다. 더 정확히 말하면, 예배의 요소들과 그것을 배열한 순서는 예배의 본질을 더 살리는 목적으로 변화될 수 있다.

셋째, 예배드리는 태도이다. 청소년들에게 예배드리는 태도는 중요한 교육 내용이 된다. 예배는 삼위일체 하나님께 드리는 것이다. 따라서 예배드리는 태도가 중요하다. 요한복음 4장 24절에는

하나님은 영이시니 예배하는 자가 영과 진리로 예배할지니라

라고 나온다. 예배드리는 자는 영과 진리 안에서 예배드려야 한다. 예레미야 29장 13절에는

너희가 온 마음으로 나를 구하면 나를 찾을 것이요 나를 만나리라

라고 나온다. 온 마음으로 하나님께 구하는 예배의 태도가 중요하다. 고린도후서 9장 7절에는

각각 그 마음에 정한대로 할 것이요 인색함으로나 억지로 하지 말지니 하나님은 즐겨 내는 자를 사랑하시느니라

라고 나온다. 이 말씀은 헌금에 대한 말씀이지만, 더 넓게 해석하면 하나님께 드리는 예배에도 즐겁게, 자발적으로 참여하는 태도가 중요하다는 것이다. 마태복음 5장 24절에는

예물을 제단 앞에 두고 먼저 가서 형제와 화목하고 그 후에 와서 예물을 드리라

라고 나온다. 이 말씀도 하나님께 드리는 예물에 대한 말씀이지만. 넓은 의미에서 하나님께 드리는 예배에도 동일하게 적용될 수 있다. 예배드리기 전에 누군가와 갈등하고 있다면, 그 사람과 화해하고 나서 예배드리는 것이 중요한 예배드리는 태도가 되는 것이다.

온라인 예배는 청소년들이 예배드리는 모습을 담당 목회자 혹은 교회학교 교사가 체크 하는 것이 제한적이기 때문에 예배드리는 태도에 대한 교육이 수시로 이루어져야 하고, 영화관에서 영화 보기 전에 나오는 '영화관에서 하지 말아야 하는 영화관 에티켓' 영상과 같이

'온라인 예배에서 하지 말아야 하는 온라인 예배 에티켓, 온라인 예배에서 해야 하는 온라인 예배 태도'에 대한 영상을 청소년 눈높이에 맞게 제작해서 온라인 예배 전에 매주 상영하게 해야 한다. 그리고 온라인 예배 때 담당 목회자와 청소년부 교사들이 적극적으로 참여하고 열심히 예배드리는 모습을 청소년들이 화면에서 보고 예배드리는 태도를 자연스럽게 배울 수 있게 해 주어야 한다.

넷째, 교회력과 목회력이다. 예배를 통해서 교회력과 목회력을 이해하는 것은 중요하다. 공동체에는 역사의 흐름에 따라 전통이 생긴다. 역사가 흐르는데 전통이 생기지 않는 공동체는 없다. 위의 예배에 대한 이해 부분에서 살펴본 것처럼 교회는 공동체이다. 따라서 교회에는 역사와 전통이 있다. 그런데 우리 청소년들은 역사와 전통에 대한 관심이 약하고, 더욱이 온라인 예배로만 진행된다면 공동체성이 약화 되어 기독 공동체의 역사와 전통에 대한 이해 부분이 더욱 약화 될 우려가 있다. 따라서 온라인 청소년 예배 때에는 교회의 대표적인 역사와 전통이라고 할 수 있는 교회력과 목회력을 따르는 예배를 기획해야 한다.

"교회력은 1년 단위로 그리스도의 인생을 재구성하여 우리에게 대림절, 성탄절, 주현절, 사순절, 부활절, 그리고 성령강림절의 절기에 대해 일깨워준다."[93] 교회력에 따라 예배를 드리면서 예수 그리스도의 삶의 발자취를 따라가며, 예수 그리스도께서 베풀어주신 구원의 은혜를 충만하게 경험할 수 있다. 또한 목회력을 이해하는 것

93) 김정, 『초대 교회 예배사』(서울: 기독교문서선교회, 2014), 62.

도 중요한데, “목회력이란 교회력 외에 신년주일, 어린이주일, 어버이주일, 맥추감사주일, 광복주일, 추수감사주일, 종교개혁주일 등의 주일, 총회가 제정한 각종 주일, 교회가 제정한 주일(창립기념주일) 등을 지칭한다.”[94] 교회력과 목회력을 따르는 온라인 예배를 통해 교회의 역사의 흐름을 깨닫고 전통을 이해하며, 교회력과 목회력을 구성원들이 함께 따르면서 공동체가 하나 되는 경험을 할 수 있다.

다섯째, 예전이다. 예전이 중요하고, 우리 청소년들이 예전에 실제로 참여하는 경험을 제공해주어야 하지만, 온라인 예배로 진행될 때는 현실상 하기가 힘들다. 온라인 예배 안에서 세례식을 거행할 수는 없고, 성찬식의 경우에 성찬 키트를 가정에 보내서 하는 방안이 나오고 있지만 더 많은 연구가 필요한 부분이다. 따라서 온라인 청소년 예배 때에는 세례와 성찬에 직접 참여하기는 힘들지만, 예배의 주제를 세례와 성찬으로 잡아서 교육 중심의 예배를 드릴 수 있다. 예를 들어, 세례가 예배의 주제라면, 세례의 의미와 내용과 관련된 찬양으로 선정해서 찬양하고, 설교 주제도 세례로 준비하면 된다. 성찬이 예배의 주제라면, 성찬의 의미와 내용과 관련된 찬양으로 선정해서 찬양하고, 설교 주제도 성찬으로 준비하면 된다. 그래서 예배에 참여한 청소년들이 기독교 예전인 세례와 성찬을 이해하고 공부하고 깨닫는 시간을 갖도록 해야 한다.

---

94) 장신근,『교회교육 지도자들을 위한 창조적 교회교육 내비게이션』(서울 : 예영, 2016), 23.

3. 방법

첫째, 실시간 진행이다. 온라인 청소년 예배는 실시간으로 진행되어야 한다. 위의 청소년 예배에 대한 이해 부분에서 살펴본 것처럼 교회는 공식적으로 예배드리는 모임이면서, 공동체이다. 실시간으로 정해진 시간에 진행되는 것이 바로 "공식적"이란 말의 뜻에 부합되고, 같은 시간에 함께 모이는 것이기 때문에 "공동체"라는 말의 뜻에 부합된다. 녹화된 영상을 송출하는 것은 아무 때나 온라인 예배 영상을 보라는 것과 마찬가지이다. 아침 10시에도, 오후 3시에도, 저녁 7시에도 온라인 예배를 드릴 수 있다면 그것은 공식적이라고 말할 수 없고, 같은 시간에 함께 모일 수도 없기에 공동체라고 말하기도 힘들 것이다. 따라서 온라인 청소년 예배는 실시간으로 진행해야 한다. 그리고 "공식적"과 "공동체"의 의미를 강조하기 위해 출석체크를 해야 한다. 비공식적인 모임인 경우에는 출석체크가 필요없다. 그러나 공식적인 모임이기 때문에 출석체크가 필요한 것이다. 그리고 함께 모여 있는 공동체를 강조하기 위해 출석체크가 필요한 것이다. 따라서 댓글과 채팅창 등을 통해 출석체크를 해야 한다.

둘째, 참여형이다. 온라인 예배는 예배를 인도하는 사람과 예배에 참여하는 사람 사이의 인격적인 교류가 제한되는 환경이기 때문에 현장 예배보다 예배에 참여하는 사람이 훨씬 더 수동적이 될 가능성이 있다. 그리고 예배에 참여하는 청소년의 입장에서는 예배 안에서 눈치 볼 사람이 없기에 태도에 있어 자유로움이 발생 될 수 있고,

이로 인해 집중해서 예배드리는 것에 방해가 될 수 있다. 따라서 온라인 청소년 예배에 있어서는 최대한 참여형이 이루어질 수 있도록 기획해야 한다. 먼저 예배의 순서(기도, 성경봉독, 봉헌특송 등)에 청소년들이 적극적으로 참여할 수 있어야 한다. 유튜브에서 청소년들이 주로 많이 보는 영상은 첫째 자신이 좋아하는 연예인이 나오는 영상이고, 둘째 온라인 게임을 중계하는 영상이고, 셋째, 자기 또래가 나오는 영상이다. 따라서 청소년들이 온라인 예배에 적극적으로 참여하기 위해서는 자신이나, 자신의 또래가 나올 수 있도록 기획해야 한다. 사전에 순서 맡은 청소년들이 영상으로 기도, 성경봉독, 봉헌특송 등을 스스로 촬영해서 담당 목회자에게 보내면, 실시간 온라인 예배 시간에 나오게 할 수 있다. 아니면 실시간 온라인 예배를 드릴 때 순서 맡은 청소년들은 교회에 나와서 같이 촬영하면 된다. 또 다른 방법은 쌍방향 소통 온라인 플랫폼인 ZOOM을 사용해서 온라인 예배 중에 바로 순서에 참여하면 된다. 온라인 예배는 참여형이 될 때, 더 집중해서 참여할 수 있고 더 즐겁게 참여할 수 있고 보는 예배가 아니라 드리는 예배가 될 수 있다.

셋째, 쌍방향적인 설교이다. 온라인 예배 시에 설교가 정말 중요한데, 일방향적인 설교가 아닌, 쌍방향적인 설교가 되어야 한다. 일방향적인 설교가 되면, 청소년들의 집중도는 급격하게 떨어지고, 온라인 예배를 드리다가 이탈하게 되는 경우가 많이 발생하게 된다. 따라서 일방향적인 설교가 아니라 쌍방향적인 설교가 진행될 수 있어야 한다.

예를 들어, 설교 도중에 실시간 퀴즈를 내서 답을 맞추게 하고, 답을 맞춘 청소년에게는 바로 카카오톡 키프티콘을 보낸다든지 하는 방법이 있고, 청소년들이 설교 도중에 궁금한 점에 대해서 채팅창에 질문을 쓰게 하고, 설교자는 설교 마지막 부분에 청소년들이 질문한 내용을 보면서 답을 하는 방법이 있다. 쌍방향적인 설교가 될 때 청소년들은 집중해서 설교를 듣게 된다.

넷째, 디다케의 기능을 강화하는 설교이다. 설교는 말씀의 선포인 케리그마이다. 그러나 온라인 예배 가운데서 선포 되어지는 설교는 디다케의 기능을 강화해야 한다. 요즘 청소년들은 온라인으로 학교 수업을 듣고 있고, 인터넷 강의를 많이 보기 때문에 온라인으로 학습하는 것에 대해서 익숙하다. 따라서 온라인 공간에서는 교육이 이루어지기가 수월하기에 온라인 예배 가운데서 선포 되어지는 설교는 디다케의 기능, 즉 교육과 훈련의 기능을 감당할 수 있어야 한다. 더욱이 온라인 시대 가운데서 예배 이후에 함께 모여서 학습하는 공과 교육의 기능이 상대적으로 약화 될 수 있기에 온라인을 통한 설교 가운데서 교육의 역할도 어느 정도 감당할 수 있어야 한다.

예를 들어, 매달 마지막 주에는 온라인 예배 가운데서 설교 시간에 성경 각 책별 교육을 할 수 있는 것이다. 1월 마지막 주에는 창세기, 2월 마지막 주에는 출애굽기 등등 성경 교육을 할 수 있다. 또한 매달 첫째 주에는 교리 시리즈로 설교를 진행해서 1월에는 하나님은 누구신가, 2월에는 복음은 무엇인가 등등 교리 교육을 할 수 있다.

다섯째, 온라인 예배 플랫폼 제작 및 사용이다. 온라인 예배 영상을 주로 올리는 온라인 플랫폼은 "유튜브(You-Tube)"이다. 유튜브가 가장 익숙하고, 가장 많이 사용되는 영상 플랫폼이기 때문이다. 유아층부터 노년층까지 거의 전 세대가 유튜브를 통해서 다양한 영상을 시청하고 있다. 특히 청소년들에게 있어서는 유튜브가 그들의 삶에 있어서 모든 필요를 채워주는 정보의 바다이다. 청소년들은 검색 사이트에 들어가서 정보를 찾는 것이 아니라, 유튜브에 들어가서 정보를 찾는다.

예를 들어, 자신이 쓰고 있는 핸드폰의 기능을 알기 위해서 성인들은 핸드폰 설명서를 보거나 인터넷 검색 사이트에 들어가서 설명서를 찾아서 읽고 이해하려고 노력한다. 하지만 청소년들은 유튜브에 들어가서 핸드폰 사용에 관해 누군가가 만든 영상을 보면서 핸드폰의 기능을 이해하고 바로 습득한다. 청소년들은 유튜브와 떼래야 뗄 수 없는 삶을 살아가고 있기에 온라인 예배 영상도 유튜브에 올린다. 유튜브를 통한 온라인 예배 송출은 접근성 면에서는 장점이 있지만, 중요한 부작용이 있다. 그 부작용은 세속과의 구별됨에 대한 부분이다.

예배는 거룩한 하나님과 만나는 거룩한 의식이다. 그래서 구약의 전통에서는 예배의 장소를 세속의 장소와 구별해서 거룩한 예루살렘 성전에서 예배를 드렸다. 신약을 통해서는 요한복음 4장에 나온 예수께서 사마리아 여인과의 대화 속에서 말씀하신 예배에 관한 가르침에 근거해서 시간의 구별됨, 마음의 구별됨이 중요함을 알 수 있다.

예수께서 이르시되 여자여 내 말을 믿으라. 이 산에서도 말고 예루살렘에서도 말고 너희가 아버지께 예배할 때가 이르리라 (요한복음 4:21)

아버지께 참되게 예배하는 자들은 영과 진리로 예배할 때가 오나니 곧 이때라. 아버지께서는 자기에게 이렇게 예배하는 자들을 찾으시느니라 (요한복음 4:23)

위의 청소년 예배에 대한 이해 부분에서 살펴본 것처럼 교회가 성(聖)도들의 예배드리는 모임이기 때문에 거룩함이 있어야 한다. 거룩함이 바로 세속과의 구별됨이다. 시간의 구별됨, 마음의 구별됨뿐만 아니라, 온라인이라는 큰 공간(field) 안에서의 구별됨이 필요하다. 이렇게 본다면 유튜브는 온라인 예배를 드리는 구별된 장소, 공간이라고 말할 수 없을 것이다. 왜냐면 유튜브는 다양한 세속적인 콘텐츠가 있는 장소이기 때문이다. 더욱이 청소년들은 유튜브 공간에서 예배에 참여하면서 하나의 유튜브 영상을 보듯이 예배 영상을 보고 있다. 유튜브로 온라인 예배 영상을 보다가 옆에 다른 추천 영상이 뜨면 그것을 클릭해서 보다가 다시 예배 영상으로 돌아왔다가 한다. 어떤 청소년은 1.5배속, 2배속을 하고 빨리 보는 경우도 있고, 예배에서 찬양하는 부분은 건너뛰고 설교 부분부터 보기도 한다.

따라서 온라인 예배 플랫폼 즉, 구별된 장이 만들어져야 한다. 이 온라인 예배 플랫폼을 만들 때는 위에서 살펴본 온라인 예배 방법을 구현할 수 있도록 만들어야 한다. 즉, 청소년들이 예배를 하나의 유튜브 영상 보듯이 수동적인 관객이 되지 않도록 참여형이 이루어질 수 있는 기능을 넣어야 하고, 실시간 예배 라이브가 될 수 있도록 만들어야 하고, 출석자 확인이 쉽게 될 수 있는 시스템이 되어야 한다. 또한 쌍방향적인 설교가 쉽게 이루어질 수 있는 기능도 탑재해야 한다.

이와 같은 온라인 예배 플랫폼을 만들 때 기독 재단들, 기독 IT회사들, 참여 교회들, 선교 단체들, 기독 연구소들이 연합해서 만들고 신학 교수들이 자문 역할을 해 주어야 한다. 그리고 온라인 예배 플랫폼을 만들면 개 교회에서 무료로 사용할 수 있도록 보급해야 한다.

V. 나가는 말

코로나19로 말미암아 온라인 예배가 시행되었고, "다양한 뉴미디어 사용을 하지 않으면 안 되는 시대를 맞이하고 말았다."[95] 온라인 사용에 대해 익숙한 청소년들의 예배에는 온라인이 적극적으로 활용되고 있다, 온라인으로 소통하고, 온라인으로 수업을 듣고, 온라인으로 게임 하고, 온라인으로 정보를 찾는 청소년들에게는 온라인 예배가 거부감 없이 다가가고 있다. 더욱이 청소년들은 공부하느라 바쁜 존재들이기 때문에 자신들의 삶의 현장에서 바로 예배드릴 수 있는 온라인 예배를 선호하고 있다.

예배 신학적인 측면에서의 예배의 정의와 예배드리는 공동체로서의 교회에 대한 이해에 의하면, 하나님께 드리는 예배는 어디에서

95) 유재원, "현대 예배에서 미디어 리터러시 활용방안 연구,"『장신논단』제52집 (2020), 242

든지 가능할 수 있다. 따라서 무형의 온라인 공간에서도 예배를 드릴 수 있다. 코로나19 기간을 지나면서 코로나 바이러스의 위협 가운데 불가항력적인 측면에서 현장 예배를 드리지 못하고 온라인으로 청소년 예배가 진행되어 왔기 때문에 온라인 예배에 대한 깊은 고찰과 연구의 결과로서 진행된 예배가 되지 못했다. 그 결과 단순히 기존에 있던 온라인 플랫폼을 통한 현장 예배의 송출로서 온라인 예배가 진행되었다. 이제는 온라인 청소년 예배를 청소년들의 눈높이에 맞춰서, 청소년들의 영적인 필요에 맞춰서 체계적으로 준비하고 시행되어야 한다. 단지 온라인을 통한 현장 예배의 송출이 아니라 온라인 예배라는 콘텐츠를 기획하고 준비하고 시행해야 하는 것이다.

온라인 청소년 예배는 실시간 참여형으로 이루어져야 하고, 예배 중에 쌍방향적인 설교와 교육적인 측면을 강화하는 설교가 이루어져야 한다. 더 나아가 장기적인 계획으로 온라인 예배가 이루어지는 장(field)을 따로 마련하기 위해 온라인 예배 플랫폼이 한국 교회에 마련되고 각 교회에 보급되어야 한다.

포스트 코로나 시대에도 온라인에 익숙한 청소년들에게는 계속 온라인 예배가 진행될 것이다. 그렇다면 온라인 예배를 현장 예배의 대체로서 수동적으로 볼 것이 아니라, 온라인 예배를 잘 기획하고 준비하고 시행해서 청소년들이 온라인 예배를 잘 드릴 수 있도록 적극적으로 노력해야 한다. 청소년들이 온라인 예배에 "능동적으로 참여"하고, "신앙 성장에 열심"을 낼 수 있도록 도와주어야 한다.[96)]

96) 임창복, "청소년 교역의 원리,"『장신논단』 제15집 (1999), 570

코로나19 이전에 한국 교회 청소년부는 위기였다. 한국 교회에 청소년들이 물밀 듯이 빠져나갔다. 코로나19 기간에 온라인을 적극적으로 활용하고, 청소년들을 위한 온라인 예배를 전문적으로 기획하고 준비하고 시행하고 정착시킨다면, 포스트 코로나 시대에 한국 교회 청소년부의 회복과 부흥의 역사가 이루어질 수 있을 것이라 확신한다. 평범한 사람은 고난 가운데서 고난을 경험한다. 그러나 리더는 고난 가운데서 기회를 찾는다. 교회 현장에서 청소년 교육을 하고 있는 사역자들이 코로나19의 고난 가운데서 고난을 경험하는 것이 아니라 온라인이라는 기회를 찾기를 소망하면서 본 장을 마무리하고자 한다.

참고문헌

☆ 김도일 외 13인.『제4차 산업혁명 시대의 교육목회』. 서울: 기독한교, 2017.

☆ 김성중.『사자 웃으며 키우기』. 서울: 두란노, 2020.

☆ 김소영.『현대예배학개론』. 서울: 한국장로교출판사, 2002.

☆ 김정.『초대 교회 예배사』. 서울: 기독교문서선교회, 2014.

☆ 김주찬. 2019년 7월 24일. "[김주찬의 교육이야기] 공부 많이 하는 한국, 그래서?"『파이에듀뉴스』[On-line]. https://www.pie-news.com/mobile/article.html?no=8130 (2021년 1월 10일 접속).

☆ 사미자. "청소년기의 정체성 형성에 관한 고찰."『장신논단』제20집 (2003), 371-394.

☆ 유재원. "현대 예배에서 미디어 리터러시 활용방안 연구."『장신논단』제52집 (2020), 221-247.

☆ 임창복. "청소년 교역의 원리."『장신논단』제15집 (1999), 560-581.

☆ 장신근.『교회교육 지도자들을 위한 창조적 교회교육 내비게이션』. 서울: 예영, 2016.

☆ 장진숙. 2020년 11월 3일. "온라인 수업 전환 후 청소년 온라인, 미디어 사용 크게 증가." 『데이터솜』[On-line]. http://www.datasom.co.kr/news/articleView.html?idxno=109655 (2021년 1월 10일 접속).

☆ 전준상. 2019년 10월 13일. "중고교생 스마트폰 보유율 95%...하루 이용시간 2시간 이상." 『연합뉴스』[On-line]. https://www.yna.co.kr/view/AKR20191011023600017 (2021년 1월 3일 접속).

☆ 정장복.『예배학 개론 (수정증보판)』. 서울: 예배와 설교 아카데미, 1999.

☆ 통계청, 여성가족부.『2020 청소년 통계』. 보도자료, 2020.

☆ 한국복음주의 실천신학회 편.『복음주의 예배학』. 서울: 요단, 2005.

☆ 한국청소년학회 편.『청소년학 총론』. 서울: 양서원, 1999.

☆ Brunner, Peter. *Worship in the Name of Jesus*. St. Louis: Concordia, 1968.

☆ Florovsky, George. "Worship and Ever-Day Life: An Eastern Orthodox View." *Studia Liturgica* 2(December 1963).

☆ Massey H. Shepherd, Jr. *The Worship of the Church*. 정철범 역.『예전학』. 서울: 대한기독교서회, 1991.

☆ Philip Graham Ryken, Derek W. Thomas, and J. Ligon Duncan Ⅲ., ed. *Give Praise to God*. 김병하, 김상구 역.『개혁주의 예배학』. 서울: 개혁주의신학사, 2012.

☆ Tillich, Paul. *Systematic Theology*(Vol. Ⅲ). Chicago: The University of Chicago Press, 1931.

☆ White, F. James. *Introduction to Christian Worship*(3rd ed). 김상구, 배영민 역.『기독교 예배학 개론 (제3판)』. 서울: 기독교문서선교회, 2017.

3장

청소년 세례입교 교육97)

97) 이번 장은 2018년 <장신논단> 50집, 359-386에 게재했던 필자의 논문을 수정 보완한 것이다.

1. 들어가는 말

청소년기는 신앙 발달을 측면에서 매우 중요한 시기이다. 신앙에 대한 실제적인 관심이 생기는 시기이며, 부모로부터 독립된 자기 주체성을 가진 신앙을 형성하는 시기이기 때문이다. 따라서 청소년부 안에서는 체계적인 청소년 신앙 교육이 이루어져야 한다.

체계적인 신앙 교육의 핵심은 바로 세례입교 교육이다. 청소년 시기가 되어 유아세례를 받았던 학생들은 입교를 받고, 교회에 출석하다가 세례를 받기 원하는 학생들은 세례를 받게 되는데 세례입교 교육은 정말 형식적이다. 번갯불에 콩 볶아 먹듯이 한두 주로 이루어진 교육을 통해서 세례와 입교를 시행하고 있다. 입교 받는 학생들에게나, 세례받는 학생들에게나 체계적인 교육은 중요하다. 입교 받는 학생들은 어릴 때부터 견지해왔던 기독교 신앙의 구체적인 내용에 대해서 다시 한번 정리하는 시간이 될 수 있고, 세례받는 학생들은 기독교 신앙의 내용을 체계적으로 배우는 시간이 될 수 있기 때문이다. 세례입교 교육을 통해서 기독교 신앙을 종합적으로 배우고 정리하는 시간을 제공해주어야 한다.

교회에 오래 다닌 모태신앙 청소년들조차도 "복음이 무엇이니?" 라고 질문을 던지면 머리를 긁적거리는 경우가 많이 있고, "구원받았니?"라고 질문을 던지면, "아직 잘 모르겠다"라든지, "믿음이 아직 작아서"라든지 "착한 일을 덜 해서"라는 답을 하는 경우가 많이 있다. 모태신앙 청소년들조차 복음에 대해서 잘 모르는 것이다. 따라서 형식적이지 않은 체계적이고 종합적인 세례입교교육은 청소년들의 신앙 성장과 성숙을 위해서는 매우 중요하다. 따라서 이제는 형식적으로 세례와 입교를 시행하는 것이 아닌 제대로 교육하고 기독교인으로서의 정체성을 심어준 후에 세례와 입교를 시행해야 한다.

마태복음 28:19~20에는 예수님의 지상명령의 말씀이 나와 있다.

> 그러므로 너희는 가서 모든 민족을 제자로 삼아 아버지와 아들과 성령의 이름으로 세례를 베풀고

제자를 삼고 나서 세례를 베풀어야 하는 것이 제대로 된 순서이다. 따라서 이번 3장은 이러한 열망을 가지고, 바울의 세 가지 교수 사역 중 한 가지인 카테키시스에 근거해서 청소년 세례입교교육에 대해서 소개했다. 구체적으로 본론에서는 카테키시스의 정의, 목표와 교육과정을 통해 카테키시스 전반에 대해 알아보겠다. 그리고 청소년 세례교육의 실제로서 10주 과정의 세례교육 프로그램을 기획해 보겠다.

II. 카테키시스에 대한 이론적 이해

1. 카테키시스의 정의

헬라어 "카테키시스"라는 단어를 분석해 보면 "울려퍼지다, 세상에 알리다, 말이나 행위를 반복하다"와 같은 뜻이 담겨져 있다. 즉, "카테키시스"라는 단어를 살펴보면, 신앙의 내용을 사람들에게 가

르치는 것을 의미하는 데 사용되었다는 것을 파악할 수 있다. 우리나라 교회에서는 이 "카테키시스"라는 단어를 "교리문답"이나 "요리문답"이라고 번역하고 있음을 알 수 있다.[98] 그러나 "카테키시스"라는 단어의 의미를 살펴보았듯이 "카테키시스"는한국 교회에서 세례를 위한 마지막 단계에서 시행하는 "교리문답" 혹은 "요리문답" 보다 훨씬 더 광의적인 개념에서의 신앙 교육이라고 말할 수 있다.

기독교교육학자인 존 웨스트호프(John H. Westhoff Ⅲ)는 자신의 이론을 "카테키시스"라고 부를 정도로 이 용어를 강조하였다. 고용수는 웨스트호프가 이 "카테키시스"라는 단어를 사용한 것은 사람들이 기독교적 전통을 소개받고, 신앙공동체 안으로 인도함을 받고, 그 안에서 자연스럽게 문화화 되는 과정을 표현하기 위함이라고 하였다. 다시 말하면, 카테키시스는 신앙공동체 안에서 기독교 교리와 전통을 자연스럽게 배우면서 그리스도인으로서의 정체성을 갖추고, 온전한 그리스도인이 될 수 있도록 양육 받는 것을 포괄한다고 볼 수 있다.[99]

리차드 오스머(Richard Osmer)는 바울서신을 통해 바울의 교수사역으로 카테키시스, 훈계, 분별 이렇게 3가지를 언급하는데 그 첫 번째가 바로 카테키시스이다. 오스머의 견해에 따르면, 카테키시스는 성서의 텍스트와 기독교 전통을 해석하고, 현대의 성도들의 삶과 세계를 해석하면서 이 두 사이에서 깊은 이해가 일어날 수 있도록 대화

98) 유재국, "교리교육의 과거와 현재,"『신학전망』제59호 (1982), 33.
99) 고용수,『현대 기독교교육사상』(서울: 장로회신학대학교 출판부, 2003), 139.

하는 활동이라고 강조한다.[100] 이와 비슷하게 장신근도 “카테키시스는 구약, 초대 기독교전승, 예수 전승 등을 교회의 회중들에게 해석적인 과정을 통하여 전달함으로써 기독교적 신앙과 자아정체성 형성을 목표로 하는 교수사역이다”라고 정의하였다.[101]

2. 카테키시스의 목표와 교육과정

카테키시스는 예수 그리스도의 부활 이후에 세워진 초기 기독교 공동체에서 발생하는 문제에 대응하기 위해 출현했다고 볼 수 있다. 초기 기독교공동체에는 이단의 문제가 발생하기 시작하였고, 여러 신앙적인 문제로 분열의 문제가 발생하기 시작하였다. 그래서 초기 기독교 공동체는 이러한 문제에 직면해서 예수 그리스도를 구주로 고백하고 세례를 받으려는 세례지원자들에게 확고한 믿음을 심어주고, 확고한 신앙의 고백을 할 수 있는 철저한 교육이 필요하게 되었다. 그래서 초기 기독교 공동체는 “기독교입문” 과정으로 기독교 복음의 교리를 철저하게 가르치고 그것을 확고히 받아들이고 난 후에 세례를 베풀었다. 그리고 기독교 공동체의 구성원으로 들어오게 하였으며 공적인 예배에 참여하게 하였다. 이것이 바로 카테키시스의 출현 배경이라고 말할 수 있다.[102]

---

100) R. Osmer, 장신근 역,『교육목회의 새로운 패러다임』(서울: 대한기독교서회, 2007), 75-110, 464-500.

101) 장신근, “바울서신에 나타난 훈계사역과 세계화 시대에 있어서의 교회도덕교육”『장신논단』제22집 (2004), 399.

102) 김홍연, “입교와 입교교육에 관한 역사적 고찰”『장신논단』제22집 (2004),

카테키시스의 중요한 목표는 기독교 안으로 들어온 개종자들에게 세례를 베풀고, 기독교 공동체 구성원이 되도록 인도하는 것이다. 세례는 예수 그리스도를 통해 죄 사함을 얻고 예수 그리스도와 하나가 되는 공적인 선포이다. 로마서 6장 3절~4절은 세례의 의미를 정확하게 알려주고 있다.

> 무릇 그리스도 예수와 합하여 세례를 받은 우리는 그의 죽으심과 합하여 세례를 받은 줄을 알지 못하느냐. 그러므로 우리가 그의 죽으심과 합하여 세례를 받음으로 그와 함께 장사되었나니 이는 아버지의 영광으로 말미암아 그리스도를 죽은 자 가운데서 살리심과 같이 우리로 또한 새 생명 가운데서 행하게 하려 함이라

이렇게 세례를 받으면 끝이 아니라, 기독교 공동체 안에서 예수 그리스도를 닮은 그리스도인으로 성숙하며, 그리스도의 신비에 참여하는 과정으로 나아가는 것이 바로 카테키시스의 궁극적인 목표라고 말할 수 있다.

초기 기독교공동체에서 행한 카테키시스 교육은 유대인 개종자들을 위한 교육과정과 이방인 개종자들을 위한 교육과정이 달랐다고 한다. 유대인 개종자들은 이미 성경을 읽고 율법을 공부하고 지키던 자들이기 때문에 기본적으로 하나님에 대한 경외심과 하나님의 말씀에 대한 순종이 있다. 그래서 이들에게는 기독교의 복음에 대해서 집중적으로 가르쳤다. 즉, 예수 그리스도의 십자가와 부활, 예수 그리스도께서 지상에서 가르치신 말씀을 배우도록 하였다. 사실 이들은

419.

세례 전에 준비 기간이 굳이 필요가 없었고, 예수 그리스도를 구주로 고백하면 즉시 세례를 베풀었다.

반면에 이방인 개종자를 위한 교육은 세례 전에 철저한 준비 기간을 가졌다. 예수 그리스도의 복음을 철저하게 가르치는 것 이외에도 윤리적인 부분을 강조하고 예수 그리스도를 믿는 자 답게 윤리적으로 살 것을 촉구하는 교육을 강조했다. 윤리적인 교육을 위해서 사용된 두 자료는 '디다케'와 '바나바의 편지'였다. "디다케"는 교회의 규례, 의식을 중심으로 기록되었다고 알려지며, "바나바의 편지"는 윤리적 실천을 중심으로 기록되었다고 알려진다.[103)]

카테키시스 교육과정은 예수 그리스도의 복음을 듣고 기독교 신앙을 받아들이기로 결단하고 개종하는 단계, 그리고 개종에 대해서 승인하는 단계, 세례 준비하는 예비세례자 단계, 세례의식의 단계, 그다음 축하잔치인 "첫 성만찬" 참여 단계로 구성되어 있다.[104)] 이렇게 본다면, 카테키시스 교육과정은 기독교 신앙을 정확하게 이해하고 받아들이고 내면화하는 모든 과정이 포함되어 있음을 알 수 있다.

---

103) 문혜란, "초기교회의 카테키시스를 기초로 한 교사교육과정연구", (미간행석사학위논문, 장로회신학대학교 대학원 기독교교육학과, 2006), 37-38.

104) 손삼권,『디지털 환경과 기독교교육』(서울: 나남출판사, 2002), 261-262.

Ⅲ. 청소년들을 위한 세례입교교육의 실제 프로그램

1. 제목

S.O.S.

Study Good news! Bible! Church! Basic! Baptism!

Orient to God, the Trinity!!

Start new life!!!

2. 대상

어릴 때 유아세례를 받고 부모의 손에 이끌려 교회에 나오고 있는 입교 대상자와 교회에 스스로 혹은 누군가의 전도의 의해서 나오다가 세례를 받게 된 세례 대상자이다. 청소년들을 연구해보면, 교회 오래 다닌 청소년이나, 그렇지 않은 청소년이나 신앙에 대한 구체적인 내용을 이해하는 정도에 있어서는 별반 차이가 없기 때문에 함께 교육을 진행해도 문제가 없다.

3. 교육 일정

10주 과정으로 구성하며, 1회당 1시간씩 교육을 진행하고, 주일 청소년 예배 후에 진행하거나, 토요일에 따로 만나서 교육을 진행한다. 주일에 교육을 진행하면 학생들이 교육에 빠지지 않을 확률이 높고, 토요일에 교육을 진행하면 마음의 여유와 시간적 여유를 가지고 진행할 수 있는데 학원에 가야 하는 경우 등이 발생하기 때문에 빠질 확률이 높아질 수 있다. 이 10주 교육은 출석이 가장 중요하기 때문에 최대한 참여 학생들이 빠지지 않는 요일과 시간을 정해야 한다.

4. 교육 목표

첫째, 학습자로 하여금 인류의 구원자 예수님을 소개하며, 예수님의 복음을 진심으로 받아들일 수 있도록 이끈다. 둘째, 학습자로 하여금 성경을 하나님의 말씀으로 받아들이게 하며, 성경을 읽을 수 있는 마음을 심어준다. 셋째, 학습자로 하여금 교회가 어떤 곳인지 깨닫게 하며, 교회를 사랑하는 마음을 가질 수 있도록 도와준다. 넷째, 학습자로 하여금 신앙기초의 내용인 십계명, 사도신경, 주기도문을 이해하게 하며, 십계명의 명령을 지키며, 사도신경의 고백으로 살아가며, 주기도문을 실천하며 살아갈 수 있도록 이끈다. 다섯째, 학습자로 하여금 자기 스스로의 진지한 성찰과 깨달음을 통해 신앙을 고백하며, 그로 말미암아 공적인 세례와 입교를 받고, 하나님의 자녀로 완전히 거듭날 수 있도록 돕는다. 여섯째, 학습자로 하여금 세례와 입교를 받고, 삶 속에서 예수님의 말씀을 지키며, 새로운 삶을 살아갈 수 있도록 격려한다.

5. 교육내용

교육내용은 오스머 교수의 카테키시스 정의에 따라 성경과 기독교 전승을 포괄하는 기독교의 기본적인 교리전반이다. 예수님의 복음, 신. 구약 성경, 교회론, 십계명, 사도신경, 주기도문, 세례이다. “사도신경”의 교육내용에는 삼위일체론의 교리가 들어가며, “교회론”의 교육 내용에는 교회의 역사도 들어간다.

6. 교육과정 및 방법

월터 브루그만(Walter Brueggemann)은 구약 정경의 세 가지인 오경, 예언서, 지혜문학을 창조적인 하나님의 교육방법으로 새롭게 제시한 구약과 기독교교육학을 연결한 학자이다.

구약정경의 첫 번째인 오경 즉 토라는 어른 세대와 자녀 세대 사이의 상호관계를 통하여 규범적인 신앙이 자녀 세대에게로 전승되는 것을 중요한 내용으로 가지고 있다. 이러한 토라 교육은 질문과 답변의 형식을 통해서 대화의 관계가 형성되고, 그리고 그 안에서 공동체적인 합의가 이루어진다. 구체적으로는 단답형의 답변이 아니라 이야기 형식의 답변을 통해서 어른 세대의 규범적이고 전통적인 신앙이 자녀세대에게 전승되는 것이다.[105] 이 오경교육이 카테키시스 교육의 방법이 되어야 한다.

그리고 카테키시스 교육의 또 다른 방법으로 “설득”을 들 수 있다. 오스머는 바울이 자신의 카테키시스 교수사역에서 가르침의 과정과 배움의 과정이라는 순환적 패턴을 사용했다고 말한다. “가르침

---

105) W. Brueggemann, 강성열, 김도일 역,『월터 브루그만의 창조적인 말씀을 통한 기독교교육』(서울: 한들출판사, 1999), 10.

은 배움을 통해 시작이 되며 배움은 가르침을 통해 효과적으로 일어난다."[106] 바울은 자신의 서신서를 읽는 독자들에게 그들이 초기 기독교 전승들을 고백하고 있고, 그 고백 속에서 실천이 수반되고 있음을 주지시켜 주고 있다. 그리고 이러한 초기 기독교 전승들을 독자들로 하여금 더욱 깊이 있게 이해시켜 주거나, 기독교 신앙을 가지고 있으면서도 잘못된 행동을 계속 하고 있는 독자들의 모습을 고치기 위해서 새롭게 해석했다. 다시 말하면, 바울의 카테키시스 교수사역은 자신의 서신서를 읽는 독자들에게 무조건적인 순종을 강요하는 것이 아닌, 일종의 설득하는 과정이라는 것이다.[107]

이러한 점을 모두 포괄하는 교육방법을 시행하기 위해 제시하는 세례입교교육 프로그램은 한 주제를 가지고 두 주에 걸쳐서 진행되도록 기획했다. 이것이 기존의 세례입교교육 프로그램과 명확히 구별되는 점이다. 이렇게 기획한 이유는 청소년들이 입시위주의 문화 가운데서 학업에 대한 피로도가 높아서 교육 집중도가 많이 떨어질 수 있다. 그렇기 때문에 목회자의 일방적인 강의 한 번 가지고서는 교육적 효과를 얻기가 힘들다. 그리고 비판적인 성찰을 하는 청소년들에게는 일방적인 주입식 교육은 지양되어야 한다. 따라서 한주는 목회자가 주제에 대해 소개하는 형식으로 강의하고 강의에 참여한 느낌을 잠시 나누고, 한주는 자기 스스로 교재를 통해 공부하면서

106) 오현선, "PCK 교회교육 개혁을 위한 기독교교육적 제안,"『기독교교육논총』 제44집 (2015), 124.

107) R. Osmer, 장신근 역,『교육목회의 새로운 패러다임』, 75-110.

깨달음을 얻고 목회자와의 대화를 통해 정리해주는 식으로 진행되도록 계획해야 한다. 이런 방법을 통해 일방적인 주입이 아닌, 설득의 과정으로 교육이 진행될 수 있을 것이다. 10주차 세례 및 입교 문답에 있어서도 시험 보는 것처럼 달달 외우고, 목회자가 물어보면 외운 대로 대답하는 것이 아닌, 세례입교문답집을 참고하면서 스스로에게 질문을 던지고, 그 질문에 대해 나의 깨달음을 정리해서 말하는 식으로 만들어야 한다. 목회자는 맞았는지 틀렸는지 채점 매기는 것이 아니라 일대일 대화를 통해 격려해주고, 정리해주는 역할을 해 주는 것이다. 즉, 목회자가 청소년들에게 "눈높이를 맞추고, 그들을 이해하는 가운데 상호작용이 일어날 수" 있도록 이끌어야 한다.[108]

세례입교식 때는 세례자 및 입교자 간증을 넣고, 간증하고 나서는 진심 어린 축하와 축복을 해 준다. 세례입교식을 마치면, 장미꽃도 주고, 기념사진도 찍고, 축하파티를 열어준다.

7. 교육계획

회차	교육내용	학습목표	활동
1	예수님의 복음 맛보기	예수님의 복음에 대한 전반적인 내용을 학습자에게 가르친다.	강의, 나눔
2	예수님의 복음으로 거듭나기	학습자 스스로의 깨달음으로 예수님의 복음을 받아들이도록 한다.	교재를 통한 스스로의 성찰, 목회자와의 대화

108) 김성중, "신학교 진로교육을 위한 멘토링 프로그램에 관한 연구,"『선교와 신학』 제39집 (2016), 54.

3	성경의 진리 탐구하기	성경에 대한 전반적인 내용을 학습자에게 가르친다.	강의, 나눔
4	성경의 진리 받아들이기	학습자 스스로의 깨달음으로 성경의 진리를 받아들이도록 한다.	교재를 통한 스스로의 성찰, 목회자와의 대화
5	교회 공부하기	교회에 대한 전반적인 내용을 학습자에게 가르친다.	강의, 나눔
6	교회 이해하기	학습자 스스로의 깨달음으로 교회를 이해할 수 있도록 한다.	교재를 통한 스스로의 성찰, 목회자와의 대화
7	신앙의 베이직 살펴보기 (십계명, 사도신경, 주기도문)	신앙의 베이직(십계명, 사도신경, 주기도문)을 교리적인 설명과 더불어 학습자에게 가르친다.	강의, 나눔
8	십계명, 사도신경, 주기도문 깨닫기	학습자 스스로의 깨달음으로 십계명, 사도신경, 주기도문의 내용을 받아들일 수 있도록 한다.	교재에 쓰기, 쓴 것 읽기를 통한 스스로의 성찰, 목회자와의 대화
9	세례 및 입교 준비하기	세례입교문답집을 가지고 세례에 대한 전반적인 내용을 학습자에게 가르친다.	강의, 나눔
10	세례입교문답 통해 신앙고백하기	세례입교문답집에 나오는 질문을 참고하면서 학습자 스스로 질문을 던지고 답하는 과정을 통해 신앙을 고백하도록 한다.	스스로 질문 던지고 답하는 문답, 목회자와의 대화
11	세례입교식	예배 시간에 세례 및 입교를 주고, 세례 및 입교를 받은 사람은 기쁨의 간증을 하며, 예배 후에는 장미꽃도 주고, 사진도 찍고, 맛있는 간식을 베풀면서 축하파티를 연다.	간증, 축하파티

위의 교육과정 및 방법에서 언급했듯이 한주는 목회자의 강의 위주로 진행하고, 그다음 주는 지난주에 강의한 내용을 가지고 기록할 수 있는 교재를 통해 공부하면서 깨달음을 얻고 목회자와의 대화를 통해 정리해주도록 한다. 그렇기 때문에 같은 주제가 두 주씩 반복하게 되는 것이다. 실제 강의안을 제시하면 다음과 같다.

1주차 "복음"이 내 인생 최고의 선물이에요!

1. 우리에게 가장 중요한 것은 "생명"이에요~

사람이 만일 온 천하를 얻고도 제 목숨을 잃으면 무엇이 유익하리요 (막 8:36)

우리에게 가장 중요한 것은 무엇이에요? 아이폰, 명품 시계, 예쁜 옷, 맛있는 거 사 먹을 수 있는 돈인가요? 대부분의 사람들은 자신이 지금 가지고 싶은 것이 중요하다고 해요. 그러나 성경은 말해요. "사람이 만일 온 천하를 얻고도 제 목숨을 잃으면 무엇이 유익하리요."(마가복음 8장 36절) 생명이 가장 소중하다는 것이에요. 살아있어야 의미가 있는 것 아니겠어요? 아무리 돈이 많고, 페이스북에 친구들이 많아도 아무 소용이 없는 것이에요.

2. 우리는 의인일까요?

1) 우리는 나쁜 짓을 하는 죄인이에요.

모든 사람이 죄를 범하였으매 하나님의 영광에 이르지 못하더니 (롬 3:23)

2) 우리는 심판이라는 것을 받아야 돼요.

한 번 죽는 것은 사람에게 정하신 것이요, 그 후에는 심판이 있으리니 (히 9:27)

3) 하나님의 벌은 무서운 지옥이에요ㅠㅠ

> 그러나 두려워하는 자들과 믿지 아니하는 자들과 흉악한 자들과 살인자들과 행음자들과 술객들과 우상 숭배자들과 모든 거짓말하는 자들은 불과 유황으로 타는 못에 참예하리니 이것이 둘째 사망이라(계 21:8)

"태초에 하나님이 천지를 창조하시니라."(창세기 1장1절) 하나님 아버지는요 우주만물을 지으시고 우리를 이 땅에 살도록 만들어 주신 분이세요. 그 분은 우리를 귀한 존재로 만드셨답니다. 창세기 1:27을 보면, "하나님이 자기 형상 곧 하나님의 형상대로 사람을 창조하시되 남자와 여자를 창조하시고"라고 나와요. 우리는 하나님의 형상을 닮은 소중한 존재예요. 하나님께서는 우리 인간을 사랑하시고, 영원히 아버지와 아들, 딸의 관계로 살기를 원하셨는데, 그만 유일하게 금하셨던 일, 즉 선악을 알게 하는 나무의 열매를 마귀의 유혹에 넘어가서 따 먹게 되었어요. 그래서 우리는 '죄인'이 되었고 하나님과의 관계도 끊어지고 말았답니다. 예를 들어 김씨의 아들이 김씨인 것 같이 아담의 죄로 말미암아 죄인의 후손이 되어버린 우리 인간은 죄의 결과 '죽음'을 맞이하게 되었는데, 죽음으로만 생명이 끝나는 것이 아니라 그 후에는 '심판'을 받게 된다는 것이에요. 죄가 있으면 죄에 대한 벌을 받아야 하는 것이 바로 하나님의 정의인 것이에요. 그 벌은 무서운 지옥에 떨어지는 것이에요.

3. 우리 혼자 힘으로 구원 받을 수 있을까요?

> 우리의 의는 다 더러운 옷 같으며(사 64:6)
>
> 너희가 그 은혜를 인하여 믿음으로 말미암아 구원을 얻었나니 이것이 너희에게서 난 것이 아니요 하나님의 선물이라. 행위에서 난 것이 아니니 이는 누구든지 자랑치 못하게 함이니라(엡 2:8~9)

> 만물보다 거짓되고 심히 부패한 것은 마음이라(렘 17:9)

우리 인간들은 하나님을 부정하고 자기가 원하는 대로 살며 나름의 방법으로 구원을 얻고자 노력해보기도 한답니다. 하지만 우리가 구원받는 것은 그 어떠한 좋은 일들이나 세상적인 지식, 복잡한 철학으로 해결할 수 없으며 그동안 착하게 살았는지, 악하게 살았는지에 있지도 않아요. 아무리 착한 일을 하고, 좋은 일을 해도 죄의 문제를 해결할 수는 없어요. 인간은 착한 일을 한다고 해도 착할 수가 없어요. 예를 들어, 오늘 아무리 착한 일을 100개 했다고 해도 일과를 마치고 집에 돌아와서 갑자기 기분이 나빠져서 동생을 향해 짜증을 냈다면, 바로 나쁜 일을 한 것이 되어 버리기 때문이에요. 아무리 우리가 착하게 살려고 해도 마음속에서 나오는 악한 생각은 어찌할 수 없어요.

4. 하나님께서는 우리에게 아이폰과는 비교할 수 없는 공짜 구원의 선물을 주셨어요!

> 우리가 아직 죄인 되었을 때에 그리스도께서 우리를 위하여 죽으심으로 하나님께서 우리에 대한 자기의 사랑을 확증하셨느니라(롬 5:8)
>
> 내가 받음 것을 먼저 너희에게 전하였노니, 이는 성경대로 그리스도께서 우리 죄를 위하여 죽으시고 장사지낸 바 되었다가 성경대로 사흘 만에 다시 살아나사(고전 15:3-4)
>
> 내가 곧 길이요 진리요 생명이니, 나로 말미암지 않고는 아버지께로 올 자가 없느니라(요 14:6)

인간의 방법으로는 도저히 죄의 문제를 해결할 수 없기에 사랑이 대박 많으신 하나님께서 우리를 불쌍히 여기셔서 죄의 문제를 해결할 방법을 제시해 주셨답니다. 그 방법은 하나님께서 당신의 외아들이신 예수님을 이 땅에 보내셔서 십자가에 죽게 하심으로 우리의 '죄 값'을 대신해서 치루신 것이에요. 그래서 누구든지 예수님을 믿기만 하면 아무 조건 없이 구원받을 수 있도록 도와주신 것이에요. 죄 없으신 하나님의 아들 예수님께서 죄 많은 우리를 위해 십자가에 못 박혀 돌아가셨어요. 그리고 예수님께서는 다시 살아나셨어요. 예수님의 부활하심으로 우리의 죄가 완전히 없어졌음이 증명되었답니다. 죄가 없어졌으니까 살아나겠지요?

5. 영원한 생명을 얻어요!

> 내가 진실로 진실로 너희에게 이르노니, 내 말을 듣고 또 나 보내신 이를 믿는 자는 영생을 얻었고 심판에 이르지 아니하나니 사망에서 생명으로 옮겼느니라(요 5:24)

예수님께서 우리 죄를 사해주셨음을 믿으면 우리는 구원을 받고, 영원한 생명을 얻어요. 우리는 죽어도 하나님 나라에 가서 영원히 행복하게 살 수 있답니다. 이전에 여러분이 어떻게 살아왔든지 상관없어요. 여러분이 얼굴 못생겨도 괜찮아요. 심지어 여러분이 공부 반에서 꼴찌해도 괜찮아요. 예수님만 믿으면 100% 구원을 받아요.

> 그런즉 누구든지 그리스도 안에 있으면 새로운 피조물이라. 이전 것은 지나갔으니 보라 새것이 되었도다(고후 5:17)

6. 믿음은 어렵지 않아요!

> 영접하는 자, 곧 그 이름을 믿는 자들에게는 하나님의 자녀가 되는 권세를 주셨으니(요 1:12)

> 볼지어다. 내가 문 밖에 서서 두드리노니, 누구든지 내 음성을 듣고 문을 열면 내가 그에게로 들어가 그로 더불어 먹고 그는 나로 더불어 먹으리라(계 3:20)

'믿는다'는 것은 하나님이 공짜 선물로 주시는 영원한 생명을 얻기 위해 예수 그리스도를 나의 마음과 삶에 귀하게 모셔 들이는 것을 의미해요. 예수님이 내 인생의 최고 스타가 되시면 돼요. 믿는다는 것은 어려운 것이 아니에요. 예수 그리스도께서 우리를 위해 행하신 놀라운 일들을 사실로 받아들이면 되는 것이에요. 예수님을 내 인생의 최고 스타로 받아들이면 예수님의 영이신 성령님께서 여러분 안에 들어오셔서 여러분과 함께 하시며, 하나님께서 원하시는 행복한 삶으로 이끌어주실 것이에요. 아멘!

2주차 내 안에 예수님의 복음이 있어요!

우리는 지난 시간에 예수님의 복음에 대해 공부했어요. 안 잊어버렸지요? 지난 시간에 배운 예수님의 복음을 복습해 봅시다!!! ^^

1. 나는 죄인입니다!!

같이 읽어요! (로마서 3:23)

모든 사람이 죄를 범하였으매 하나님의 영광에 이르지 못하더니

성경에는 모든 사람이 죄인이라고 나와 있어요.

Q1: 이 말씀을 들을 때, 느낌은 어때요?

나의 생각

2. 그럼 "죄"는 뭐란 말입니까?

같이 읽어요! (로마서 5:12)

그러므로 한 사람으로 말미암아 죄가 세상에 들어오고 죄로 말미암아

사망이 들어왔나니 이와 같이 모든 사람이 죄를 범하였으므로 사망이 모든 사람에게 이르렀느니라

첫 번째 사람이었던 아담은 하나님께서 먹지 말라고 하신 선악과를 따먹었어요. 이것을 어려운 말로 '원죄'라고 해요. 수학에도 원리가 있듯이 말씀에도 원리가 있어요. 그 원리는 '대표성의 원리'에요. 아담이 인간의 대표로서 죄를 지었기에 우리도 죄인인 것이에요ㅠㅠ

같이 읽어요! (예레미야 2:13)

내 백성이 두 가지 악을 행하였나니 곧 그들이 생수의 근원되는 나를 버린 것과 스스로 웅덩이를 판 것인데 그것은 그 물을 가두지 못할 터진 웅덩이들이니라

예레미야 선지자 아저씨가 말한 죄는 바로 생명의 근원되신 하나님을 버린 것과 하나님의 뜻이 아닌 자기 뜻대로 사는 것에요.

같이 읽어요! (마태복음 5:28)

나는 너희에게 이르노니 음욕을 품고 여자를 보는 자마다 마음에 이미 간음하였느니라.

예수님께서는 마음의 죄를 말씀하셨어요. 행동으로 하지 않아도 마음으로 죄를 품으면 그것은 행동으로 한 것과 똑같은 죄라는 것이에요.

Q2: 위의 성경 말씀이 사실이라면, 나는 죄인이 맞나요?

나의 생각

3. 죄의 결과는 뭘까요?

같이 읽어요! (히브리서 9:27)

한 번 죽는 것은 사람에게 정해진 것이요 그 후에는 심판이 있으리니

우리는 지금 어리지만, 언젠가는 죽게 된답니다. 그러나 그것이 끝이 아니에요. 죽은 후에 우리는 심판을 받게 되어요,

같이 읽어요! (로마서 6:23)

죄의 값은 사망이요

죄가 있는 사람은 마땅히 벌을 받아야 하는데 그 벌은 바로 '죽음'이에요. 여기서 말하는 '죽음'은 하나님의 심판 받은 후에 지옥에 떨어지는 영원한 죽음을 말하는 것이에요.

Q3: 나는 이 세상에 살다가 죽은 후에 어떻게 될 것 같아요?

나의 생각

4. 나의 노력으로 죄의 문제를 해결할 수 있나요?

같이 읽어요! (이사야 64:6)

무릇 우리는 다 부정한 자 같아서 우리의 의는 다 더러운 옷 같으며 우리는 다 잎사귀 같이 시들므로 우리의 죄악이 바람 같이 우리를 몰아가나이다

인간은 죄를 없애기 위해 스스로 많은 노력을 해요. 착한 일을 많이 하기도 하고, 다른 종교에 가서 열심히 고행과 수행을 합니다. 그러나 이와 같은 노력으로는 죄를 없이할 수 없어요. 성경은 우리의 의는 다 더러운 옷과 같고 잎사귀 같이 시든다고 말씀하세요. 안타까운 것은 인간에게는 죄를 해결할 수 있는 방법이 없다는 것이에요.

Q4: 착한 일 많이 하면 죄의 문제를 해결할 수 있다고 생각하세요?

나의 생각

5. 하나님께서 놀라운 방법을 주셨어요! 와와!!

같이 읽어요! (로마서 5:8)

우리가 아직 죄인 되었을 때에 그리스도께서 우리를 위하여 죽으심으로 하나님께서 우리에 대한 자신의 사랑을 확증하셨느니라

우리에게는 죄를 해결할 방법이 없기 때문에 하나님께서 친히 죄를 해결할 방법을 마련해주셨답니다. 하나님께서 방법을 우리에게 주신 것은 우리를 뜨겁게 사랑하셨기 때문이에요. 하나님께서는 자신의 하나밖에 없는 아들을 우리 인간에게 보내주셔서 십자가에 못 박혀 죽게 하셨어요. 죄의 값은 사망이라는 뜻은 물건을 사려면 물건 값을 내야 하는 것처럼 죄를 없애기 위해서는 죽음이 필요하다는 것이에요. 그래서 예수님께서 인간의 죄를 없애 주시기 위해서 인간의 죄를 대신 지시고 죽으셨던 것이에요. 인간의 죄가 없어지기 위해서는 인간이 죽어야 하기 때문에 예수님께서 인간으로 오셔서 죽으셨던 것이랍니다.

같이 읽어요! (고린도전서 15:3~4)

성경대로 그리스도께서 우리 죄를 위하여 죽으시고 장사 지낸 바 되셨다가 성경대로 사흘 만에 다시 살아나사

예수님이 죽으시고 끝났다면 우리의 죄가 없어졌다는 증거가 없는 것이에요. 왜냐면 어떤 멋있고 선한 사람이 모든 사람의 죄를 위해서 죽겠다고 하고 나서 죽었다면 예수님의 죽음과는 현상적으로 볼 때 다를 게 없잖아요. 그래서 부활이 정말 중요한 것이에요. 예수님께서 부활하셨다는 것은 예수님께서 죄가 없으셨던 분이라는 증거가 되고, 예수님

께서는 우리 인간의 죄를 대신 지시고 십자가에서 죽이신 것이기 때문에 우리 인간의 죄가 없어졌다는 증거가 되는 것이에요. 만약 예수님께서 죄가 있으셨다면 부활하지 못하셨을 것이에요. 예수님께서는 부활하셨기 때문에 예수님께서는 십자가에 달리실 때부터 죄가 없으신 하나님이시라는 사실이 증명이 된 것이지요. 복잡하지 않지요? 즉, 예수님은 인간의 죄를 없애시기 위해 100%로 인간이셨고, 죄가 없으셔야 하기 때문에 100% 하나님이셨다는 사실이 증명된 것이에요.

Q5: 하나님의 사랑의 방법에 대한 느낌은?

나의 생각

6. 우리는 이제 어떻게 해야 할까요?

같이 읽어요! (요한복음 5:24)

내가 진실로 진실로 너희에게 이르노니 내 말을 듣고 또 나 보내신 이를 믿는 자는 영생을 얻었고 심판에 이르지 아니하나니 사망에서 생명으로 옮겼느니라

우리는 예수님을 보내신 하나님을 믿고, 예수님께서 우리 죄를 위해 십자가에 못 박혀 죽으시고, 부활하심으로 말미암아 우리 죄가 완전히 없어졌음을 믿어야 해요. 이 진리를 온전히 믿으면 우리는 심판에 이르지 않고 하나님께서 주시는 영원한 생명을 얻게 되는 것이에요.

Q6: 나는 예수님을 보내신 하나님을 믿고, 예수님께서 나의 죄를 위해 돌아가시고, 다시 살아나셔서 나의 죄가 없어졌음을 진짜 믿나요?

나의 생각

7. 믿는다는 것의 뜻은 뭐에요?

같이 읽어요! (요 1:12)

영접하는 자 곧 그 이름을 믿는 자들에게는 하나님의 자녀가 되는 권세를 주셨으니

믿는다는 것은 영접하는 것이에요. '영접'이라는 단어가 어렵지요? 잘 들어봐요. '영접'은 귀한 분을 소중하게 모시는 것을 말해요. 그러니까 지금까지 공부한 복음을 마음 속 깊이 귀하게 받아들이고, 예수님을 자신의 주인, 자신의 죄를 용서해주신 유일한 구원자로 소중하게 받아들이는 것을 말해요.

Q7: 나는 예수님의 복음을 마음 속 깊이 받아들이고, 예수님을 나의 삶의 주인, 유일한 구원자로 모시기로 결심하나요?

나의 생각

3주차 성경은 놀라운 책이에요!

1. 성경에 대해 알려주세요!

1) 성경은 어떻게 구성되어 있나요?

성경은 구약과 신약으로 나누어져 있고, 하나님의 말씀이에요.

구약 39권 : 구약은 39권으로 되어 있으며 "옛날의 약속"이란 뜻으

로 하나님께서 예수 그리스도를 우리에게 보내시겠다고 하신 하나님의 약속의 말씀이에요.

신약 27권 : 신약은 27권으로 되어 있으며 "새로운 약속"이라는 뜻으로 예수님께서 이 땅에 오셔서 하신 놀라운 일들과 가르치신 말씀들을 기록해놓고 있으며 예수 그리스도께서 구원자이기 때문에 그분을 믿으면 영원한 생명을 얻으리라는 하나님의 약속의 말씀이에요. 그리고 예수님께서 이 세상에 다시 오신다는, 어려운 말로 "재림"에 대한 약속의 말씀이에요.

2) 성경에서 말하는 주제는 무엇일까요?

예수님께서 성경의 주인공이시고, 예수님을 통해 구원받는다는 것이 가장 중요한 주제에요.

3) 성경은 하늘에서 떨어졌을까요?

성경은 하나님의 영감과 계시를 받은 사람들이 기록한 하나님의 말씀이에요. 성경은 성경의 인물들이 활동할 당시에 기록된 내용도 있고, 입으로 전해 내려온 구전 자료를 후대에 기록한 내용도 있어요. 구약은 A. D. 90년에 있었던 얌니아 종교회의에서, 그리고 신약은 A. D 397년에 있었던 카르타고 종교회의에서 정경으로 받아들여졌어요.

2. 성경은 하나님의 말씀

1) 성경이 정말 하나님의 말씀이에요?

> 모든 성경은 하나님의 감동으로 된 것으로~ (딤후 3:16)
>
> 먼저 알 것은 경의 모든 예언은 사사로이 풀 것이 아니니 예언은 언제든지 사람의 뜻으로 낸 것이 아니요 오직 성령의 감동하심을 입은 사람들이 하나님께 받아 말한 것임이니라 (벧후 1:20~21)

이스라엘의 하나님 여호와께서 이같이 일러 가라사대 내가 네게 이른 모든 말을 책에 기록하라(렘 30:2)

성경은 하나님께서 역사하셔서 이루어진 책이에요. 하나님께서 성경의 저자이고, 인간의 언어로 쓰시기 위해 하나님의 성령으로 충만한 사람들을 도구로 사용한 것이에요.

2) 성경이 기록된 목적은 무엇일까요?

오직 이것을 기록함은 너희로 예수께서 하나님의 아들 그리스도이심을 믿게 하려 함이요 또 너희로 믿고 그 이름을 힘입어 생명을 얻게 하려 함이니라(요 20:31)

예수님을 믿고 영원한 생명을 얻게 하기 위함이에요! ! !

3) 우리의 삶 속에서 성경의 역할은 무엇일까요?

하나님의 말씀은 살았고 운동력이 있어 좌우에 날선 어떤 검보다도 예리하여 혼과 영과 및 관절과 골수를 찔러 쪼개기까지 하며 또 마음의 생각과 뜻을 감찰하나니(히 4:12)

이는 하나님의 사람으로 온전케 하며 모든 선한 일을 행하기에 온전케 하려 함이니라(딤후 3:17)

성경은 우리의 마음의 생각과 뜻을 살피고 바른 길로 인도한답니다. 하나님의 사람으로 부족함이 없도록 만들고, 하나님께서 기뻐하시는 선한 삶을 살도록 이끌어요. 그래서 성경을 읽고 공부해야 돼요.

4주차 성경을 사랑해요!

우리는 지난 시간에 하나님의 말씀에 대해 공부했어요. 지금까지 내가 가지고 있던 성경에 대한 생각을 정리하고, 지난 시간에 배운 성경을 복습하면서 하나님의 말씀인 성경에 대해 바르게 이해하는 시간을 갖도록 할게요.

1. 나는 하나님의 말씀인 성경을 어떤 책이라고 표현하고 싶어요?

나의 생각

첫째. 기독교의 유일한 교과서는 성경(The Holy Bible)이에요.

하나님을 믿는 사람들은 이 기록된 말씀을 절대적으로 믿고 따릅니다. 그러므로 기독교는 성경의 진리 위에 존재한다고 말할 수 있어요. 성경은 이 세상의 어떠한 책과는 비교할 수 없는 특성을 지닌 신비한 책이에요. 그 기록 방법에 있어서 약 1500년 동안 가장 긴 시간을 거쳐서 쓰여졌고요, 40여명의 다양한 저자들이 썼음에도 불구하고 그 주제가 통일되어 있고요, 지구상에 있는 책들 중에서 가장 많은 언어로 번역되었고요, 이 책을 읽는 사람은 그의 삶이 변하여 새사람이 되었고요, 성경에 기록된 예언의 말씀이 다 성취되었어요.

하나님을 믿는 사람들의 신앙과 믿음의 성장은 성경에 기록된 말씀을 통하여 이루어진답니다. 하나님께서 인간의 언어를 사용하시어 하나님 자신을 보여주신 것이 성경말씀이기 때문이에요. 그러니까 성경말씀을 통해서만 살아계신 하나님을 알 수 있고, 하나님의 생각과 뜻을 찾을 수 있는 것이랍니다.

2. 나는 성경이 어떻게 기록되었다고 생각하나요?

나의 생각

첫째. 모든 성경은 하나님의 영적인 능력으로 기록되었어요.

모든 성경은 하나님의 감동으로 된 것으로 교훈과 책망과 바르게 함과

의로 교육하기에 유익하니(디모데후서 3:16)

둘째. 성경은 성령의 감동하심을 받은 사람들이 하나님께 받아 기록한 것이에요.

먼저 알 것은 경의 모든 예언은 사사로이 풀 것이 아니니 예언은 언제든지 사람의 뜻으로 낸 것이 아니요 오직 성령의 감동하심을 입은 사람들이 하나님께 받아 말한 것임이라(베드로후서 1:20~21)

3. 나는 성경이 어떤 구조로 이루어졌다고 배웠나요? 지난 시간에 공부한 것을 토대로 성경의 목차를 보면서 생각해봐요.

나의 생각

첫째. 성경은 구약 39권, 신약 27권으로 모두66권의 책으로 구성되어 있어요.

히브리 성경의 3구조는 "율법서, 예언서, 성문서"의 순서로 되어 있어요. 예언서 안에 역사서도 들어가는 것이에요. 한글 번역 성경의 구조는 "율법서, 역사서, 성문서(시가서), 예언서"입니다. 예언서는 분량에 따라 대예언서와 소예언서로 나누어지는데, 4대 예언서는 이사야, 예레미야, 에스겔, 다니엘이고, 나머지 12예언서는 소예언서입니다.

신약은 "예수님의 하신 사역과 말씀(복음서), 초대 교회의 역사와 선교의 내용을 담은 책(사도행전), 당시의 기독교인들을 가르치기 위해 보낸 편지(서신서)"로 나눌 수 있어요. 미래에 대해 예언된 요한계시록이 있는데, 예언서라고 분류하기도 하지만, 서신서이기도 해요. 구약은 장차 오실 예수님에 대하여 약속이고, 신약은 약속대로 오신 예수님을 기록하고 있어요. 그래서 성경은 "약속의 책"이에요.

4. 나는 성경의 중심 주제가 무엇이라고 생각하나요?

나의 생각

첫째, 성경의 슈퍼스타, 주인공은 예수 그리스도에요.

너희가 성경에서 영생을 얻은 줄 생각하고 성경을 상고하거니와 이 성경이 곧 내게 대하여 증거하는 것이라(요한복음 5:39)

이에 모세와 및 모든 선지자의 글로 시작하여 모든 성경에 쓴바 자기에 관한 것을 자세히 설명하시니라(누가복음 24:27)

둘째, 성경의 중심 주제는 인간의 구원이에요.

또 네가 어려서부터 성경을 알았나니 성경은 능히 너로 하여금 그리스도 예수 안에 있는 믿음으로 말미암아 구원에 이르는 지혜가 있게 하느니라(디모데후서 3:15)

내가 복음을 부끄러워하지 아니하노니 이 복음은 모든 믿는 자에게 구원을 주시는 하나님의 능력이 됨이라(로마서 1:16)

5. 성경을 읽으면 나의 삶에 어떤 유익이 있을까요?

나의 생각

첫째. 구원을 받게 되어요.

복음은 모든 믿는 자들에게 구원을 주시는 하나님의 능력이 됨이라(로마서 1:16)

갓난 아이들같이 순전하고 신령한 젖을 사모하라 이는 이로 말미암아 너희로 구원에 이르도록 자라게 하려 함이라(베드로전서 2:2)

둘째, 어떻게 살아야 할 지를 알려 주어요.

주의 말씀은 내 발에 등이요, 길에 빛이니이다(시편 119:105)

셋째, 하나님께서 기뻐하시는 사람으로 자라게 해요.

모든 성경은 하나님의 감동으로 된 것으로 교훈과 책망과 바르게 함과 의로 교육하기에 유익하니 이는 하나님의 사람으로 온전케 하며 모든 선한 일을 행하기에 온전케 하려 함이니라(디모데후서 3:16~17)

6. 성경을 어떻게 하면 자세히 알 수 있을까요?

나의 생각

첫째. 말씀을 들어야 해요. 설교시간에 졸지 말고 말씀을 잘 들어야 되어요.

그러므로 믿음은 들음에서 나며 들음은 그리스도의 말씀으로 말미암았느니라(로마서 10:17)

둘째. 말씀을 읽어야 해요. 말씀을 규칙적으로 읽어서 영적 양식을 섭취하여야 해요.

평생에 자기 옆에 두고 읽어서 그 하나님 여호와 경외하기를 배우며 이 율법의 모든 말과 이 규례를 지켜 행할 것이라(신명기 17:9)

셋째. 말씀을 암송해야 돼요. 성경구절을 암기하고, 삶에 적용하는 것에요.

내가 주께 범죄치 아니하려 하여 주의 말씀을 내 마음에 두었나이다(시편 119:11)

이러므로 너희는 나의 이 말을 너희 마음과 뜻에 두고 또 그것으로 너희 손목에 매어 기호로 삼고 너희 미간에 붙여 표를 삼으며(신명기

11:18)

넷째. 말씀을 묵상해야 돼요. 성경 말씀을 우리의 마음에 채우고 되새김질 하는 거에요. 조용한 장소에서 조용한 시간에 말씀을 통하여 하나님과 교제하는 거에요.

> 이 율법책을 네 입에서 떠나지 말게 하며 주야로 그것을 묵상하여 그 가운데 기록한대로 다 지켜 행하라 그리하면 네 길이 평탄하게 될 것이라 네가 형통하리라(여호수아 1:8)

5주차 우리가 다니는 교회를 알고 싶어요!

1. 교회는 어떤 곳일까요?

교회(헬라어로는 "에클레시아"라고 해요)는 "세상의 죄악으로부터 빠져 나온 무리"를 가리킵답니다. 그래서 교회는 건물을 말하는 것이 아니라 예수님 믿고 구원받은 성도들을 가리키는 말이에요.

1) 교회는 '성도'라 불리워지는 사람들의 모임을 의미해요!

> 고린도에 있는 하나님의 교회 곧 그리스도 예수 안에서 거룩하여지고 성도라 부르심을 입은 자들과 또 각처에서 우리의 주 곧 저희와 우리의 주 되신 예수 그리스도의 이름을 부르는 모든 자들에게…(고린도전서 1:2)

2) 교회는 하나님의 백성을 의미해요!

> 오직 너희는 택하신 족속이요 왕 같은 제사장들이요 거룩한 나라요 그의 소유된 백성이니 이는 너희를 어두운데서 불러내어 그의 기이한 빛에 들어가데 하신 자의 아름다운 덕을 선전하게 하려 하심이니라. 너희가 전에는 하나님의 백성이 아니더니 이제는 하나님의 백성이요 전에는 긍휼을 얻지 못하였더니 이제는 긍휼을 얻은 자니라(베드로전서 2:9~10)

3) 교회는 성령님을 받은 성도 개인을 의미하기도 해요!

너희 몸은 너희가 하나님께로 받은바 너희 가운데 계신 성령의 전인 줄을 알지 못하느냐 너희는 너희 것이 아니라 값으로 산 것이 되었으니 그런즉 너희 몸으로 하나님께 영광을 돌리라(고린도전서 6:19~20)

2. 교회는 누가 만들었을까요?

1) 예수님께서 교회가 세워질 것을 말씀하셨지요!

또 내가 이르노니 너는 베드로라 내가 이 반석 위에 내 교회를 세우리니 음부의 권세가 이기지 못하리라(마태복음 16:18)

2) 예수님께서 십자가에서 쏟으신 피가 교회를 세우는 데 필요한 값이에요!

너희 몸은 너희가 하나님께로부터 받은바 너희 가운데 계신 성령의 전인 줄을 알지 못하느냐 너희는 너희 것이 아니라 값으로 산 것이 되었으니 너희 몸으로 하나님께 영광을 돌리라(고린도전서 6:19~20)

3) 성령님께서 오셔서 교회가 짠짠짠 만들어졌지요!

오직 성령이 너희에게 임하시면 너희가 권능을 받고 예루살렘과 온 유대와 사마리아와 땅끝까지 이르러 내 증인이 되리라(사도행전 1:8)

우리가 유대인이나 헬라인이나 종이나 자유자나 다 한 성령으로 세례를 받아 한 몸이 되었고 또 다 한 성령을 마시게 하셨느니라(고린도전서 12:13)

3. 교회가 하는 일은 무엇일까요?

1) 교회는 복음을 전하지요!

교회는 예수님의 구원의 복음을 땅끝까지 전해요. 예수님께서 우리의 죄를 사해 주시고, 예수님만 믿으면 구원을 받을 수 있다는 놀라운 소식을 온 세상 사람들에게 전한답니다.

> 또 가라사대 너희는 온 천하에 다니며 만민에게 복음을 전파하라(마가복음 16:15)

> 하나님의 지혜에 있어서는 이 세상이 자기 지혜로 하나님을 알지 못하는 고로 하나님께서 전도의 미련한 것으로 믿는 자들을 구원하시기를 기뻐하셨도다(고린도전서 1:21)

2) 하나님께 예배를 드리지요!

예배란 하나님 아버지께서 우리를 만드신 사랑과 예수님께서 우리를 구원해주신 은혜와 성령 하나님께서 우리를 인도해주시고 보호해주시는 은혜에 감격해서 하나님께 올려드리는 감사와 찬양과 영광의 의식이랍니다. 예배를 통해서 우리는 하나님과 만나게 돼요!

> 아버지께 참되게 예배하는 자들은 영과 진리로 예배할 때가 오나니 곧 이 때라 아버지께서는 자기에게 이렇게 예배하는 자들을 찾으시느니라. 하나님은 영이시니 예배하는 자가 영과 진리로 예배할지니라(요한복음 4:23~24)

3) 교회는 하나님의 말씀을 가르치지요!

교회는 하나님의 말씀인 성경을 가르치고, 성도들이 성경의 말씀대로, 하나님의 뜻대로 살 수 있도록 훈련해요.

> 그러므로 너희는 가서 모든 족속으로 제자를 삼아 아버지와 아들과 성령의 이름으로 세례를 주고 내가 너희에게 분부한 모든 것을 가르쳐 지키게 하라(마태복음 28:18~19)

4) 교회는 성도들이 함께 사랑의 교제를 나누지요!

교회는 성도들이 함께 형제 간에, 자매 간에 사랑을 나눠요. 교제를 통해서 진정한 사랑의 공동체, 평화의 공동체, 소망의 공동체를 만들어 간답니다.

저희가 사도의 가르침을 받아 서로 교제하며 떡을 떼며 기도하기를 전혀 힘쓰니라(사도행전 2:42)

우리가 보고 들은 바를 너희에게 전함은 너희로 우리와 사귐이 있게 하려 함이니 우리의 사귐은 아버지와 그 아들 예수 그리스도와 함께 함이라(요한일서 1:3)

5) 교회는 성도들이 교회 안에서, 그리고 교회 밖 이웃에게 섬김의 봉사를 해요!

교회 안에서 성도들은 다양한 봉사를 통해서 예수님의 사랑을 실천해요. 그리고 더 나아가 교회 밖 사람들에게도 예수님의 사랑을 실천해요. 예수님의 섬김과 희생을 본받아서 이웃 사람들에게 예수님의 사랑을 전해주고, 봉사의 역할을 감당한답니다.

각각 은사를 받은대로 하나님의 각양 은혜를 맡은 선한 청지기 같이 서로 봉사하라(베드로전서 4:10)

6주차 이제는 교회가 어떤 곳인지 알겠어요!

우리는 지난 시간에 교회에 대해 공부했어요. 지금까지 내가 가지고 있던 교회에 대한 생각을 정리하고, 지난 시간에 배운 교회를 복습하면서 교회에 대해 바르게 이해하는 시간을 갖도록 할께요.

1. 나는 교회가 어떤 곳이라는 생각이 드나요?

나의 생각

교회란 단어 “에클레시아” 자체가 “성도”(거룩한 백성들)로 하나님에 의해 “부르심을 입은 자”라는 의미를 가지고 있어요.

2. 교회는 누가 만드셨을까요?

나의 생각

교회는 "예수 그리스도의 몸"이라고 표현해요. 예수님의 십자가의 복음을 널리 전하기 위해 교회가 세워졌어요. 예수님께서 교회가 만들어질 것을 말씀하셨어요.

> 또 내가 이르노니 너는 베드로라 내가 이 반석 위에 내 교회를 세우리니 음부의 권세가 이기지 못하리라(마태복음 16:18)

그래서 교회의 주인은 예수님이세요. 따라서 교회란, 예수님을 주인으로 모시고 그분께 예배드리며 그 분의 뜻을 이 땅 위에 이루어 가는 사람들의 모임인 거에요.

3. 내가 생각하는 교회가 하는 일은 무엇일까요?

나의 생각

교회가 하는 일은 크게 다섯 가지로 나눌 수 있어요. 지난 주에 배운 것을 요약하는 거랍니다.

첫째는 '말씀의 선포와 전도'예요. 교회는 하나님의 말씀, 예수 그리스도의 복음을 교회 안에서 선포하고, 세상에 전하는 사역을 한답니다.

둘째는 '예배와 예전'이에요. 교회에서는 하나님께 올려드리는 예배가 있고, 성찬식, 세례식과 같은 예전이 이루어져요.

셋째는 '가르침과 훈련'이에요. 교회에서는 하나님의 말씀을 가르치고 배우는 교육의 과정이 이루어져요.

넷째는 '친교와 교제'예요. 교회에서는 사랑으로 이루어진 만남을 통한 친교와 교제가 이루어져요.

다섯째, '봉사와 섬김'이에요. 교회에서는 교회를 위한, 그리고 세상을 향한 여러 가지 다양한 희생과 섬김, 봉사의 일을 감당해요.

4. 내가 아는 교회 안의 직분자의 명칭에는 어떤 것들이 있을까요?

나의 생각

하나님께서는 교회 안에 직분자를 세우셨어요. 직분자가 무엇인지는 에베소서 4:11~12에 나와 있어요.

> 그가 혹은 사도로, 혹은 선지자로, 혹은 복음 전하는 자로, 혹은 목사와 교사로 주셨으니 이는 성도를 온전케 하며 봉사의 일을 하게 하며 그리스도의 몸을 세우려 하심이라

교회 안의 직분자로는 목사, 전도사, 장로, 권사, 안수집사, 서리집사가 있어요. 부모님들이 이러한 직분을 가졌지요? 하나님께서 교회 안에서 섬김과 봉사의 직무를 효율적으로 잘 감당하라는 목적으로 직분자를 세워 주신 것이에요.

7주차 십계명, 사도신경, 주기도문만 알아도 시원해져요!

1. 십계명

1) 십계명은 무엇일까요?

십계명은 하나님의 명령으로 모세가 시내산에서 하나님으로부터 직접 받은 계명이에요.

> 여호와께서 이루시되 너는 산에 올라 내게로 와서 거기 있으라 너는 그들을 가르치려고 내가 율법과 계명을 친히 기록한 돌판을 네게 주리라(출애굽기 24:12)

십계명은 율법의 요약이에요. 반드시 지켜야 하는 하나님의 명령이라는 뜻이에요.

2) 십계명의 내용은?

예수님께서는 구약성경의 내용을 두 가지로 요약할 수 있다고 말씀하셨어요.

> 예수께서 이르시되 네 마음을 다하고 목숨을 다하고 뜻을 다하여 주 너의 하나님을 사랑하라 하셨으니 이것이 크고 첫째 되는 계명이요 둘째도 그와 같으니 네 이웃을 네 자신 같이 사랑하라 하셨으니 이 두 계명이 온 율법과 선지자의 강령이니라(마태복음 22:37~40)

즉, 하나님 사랑과 이웃 사랑이 구약성경의 내용이자, 율법 전체의 요약인 것이에요.

그래서 십계명의 주제도 하나님 사랑과 이웃 사랑인 것이에요. 십계명의 1계명부터 4계명까지는 하나님을 사랑하라는 계명이고, 5계명부터 10계명까지는 이웃을 사랑하라는 계명이에요. 따라서 십계명을 우리가 삶 속에서 지키면 하나님 사랑과 이웃 사랑이 저절로 이루어지게 되는 것이에요.

2. 사도신경

1) 사도신경의 유래는?

사도신경은 예수님 제자들의 신앙고백에서 그 시작을 찾을 수 있어요. 마태복음 16장에는 베드로의 유명한 고백이 나와요.

> 이르시되 너희는 나를 누구라 하느냐 시몬 베드로가 대답하여 이르되 주는 그리스도시요 살아 계신 하나님의 아들이시니이다(마태복음

16:15~16)

나다니엘도 이렇게 신앙고백을 했어요.

> 나다나엘이 대답하되 랍비여 당신은 하나님의 아들이시요, 당신은 이스라엘의 임금이로소이다(요한복음 1:49)

2) 사도신경의 역사는?

초창기 사도신경은 2세기의 고대 로마신조 문답형으로 알려져 있어요. 세례 집례자가 세례자에게 질문한 내용에 답하는 형식으로 사도신경이 이루어졌어요. 그다음 형태의 사도신경은 4세기 로마신조 고백형으로 알려져 있는데요, 자기 스스로 신앙을 고백하는 형식으로 이루어졌어요. "표준신앙고백문"이라는 것을 외우도록 하고, 외운 내용을 자기 입으로 고백하게 하는 형식으로 이루어진 것이에요. 그다음 형태의 사도신경은 AD750년에 확정된 공인원문이라는 것이에요. 그 이후부터 사도신경은 모든 기독 교회가 공인원문의 내용으로 고백하게 된 것이에요.

3) 사도신경의 신앙고백은?

사도신경은 잘 살펴보면 삼위일체 하나님에 대한 신앙고백이 들어가 있어요. 삼위일체 교리는 하나님이 성부, 성자, 성령의 세 위격(위치)을 가지며, 이 세 위격은 동일한 본질을 가지고 있고, 유일한 분으로서 존재한다는 교리예요. 성부, 성자, 성령 하나님은 역할이 다를 뿐 항상 같이 존재하는 한 분 하나님이세요. 성부 하나님은 온 세상을 만드시고 우리를 만드신 창조의 사역을 감당하셨고, 성자 예수님은 십자가의 죽음과 부활을 통하여 우리의 죄의 문제를 해결해주시는 구원의 사역을 감당하셨고, 성령 하나님은 보혜사로서 우리와 언제나 함께 계셔서 우리를 도와주시고, 위로해주시고, 인도해주시는 역할을 감당하셔요.

3. 주기도문

1) 주기도문은 무엇일까요?

주기도문은 예수님의 기도예요. 예수님께서는 마태복음 6:9~13, 누가복음 11:2~4에서 제자들에게 기도의 모델을 가르쳐 주셨어요. 예수님을 구주로 믿는 자들은 마땅히 우리 예수님께서 가르쳐주신 기도대로 간구할 수 있어야 되는 것이겠죠?

2) 기도의 순서

주기도문을 통해 알 수 있는 기도의 순서는 (1)하나님 찾기 (2)하나님 이름 찬양하기 (3)하나님의 주권 선포하기 (4)하나님의 뜻 순종하기 (5)필요 간구하기 (6)회개 (7)죄에 빠지지 않기를 기도하기 (8)하나님 찬양하기 (9)아멘의 순서예요.

(1) 하나님 찾기예요!

"하늘에 계신 우리 아버지여…"

누구한테 기도할 것인지가 중요한 것이에요. 먼저 하나님을 찾아야 하는 것이에요. 하나님을 찾아야 하나님이 응답하시겠지요? 그래서 처음 기도할 때는 간절한 마음으로 하나님의 이름을 불러야 하는 것이에요. "하늘에 계신 우리 아버지여…"

(2) 하나님의 이름 찬양하기예요!

"이름이 거룩히 여김을 받으시오며"

"하나님의 이름을 거룩히 한다"는 말은 하나님의 이름을 존귀하게 하고, 높이는 것을 의미해요. 하나님의 이름을 찬양해야 해요.

(3) 하나님의 주권 선포하기예요!

"나라가 임하시오며"

여기서 나라는 "하나님의 나라"예요. 하나님의 나라가 임한다는 말은 무엇일까요? 이 뜻은 하나님의 통치를 받는다는 의미예요. 그래서 하나님을 믿는다는 것은 하나님의 통치를 받는다는 뜻이에요.

(4) 하나님의 뜻 순종하기예요!

"뜻이 하늘에서 이루어진 것 같이 땅에서도 이루어지이다."

"하나님의 뜻이 하늘에서 이루어진 것처럼 하나님의 뜻이 우리 인간이 사는 이 땅에서도 이루어지게 하소서."라는 간구랍니다. 이것은 하나님을 향한 순종의 표현이에요.

(5) 필요 간구하기예요!

"오늘 우리에게 일용할 양식을 주시옵고"

'일용할 양식'은 우리가 살아가면서 꼭 필요한 것이예요. 꼭 필요한 것을 하나님께 구하면 하나님께서 들어주신답니다.

(6) 회개하기예요!

"우리가 우리에게 죄지은 자를 사하여 준 것 같이 우리 죄를 사하여 주시옵고"

기독교인에게 가장 중요한 기도의 내용은 회개예요. 우리는 죄를 지을 수밖에 없어요. 그러나 죄를 해결하는 방법이 있어요. 그것은 예수님께 고백해서 죄의 문제를 해결받는 것이에요. 예수님께 간절한 마음으로 회개하면, 그 죄는 사해져요. 그래서 회개가 정말 중요한 것이랍니다.

(7) 죄에 빠지지 않기를 간구하기예요!

"우리를 시험에 들게 하지 마시옵고, 다만 악에서 구하옵소서."

세상을 살다보면, 계속 유혹에 빠지고, 악에 빠져요. 본문에서 '시험'은 '유혹'을 말해요. 유혹에 들게 하지 마시고, 악에서 구해달라는 진실한 간구가 필요해요. 그럴 때 하나님은 사단의 유혹으로부터 우리의 영혼을 지켜주시고, 죄를 짓지 않는 길로 우리를 인도해주실 것이에요. 유혹의 시대에 살고 있는 우리에게는 이 기도가 정말 절대적으로 필요하답니다.

(8) 하나님 찬양하기예요!

"나라와 권세와 영광이 아버지께 영원히 있사옵나이다."

기도의 처음도 하나님 찬양하기이지만, 기도의 마지막도 하나님 찬양하기예요. "온 나라와 세상의 모든 권세와 영광이 다 하나님께 영원히 속해있습니다."라는 하나님 찬양이예요.

(9) 아멘이에요!

"아멘"은 "그렇게 되기를 원합니다."라는 뜻을 가지고 있어요. 기도를 다 했으면, 그렇게 되기를 간절히 원하는 고백이 담긴 "아멘"을 말함으로 끝내야 해요. "아멘"을 통해 기도의 간절함을 하나님께 보여드려야 해요.

※십계명 한 번 쓰고 읽어 볼까요?

※주기도문 한 번 쓰고, 읽어 볼까요?

※사도신경 한 번 쓰고, 읽어 볼까요?

8주차 "기독교 의식"은 따분한 것이 아니에요!

1. 교회에서 시행하고 있는 두 가지 의식은 무엇일까요?

: 세례와 성찬이에요!!

예수님께서도 세례를 받으셨어요!!

(마 3:13~17 / 막 1:9~11 / 눅 3:21~22)

: 예수님께서는 공적 사역을 시작하시기 전에 가장 먼저 하신 일은 세례를 받으신 일이에요. 예수님께서는 세례요한에게 요단강에서 세례를 받으셨어요. 예수님은 죄가 없으신 분이시기 때문에 죄씻음을 위해 세례를 받으신 것이 아니라 일종의 왕의 대관식이었어요. 그래서 예수님께서 세례를 받으실 때 성령님이 비둘기같이 임하셨고, "이는 내 사랑하는 아들이요, 내 기뻐하는 자라"는 놀라운 하나님의 음성이 하늘에서 들렸어요.

2. 세례를 알아봅시다!

1) 세례의 뜻을 알아볼까요?

: 어려운 헬라어를 알려드리면, "세례"는 "βάπτισμα"라는 헬라어 단어를 사용해요, 이 헬라어 단어를 영어 단어에서는 번역하면 "Baptism"이에요. 그리고 우리 말로 번역하면 "담그다"에요. 그래서

뜻은 우리 몸을 물에 담가서 깨끗하게 하고, 새로워지는 것을 의미해요. 초대교회 성도들은 물 속에 들어가서 세례를 받았고, 현재 침례교에서도 물 속에 몸을 완전히 담가서 세례를 받아요. 물 속에 완전히 들어가서 받는 세례를 침례라고 해요. 많은 교단과 교회에서는 목회자가 성수를 손에 담아 세례받는 자의 머리에 얹고 안수함으로 세례를 베풀어요.

2) 침례, 유아세례, 입교는 어떻게 달라요?

: "침례"는 초대 교회 때 했던 전통에 따라서 몸을 물 속에 완전히 담가서 행하는 세례예요. "유아세례"란 유아들에게 행하는 세례인데, 유아들이 스스로 믿음을 고백할 수 없어서 부모들이 대신 믿음을 고백하는 가운데 행하는 세례예요. 유아세례를 받은 아이들은 성장해서 일정 나이가 되면 자신의 마음과 입술로서 진실 된 신앙고백을 하는 "입교"에 참여하게 되어요.

3. 세례의 의미는 무엇일까요?

1) 예수님의 십자가의 죽으심과 부활에 참여하는 것이에요.

: 세례를 받으므로 우리의 옛날 모습은 죽고, 예수 그리스도 안에서 새로운 생명을 얻게 되는 것이에요.

> 무릇 그리스도 예수와 합하여 세례를 받은 우리는 그의 죽으심과 합하여 세례 받은 줄을 알지 못하느뇨 그러므로 우리가 그의 죽으심과 합하여 세례를 받음으로 그와 함께 장사되었나니 이는 아버지의 영광으로 말미암아 그리스도를 죽은 자 가운데서 살리심과 같이 우리로 또한 새 생명 가운데서 행하게 하려 함이니라 만일 우리가 그의 죽으심을 본받아 연합한 자가 되었으면 또한 그의 부활을 본받아 연합한 자가 되리라(롬 6:3~5)

2) 무서운 죄를 용서받았음을 선포하는 것이에요.

: 세례는 우리의 모든 죄가 예수 그리스도로 말미암아 완전히 깨끗하게 씻겨지고 용서받았음을 선포하는 것을 의미해요.

> 너희 중에 이와 같은 자들이 있더니 주 예수 그리스도의 이름과 우리 하나님의 성령 안에서 씻음과 거룩함과 의롭다 하심을 얻었느니라(고전 6:11)

3) 예수님을 주인으로 모시고 사는 삶을 결단하는 것이에요.

: 예수님께서 우리의 죄를 사해주시고, 새로운 생명을 주셨기 때문에 예수님을 삶의 주인으로 모시고 살기로 결단하는 것을 의미해요.

> 내가 그리스도와 함께 십자가에 못 박혔나니 그런즉 이제는 내가 사는 것이 아니요 오직 내 안에 그리스도께서 사시는 것이라 이제 내가 육체 가운데 사는 것은 나를 사랑하사 나를 위하여 자기 자신을 버리신 하나님의 아들을 믿는 믿음 안에서 사는 것이라(갈 2:20)

4. 세례를 받기 위해서는 어떻게 해야 하나요?

1) 예수님 앞에 자신의 죄를 철저하게 회개해야 해요!

예수님은 죄를 미워하시는 분이세요. 그래서 우리의 죄를 예수 그리스도의 십자가 앞에 내려놓고 철저하게 회개해야 해요. 우리의 죄를 회개할 때 예수님은 우리의 모든 죄를 용서해주세요.

2) 예수님은 우리의 유일한 구원자라는 믿음이 있어야 해요!

예수님은 우리의 죄를 용서해주시고, 새로운 생명을 주시는 유일한 구원자라는 믿음의 고백이 있어야 해요.

3) 예수님 닮은 삶을 살기 위한 결단이 있어야 해요!

예수님께서는 우리의 구원자이시고, 주님이시고, 스승이시기 때문에 우리는 예수님 닮은 삶을 살기 위한 결단, 변화된 삶을 위한 결단이 있어야 해요.

5. 세례(입교)후에 교회 안에서 달라지는 것이 궁금하지요?

1) 성찬식에 참여할 수 있게 되어요!

성찬식은 예수님의 죽음을 기념하는 예식으로 떡과 포도주를 나누는데, 떡은 예수님의 살을, 포도주는 예수님의 피를 의미해요. 성찬식에 참여하면서 예수님의 삶을 묵상하며, 그분의 은혜에 감사하며, 그분의 인격을 닮아가기 위한 결단을 할 수 있어요.

2) 교회 안에서 교회 공동체 구성원으로서의 권리와 의무를 가질 수 있게 되어요!

예를 들면, 교회의 의사결정과정에 참여할 수 있고, 교회의 리더들을 세울 때 투표를 할 수 있는 권리가 주어져요.

9주차, 10주차 세례입교문답집을 가지고 진행!

8. 교육평가

한 주제에 대해 두 주에 걸쳐 진행되기에 평가할 기회는 많아진다. 강의를 마치고 강의를 듣고 난 느낌에 대한 나눔을 통해 1차적인 평가가 이루어지고, 그다음 주에 교재를 통한 학습을 통해 교육내용에 대해 제대로 이해했는지 2차적인 평가가 이루어진다. 평가는 멘토링 관계에서 효과적일 수 있다. 멘토링을 통해서 인격적인 관계 속에서 부족한 이해 부분이 무엇인지, 받아들이지 못하는 어려운 주제가 무엇인지를 파악할 수 있다. 그리고 그 안에서 격려와 지원을 하면서 올바른 이해로 나아갈 수 있도록 도울 수 있다.[109] 그리고 10주차 때 세례입교문답을 살펴보면서 최종적인 평가가 이루어진다. 세례입교식을 마치고, 설문조사를 통해서도 심화된 평가를 시행할 수 있다.

Ⅳ. 나가는 말

청소년 신앙 교육 커리큘럼 중에 가장 중요한 신앙 교육 커리큘럼이라고 꼽을 수 있는 것은 바로 청소년들을 위한 세례입교교육 커리큘럼이다. 많은 청소년부에서 시행하고 있는 세례입교교육은 너무나도 형식적이다. 형식적인 세례입교교육을 통해 입교를 받고, 세례를 받으니 교회에 그렇게 오래 다녀도 기독교 신앙에 대해서 정확하게 이해하지 못하는 것이다. 예수 그리스도의 십자가가 부활은 많이 듣기는 들었는데 정작 예수 그리스도의 십자가와 부활 사건이 나와 어떤 관련성을 가지는지에 대한 구체적인 내용은 알지 못한다. 복음에 대해서 설명하라고 하면, "예수님이 십자가에서 돌아가셔서…" 라고 수줍게 말하다가 말꼬리를 흐린다. 용어를 많이 듣기는 들었는데 정확히 모른다는 뜻이다. 자신이 지금 다니고 있는 교회가 어떤 곳인지도 설명하라고 하면 잘 모르고, 성경에 대한 이해의 수준은 창세기를 벗어나지 못하고 있다. 따라서 체계적이고 종합적인 신앙교육이 시급히 요청되는 것이다.

---

109) 김성중, 『기독교교육행정학의 이론과 실제』(서울: 민영사, 2015), 95-96.

단기간에 집중적으로 할 수 있는 좋은 신앙교육이 바로 세례입교교육이다. 세례입교교육을 통해서 청소년들이 기독교 신앙에 대해서 다시 배우고, 체계적이고 종합적으로 이해할 수 있도록 도와주어야 한다. 교회 오래 다니고 입교를 받는 청소년들에게나, 누군가로부터 전도 받고 교회 다니다가 세례를 받는 청소년들에게나 집중적인 신앙교육은 너무나도 중요하다. 세례입교교육을 강화하고, 제대로 된 신앙 교육 프로그램으로 정착시키는 노력이 한국 교회 청소년부에 요구된다. 그리고 이번 장에서 제시한 세례입교교육은 세례입교교육 때뿐만 아니라, 새신자 교육이라든지 제자훈련과 같은 교육에 사용될 수 있다.

참고문헌

☆ Brueggemann, Walter. 강성열, 김도일 역.『월터 브루그만의 창조적인 말씀을 통한 기독교교육』서울: 한들출판사, 1999.

☆ Osmer, Richard. 장신근 역.『교육목회의 새로운 패러다임』. 서울: 대한기독교서회, 2007.

☆ 고용수.『현대 기독교교육사상』. 서울: 장로회신학대학교 출판부, 2003.

☆ 김성중.『기독교교육행정학의 이론과 실제』. 서울: 민영사, 2015.

☆ 김성중. "신학교 진로교육을 위한 멘토링 프로그램에 관한 연구."『선교와 신학』제39집(2016), 47-81.

☆ 김홍연. "입교와 입교교육에 관한 역사적 고찰."『장신논단』제22집 (2004), 419-439.

☆ 문혜란. "초기교회의 카테키시스를 기초로 한 교사교육과정연구." 미간행석사학위논문, 장로회신학대학교 대학원 기독교교육학과, 2006.

☆ 손삼권.『디지털 환경과 기독교교육』. 서울: 나남출판사, 2002.

☆ 오현선. "PCK 교회교육 개혁을 위한 기독교교육적 제안."『기독교교육논총』제44집(2015), 117-143.

☆ 유재국. "교리교육의 과거와 현재."『신학전망』제59호 (1982), 32-47.

☆ 장신근. "바울서신에 나타난 훈계사역과 세계화 시대에 있어서의 교회도덕교육."『장신논단』제22집 (2004), 399-418.

4장 청소년들을 위한 친교와 교제[110)]

110) 이번 장은 2021년 <기독교교육정보> 70집, 39-63에 게재했던 필자의 논문을 수정 보완한 것이다.

Ⅰ. 들어가는 말

우리나라 청소년 자살률은 경제협력개발기구(OECD) 회원국 중 1위이다. OECD 평균은 인구 10만명당 평균 5.9명인 반면에, 우리나라는 인구 10만명당 8.2명에 이른다.[111)]

우리나라 청소년들은 입시 위주의 경쟁주의적 문화 가운데서 스트레스 지수가 높다. 2019년도에 실시한 청소년들의 삶의 만족도 조사에서 우리나라는 OECD 국가 중에 꼴찌를 기록했다.[112)] 이러한 안타까운 상황 가운데서 청소년들은 혼자서 괴로워하고 있다.

우리가 삶 속에서 경험하는 다양한 문제를 극복하는 힘은 나와 똑같은 문제 가운데 힘들어하고 있는 사람을 만날 때 생겨난다. 청소년들이 힘든 현실 가운데 살아갈 수 있는 힘은 같은 현실을 경험하고 있는 동료들을 만날 때 발생하는 것이다. 이런 면에서 청소년들 사이에서 일어나는 친교와 교제는 매우 중요하다. 교회 안에서의 청소년 교육은 친교와 교제가 일어날 수 있도록 이끌어야 한다. 바쁜 일상을 살아가면서 친구들과 만나서 어울릴 수 있는 시간의 여유조차 허락되지 않는 주중의 삶 가운데서 지친 청소년들이 교회에 와서 진정한 공동체를 만남으로 말미암아 스트레스를 해소하고, 살아갈 수 있는

---

111) 김지산, 2021년 6월 3일, "하나금융 공익재단법인 '청소년그루터기재단' 출범,"『머니투데이』[On-line], https://news.mt.co.kr/mtview.php?no=2021060309345681849, (2021년 6월 17일 접속).

112) 조해영, 2019년 12월 25일, "'죽고 싶다'는 한국 아이들…삶의 만족도 OECD 꼴찌,"『이데일리』[On-line], https://www.edaily.co.kr/news/read?newsId=01148006622722128&mediaCodeNo=257, (2021년 6월 16일 접속).

힘을 얻으며, 공동체 안에서 역사하시는 하나님의 위로와 사랑의 손길을 경험할 수 있어야 한다. 공동체의 소중함과 중요성을 깨닫고, 공동체 안에서 다양한 이야기의 나눔이 일어나야 한다. 공동체의 구성원들을 신뢰하고 자신의 삶의 이야기를 허심탄회하게 솔직하게 나눌 수 있는 공동체가 진정한 공동체이다. 이러한 공동체를 청소년 시절에 경험할 수 있도록 교회 교육은 진행되어야 한다.

이번 4장의 본론에서는 청소년들을 위한 교회 안에서의 친교와 교제에 대한 성경적 근거를 살펴보고, 친교와 교제는 공동체 안에서 이루어지는 것을 볼 때, 온전한 친교와 교제를 위한 이상적인 공동체를 발견하기 위해 이론적 근거를 공동체 이론에서 찾아보겠다. 마지막으로 청소년들을 위한 교회 안에서의 친교와 교제에 대한 목표, 내용, 방법을 제시해보도록 하겠다.

II. 친교와 교제에 대한 성경적 근거

1. 가족 공동체

태초에 하나님께서는 아담을 만드시고, 그다음 하와를 만드셨다.

> 여호와 하나님이 아담을 깊이 잠들게 하시니 잠들매 그가 그 갈빗대 하나를 취하고 살로 대신 채우시고 여호와 하나님이 아담에게서 취하신 그 갈빗대로 여자를 만드시고 그를 아담에게로 이끌어 오시니 아담이 이르되 이는 내 뼈 중의 뼈요 살 중의 살이라 이것을 남자에게서 취하였

은즉 여자라 부르리라 하니라(창세기 2:21~23)

하나님께서는 아담이 홀로 지내는 것을 원하지 아니하고 공동체를 이루며 살기를 원하셨다. 가장 가까운 최소 규모의 공동체가 바로 가족이다.

여호와 하나님이 이르시되 사람이 혼자 사는 것이 좋지 아니하니 내가 그를 위하여 돕는 배필을 지으리라 하시니라(창세기 2:18)

하나님께서는 인간이 가족 공동체를 이루고, 가족 공동체 구성원들이 서로의 부족함을 채워주며 서로 돕고 살기를 원하신다. 신약으로 오면 가족 공동체의 범위가 혈연을 뛰어넘는 하나님 안에서의 영적인 가족 공동체로 그 범위가 확대된다.

누구든지 하늘에 계신 내 아버지의 뜻대로 하는 자가 내 형제요 자매요 어머니이니라 하시더라(마태복음 12:50)

하나님의 뜻대로 예수 그리스도를 구주로 믿는 모든 사람이 하나님의 자녀가 되어 가족이 되는 것이다.

너희는 유대인이나 헬라인이나 종이나 자유인이나 남자나 여자나 다 그리스도 예수 안에서 하나이니라(갈라디아서 3:28)

누구든지 차별 없이 예수 그리스도를 믿는 자들은 한 가족이 되고 친교와 교제의 공동체가 되는 것이다.

2. 이스라엘 공동체

하나님께서는 창세기 12장에 아브라함을 선택하시고, 아브라함, 이삭, 야곱, 요셉으로 이어지는 족장 시대를 인도하셨고, 요셉이 애굽의 총리가 됨으로 말미암아 야곱의 가족들이 애굽으로 이주하게 되었다. 그 이후 이스라엘 민족은 그 수가 많아지게 되었지만, 애굽에 의한 고통의 역사를 경험하게 되었다, 그러나 하나님은 모세를 통해 출애굽의 역사를 일으키셨고 율법을 알려 주셨고 시내산 계약을 통해 하나님은 이스라엘의 하나님이고, 이스라엘은 하나님의 백성, 하나님의 자녀임을 선포하셨다.

> 세계가 다 내게 속하였나니 너희가 내 말을 잘 듣고 내 언약을 지키면 너희는 모든 민족 중에서 내 소유가 되겠고 너희가 내게 대하여 제사장 나라가 되며 거룩한 백성이 되리라 너는 이 말을 이스라엘 자손에게 전할지니라(출애굽기 19:5~6)

이스라엘 공동체는 역사 가운데서 하나님의 율법을 어기고, 불순종함으로 말미암아 벌을 받기도 했지만, 하나님께서는 이스라엘 공동체와 함께 하셨고, 이스라엘 공동체의 죄를 용서하여 주시고 회복의 역사를 주셨다. 하나님의 사랑인 "아가파오(Agapao)"는 "자비심 많은 사랑, 자비와 용서로 가득한 사랑"이다.[113] 성경에서 하나님은 이스라엘 공동체를 하나님의 자녀로 언급하신다.

> 너는 바로에게 이르기를 여호와의 말씀에 이스라엘은 내 아들 내 장자라(출애굽기 4:22)

> 이스라엘이 어렸을 때에 내가 사랑하여 내 아들을 애굽에서 불러냈거늘(호세아 11:1)

113) Jim, Putman, The Power of Together, 김태곤 역, 『교회는 관계다』, (서울: 생명의말씀사, 2019), 86.

아버지와 아들의 관계에서 이스라엘 공동체는 하나님과 친교와 교제를 나누는 특권을 누렸다.

3. 초대교회 공동체

예수 그리스도의 승천 이후에 형성된 초대교회 공동체는 하나님의 사랑이 충만한 공동체였다. 공동체 구성원들이 서로 돕고 섬기며 나누면서 하나가 되는 아름다운 공동체였다. 뜨거운 신앙생활을 했던 성령이 강력하게 역사하는 공동체였고, 예수 그리스도의 사역을 재현하는 능력의 공동체였다.

> 그들이 사도의 가르침을 받아 서로 교제하고 떡을 떼며 오로지 기도하기를 힘쓰니라. 사람마다 두려워하는데 사도들로 말미암아 기사와 표적이 많이 나타나니 믿는 사람이 다 함께 있어 모든 물건을 서로 통용하고 또 재산과 소유를 팔아 각 사람의 필요를 따라 나눠 주며 날마다 마음을 같이하여 성전에 모이기를 힘쓰고 집에서 떡을 떼며 기쁨과 순전한 마음으로 음식을 먹고 하나님을 찬미하며 또 온 백성에게 칭송을 받으니 주께서 구원 받는 사람을 날마다 더하게 하시니라(사도행전 2:42~47)

사도 바울은 교회의 머리는 예수 그리스도시고, 교회 공동체 구성원들은 예수 그리스도의 몸을 이루고 있고, 한 사람 한 사람은 그 지체가 되어 있다고 말한다.

> 또 만물을 그의 발 아래에 복종하게 하시고 그를 만물 위에 교회의 머리로 삼으셨느니라(에베소서 1:22)

> 너희는 그리스도의 몸이요 지체의 각 부분이라(고린도전서 12:27)

예수 그리스도를 중심으로 한 초대교회 공동체는 진정한 친교와 교제가 이루어지는 아름다운 공동체였다.

Ⅲ. 친교와 교제에 대한 이론적 근거

친교와 교제의 근거가 되는 이론은 바로 "공동체"이다. 왜냐면 친교와 교제는 공동체 안에서 이루어지기 때문이다. 진정한 친교와 교제는 좋은 공동체 안에서만 이루어질 수 있는 것이다. 따라서 친교와 교제의 중요한 이론적 근거는 바로 "공동체"에 관한 이론이다. 친교와 교제가 일어나는 진정한 공동체를 "코이노니아 공동체," "공감적 공동체," "환대적 공동체," "이야기 나눔이 있는 공동체," "신앙공동체" 안에서 찾으려고 한다.

1. 코이노니아 공동체

코이노니아 공동체는 삼위일체 하나님으로부터 출발한다. 삼위일체 하나님의 성부, 성자, 성령의 각 위격은 관계성을 기반으로 하며, 삼위일체 하나님은 "교제 안에 계신 분"이다.[114] 그리고 이것은 각 위격들 안에 참여하는 의미인 "페리코레시스(perichoresis)"라는 단어와 연결된다.[115]

---

114) Philip, Sheldrake, *The Spiritual City*, 김경은 역, 『도시의 영성』, (서울: IVP, 2018), 195.

115) Van, A. Harvey, *A Handbook of Theological Terms*, (New York:

신학자 필립 셸드레이크(Philip Sheldrake)는 교제 가운데서 일어나는 "하나님의 일치는 자유롭고 사랑을 나누는 위격들의 상호 연관성에 존재하고 이러한 하나님 이해는 특히 인간 개인과 사회 공동체에 관한 신학과 영성의 가능성들을 풍요롭게 한다"고 주장한다.[116] 하나님에 대한 이해에 있어서 "교제하는 위격들"로 이해하는 것이 바로 헬라어 "코이노니아(koinonia)"이다.[117] 이러한 "코이노니아"를 가능하게 하는 것은 바로 완전한 사랑이다. 성부, 성자, 성령 하나님은 완전한 사랑 안에서 교제하며 하나가 되신 것이다. 또한, 완전한 사랑이신 삼위일체 하나님으로 인해서 우리 인간들은 서로 교제하며 살아갈 수 있는 것이다.[118]

대한예수교장로회교육부에서 『하나님 나라 : 부르심과 응답』교육과정을 제시할 때, 코이노니아는 "삼위일체 하나님과의 교제에 참여뿐 아니라 하나님 나라의 성원들 사이의 새로운 관계성을 뜻한다"고 하였다.[119] 그리고 "코이노니아"를 "교제와 친교"로 변역하였다.[120] 삼위일체 하나님으로 인해 코이노니아 공동체가 가능해진다.

청소년들 사이에서 교제와 친교가 이루어지는 코이노니아 공동체는 삼위일체 하나님을 중심으로 하는, 진정한 사랑을 전제로 하는

Macmillian Publishing Company, 1964), 181.

116) Philip, Sheldrake, *The Spiritual City*, 김경은 역, 『도시의 영성』, 196.

117) 위의 책.

118) 김진혁, 『질문하는 신학』, (서울: 복있는사람, 2019), 111-113.

119) 대한예수교장로회총회교육부 편, 『교육과정 이론지침서(Ⅰ)/이론』, (서울: 한국장로교출판사, 2001), 67.

120) 위의 책, 103.

가운데 세워질 수 있다.

2. 공감적 공동체

조직을 연구하는 행정학자인 오세윤은 실제 생활에서 사용하는 공감은 “상대방이 표현한 의견에 동의하거나 자기도 같은 의견이라는 점을 밝히는 역동적인 순환과정”이라고 정의했다.[121] 이러한 공감이 일어나기 위해서는 소통이 반드시 있어야 하고, 이런 면에서 “공감과 소통은 동전의 양면과 같다”고 오세윤은 말한다.[122] 그는 상대방의 존재에 대한 인정과 존중을 통해 소통이 가능하고, 공감이 이루어질 수 있다고 본다.[123] 즉, 따뜻한 인격에서 공감이 시작되고, “상대방의 입장에 들어가서 똑같은 감정을 느껴보고 마음을 이해하는 것”에서 공감이 나온다.[124] 이러한 소통과 공감이 일어나는 공동체는 관계지향적이고, 구성원들끼리 서로 포용하고, 갈등을 인정하고 수용하며, 구성원들이 안정감을 경험하고, 서로 발전하고 성장할 수 있는 공동체이다.[125]

공감적 공동체를 만드는 데 중요한 인물은 바로 공동체의 리더이다. 스피어스(Larry C. Spears)는 서번트 리더십의 중요한 요소로 공

121) 오세윤,『공감으로 소통하는 공동체』, (서울: 법문사, 2016), 17.

122) 위의 책, 25.

123) 위의 책, 365.

124) 김성중,『기독교교육행정학의 이론과 실제(개정판)』, (서울: 민영사, 2018), 150.

125) 오세윤,『공감으로 소통하는 공동체』, 336.

동체 구성원들의 감정을 이해하는 공감을 이야기한다.[126] 공감을 통해서 리더가 구성원들을 이해할 때, 구성원들 사이에서 공감의 역사가 일어날 수 있는 것이다.

청소년들은 삶의 다양한 문제 가운데 힘들어하고 있다. 그렇기 때문에 자신의 삶의 문제에 공감해주고, 자신의 삶의 어려움과 고민을 공감하고 이해해줄 수 있는 따뜻한 공동체, 공감적 공동체를 원한다. 청소년들을 위한 공감적 공동체를 이루기 위해 교회 청소년부 안에서의 리더인 목회자가 먼저 청소년들에게 다가가서 공감과 이해의 손길을 내미는 것이 중요하고, 청소년들 사이에서 공감의 문화를 만들 수 있도록 격려하고, 지원할 필요가 있다.

3. 환대적 공동체

파커 팔머(Parker J. Palmer)는 "가르침이란 진리의 공동체가 실천되는 공간을 창조하는 일"이라고 주장한다.[127] 진리의 공동체가 되기 위해서 공동체 구성원들은 서로 책임을 다하고 서로 순종하는 가운데 관계 안에서의 풍요로움을 경험할 수 있어야 한다. 그러기 위해 필수적으로 필요한 것은 바로 "환대"이다. 팔머는 "환대란 우리가 서로를, 서로의 갈등을, 서로의 새로운 생각을 개방적이고 주의

126) 김성중,『기독교교육행정학의 이론과 실제(개정판)』, 63,

127) Palmer, J. Palmer, *To Know as We Are Known*, 이종태 역,『가르침과 배움의 영성』, (서울: IVP, 2000), 183.

깊게 받아들이는" 것이라고 주장한다.[128] 팔머는 특히 공동체 안에서의 "낯선 이나 낯선 말"을 환영해 주는 것이 환대의 실천적인 내용임을 강조한다.[129] 그리고 환대의 정신에서 중요한 것은 공동체 안에서 "그리스도가 귀하게 여긴 '가장 작은 자'를 보살피는" 것이다.[130]

청소년 공동체 안에서는 자기 개성이나 색깔이 뚜렷한 학생들이 있다. 그 학생들이 존중받고 환영받는 공동체가 친교와 교제가 일어날 수 있는 환대의 공동체이다. 또한 청소년들이 실제적으로 경험하고 있는 그들의 중요한 문제는 바로 "왕따"이다. 자신의 스타일과 안 맞는다는 이유로, 다른 사람과 좀 다르다는 이유로 어떤 형태로든 왕따를 하는 것은 환대의 정신에 철저하게 위배 되는 것이다.

팔머의 말처럼 낯선 이를 환영해 주는 청소년 공동체가 필요하다. 그리고 약자를 품을 수 있는 성숙한 청소년 공동체가 필요하다. 또한 청소년들이 서로 나누는 말을 판단하거나 정죄하지 않고 수용해줄 수 있는 환대의 공동체가 필요하다.

4. 이야기 나눔이 있는 공동체

인간은 이야기하는 존재이다. 인간은 다양한 삶의 환경 속에서 경험하는 많은 이야기의 주제가 있다. 따라서 좋은 공동체는 자신의

128) 위의 책, 113,

129) 위의 책, 113-114.

130) 최유진, "레티 러셀의 교회론-정의와 환대의 공동체," 『장신논단』 48 (2016), 246.

이야기를 솔직하게, 편안하게, 자발적으로 나눌 수 있는 공동체이다. 이야기 속에는 "장면이나 환경, 인물 및 성격, 목표를 지향하는 행동, 인과관계, (사건의) 중요성과 같은 구성요소들이" 있다.[131)]

또한 이야기 속에는 이야기의 무대가 되는 공간과 객관적으로 발생한 시간과 이야기 하는 사람이 인식하는 주관적 시간이라는 중요한 구성요소들이 있다.[132)] 이러한 구성요소들로 구성된 이야기를 들으면서 개인적인 차원에서는 상상력을 발휘하고 개발하게 된다. 이야기를 듣고 이해하는 가운데 "자신들 안에서 재형성하고 재창조하게" 되면서 "창조적 상상력"으로 나아가게 되는 것이다.[133)]

또한 이야기를 나누는 것이 중요한 이유는 바로 경험 나눔이 되기 때문이다. "경험은 우리의 선택에 의한 자각을 통해 나타나서 의식화되고 구체화되고 우연성 및 불확정성에 대한 우리의 의지적 반응을 통해 형성"되는데, 이와 같은 경험을 이야기에 담아서 나누는 것을 통해 "우리가 현재 누구이고 어떤 사람이고 앞으로 어떤 사람이 될지를" 깊이 있게 생각하게 하는 기회를 제공 받는 것이다.[134)]

---

131) Lauritzen, Carol and Jaeger, Michael, *Integrating Learning Through Story: The Narrative Curriculum*, 강현석 외 5인 역,『내러티브 교육과정의 이론과 실제-이야기를 통한 학습 통합-』, (서울: 도서출판 학이당, 2007), 73.

132) Paul, Cobley, Narrative, 윤혜준 역,『내러티브』, (서울 : 서울대학교출판문화원, 2013), 25-36.

133) Harris, Maria, *Teaching and Religious Imagination*, 김도일 역,『가르침과 종교적 상상력』, (서울: 한국장로교출판사, 2003), 50.

134) Hopkins, L. Richard, *Narrative Schooling: Experiential Learning and the Transformation of American Education*, 강현석 외 4인 역,『내러티브, 학교교육을 다시 디자인하다』, (서울: 창지사, 2013), 70.

다음으로 공동체적인 차원에서 볼 때, 우리 삶은 이야기이고, 우리 존재에 대한 살아있는 이야기이기 때문에, 공동체 구성원들과 함께 이야기를 나눈다는 것은 자신의 삶을 나누고, 자신의 존재를 나누는 뜻이 되는 것이다.[135] 그리고 이야기 나눔을 통해 "우리 삶을 채우고 있는 실재(reality)와 사건(events)들이 지니는 의미"를 함께 찾을 수 있게 된다.[136]

청소년들에게는 각자의 삶의 이야기 나눔을 통해 상상력을 키우고, 자기 정체성을 파악하고, 삶의 의미를 찾을 수 있는 진정한 공동체가 필요하다.

5. 신앙 공동체

기독교교육학의 큰 흐름 중에 신앙 공동체를 강조하는 흐름이 있다. 신앙이라는 것은 의도적 가르침보다는 신앙 공동체 내에서 문화화의 과정을 통해 자연스럽게 형성된다는 것이다. 왜냐면 "신앙은 그 본질상 공동체적이기"때문이다.[137] 신앙의 문화화를 주장하는 엘리스 넬슨(Ellis Nelson)은 "문화는 다른 사람에게 전수되는 삶의 의미이고, 감정적 확신과 긴급성으로 가르쳐지는 신앙의 체계"라고 주장한다.[138] 이러한 문화는 공동체 구성원들 사이에서의 "비공식적이고

135) Lauritzen, Carol and Jaeger, Michael, *Integrating Learning Through Story: The Narrative Curriculum*, 75.

136) 위의 책, 77.

137) 박원호, "넬슨의 공동체 교육이론에 나타난 인간론 연구," 『장신논단』 8 (1992), 332.

간헐적이고 자발적인 상호 작용을 통해서 흡수"되는 것이지, 의도적인 "가르침의 행위"를 통해서 전달되는 것이 아니다.[139] 넬슨은 문화는 세계관과 가치를 전달한다고 주장하는데, 이렇게 본다면, 신앙 공동체 안에서 구성원들 사이의 자연스러운 상호 작용을 통해 기독교 세계관과 기독교 가치를 전달하는 것이 중요한 신앙 교육의 목적이 되는 것이다.[140]

신앙 공동체 안에서 신앙의 문화화를 주장하는 또 다른 학자인 존 웨스터호프 3세(John H, Westerhoff Ⅲ)는 신앙 공동체란 "하나님으로부터 받은 선물"이라고 말하며 신앙 공동체를 강조한다.[141] 웨스터호프에 의하면 좋은 신앙 공동체는 "사람들이 공통적인 기억 혹은 전승, 곧 삶에 관한 공통의 이해와 삶의 방식, 공통의 목적과 의지를 공유하는" 공동체이고, "구성원들이 의미와 목적을 지닌 상호작용을 유지할 수 있을 정도로 소규모적"인 공동체이다.[142] 이러한 상호 작용을 위해서는 구성원들 사이에 "대화적인 관계"를 형성하는 것이 중요하다.[143]

청소년들에게는 다양한 소그룹 공동체 안에서의 만남을 통해 비

---

138) Nelson, Ellis, *Where Faith Begins*, 박원호 역,『신앙교육의 터전』, (서울 : 한국장로교출판사, 1996), 38.

139) 위의 책, 57.

140) 위의 책, 40-56.

141) Westerhoff, H. John Ⅲ, Will Our Children Have Faith? 정웅섭 역,『교회의 신앙교육』, (서울: 대한기독교교육협회, 1983), 101.

142) 위의 책, 102-104.

143) 설은주,『코이노니아와 신앙교육』, (서울: 예영 커뮤니케이션, 2000), 108.

슷한 기억과 경험 안에서 공유할 수 있는 신앙과 삶의 내용을 진솔하게 나누며 자연스러운 문화화 과정을 통해 기독교 세계관과 가치관을 형성하는 친교와 교제가 필요하다.

IV. 청소년들을 위한 친교와 교제의 실제

1. 목표

첫째, 공동체를 경험하고 공동체의 소중함을 깨닫는 것이다.

청소년들의 친교와 교제의 중요한 목표는 공동체 안에서 구성원들과 함께 하면서 공동체를 경험하고, 공동체가 무엇인지를 알아가고, 공동체의 소중함을 깨닫는 것이다. 청소년들은 입시 위주의 문화 가운데 바쁜 일상을 살아가고 있다. 그 속에서 친구와 여유를 가지고 함께 어울리고 놀고 나누는 시간이 턱없이 부족하다. 그렇기 때문에 교회 안에서 친교와 교제를 통해서 공동체의 가치와 소중함을 깨달을 수 있어야 한다. 공동체 안에서 함께 함을 통해 이기주의적 본성에서 벗어나서 다른 사람을 이해하고 배려하고 베푸는 훈련을 하게 된다. 그리고 인간은 공동체 안에서 살아가게 된다. 즉 가정 공동체, 교회 공동체, 학교 공동체, 직장 공동체 등 공동체 안에서 계속 살아가게 된다, 따라서 친교와 교제를 통해서 자신이 소속되고, 앞으로 소속될 여러 공동체를 평화롭게 유지하고 아름답게 가꿀 수 있는 능력을 훈련할 수 있어야 한다.

둘째, 자신의 삶의 이야기를 나누고 듣는 것이다.

청소년들의 친교와 교제에 있어서 중요한 목표는 바로 자신의 삶의 이야기를 나누고 다른 사람의 삶의 이야기를 듣는 것이다. 삶의 이야기를 나누는 전제는 바로 자신이 속해 있는 공동체를 신뢰하는 것이다. 공동체 구성원들을 신뢰하지 않는다면 자신의 중심에 있는 삶의 이야기를 나눌 수 없다. 그렇기 때문에 진정한 공동체는 구성원들이 어떤 이야기를 해도 판단하거나 정죄하지 않고, 수용하고 포용하고 공감할 수 있어야 한다. 청소년부 구성원들이 자신의 삶이 이야기를 진솔하고 솔직하게 나눌 수 있는 진정한 공동체여야 한다. 청소년부 교사는 청소년들이 공동체 안에서 자신의 삶의 이야기를 나눌 수 있도록 인도해야 한다. 다른 구성원이 자신의 삶의 이야기를 나눌 때에는 듣는 역할을 해야 한다. 대화는 자신의 이야기만 하는 것이 아니라 다른 사람의 이야기도 듣는 것이다. 청소년 시절부터 듣는 연습을 해야 한다. 다른 사람의 삶의 이야기를 잘 들어줄 수 있는 사람은 공감력과 수용력을 키울 수 있고, 배려의 힘을 키울 수 있다. 야고보서 1장 19절은 듣는 것을 잘 할 것을 강조한다.

> 내 사랑하는 형제들아 너희가 알지니 사람마다 듣기는 속히 하고 말하기는 더디 하며 성내기도 더디 하라

셋째, 자신의 재능을 나누는 것이다.

청소년 시기는 재능을 발견하고, 그 재능을 키우는 시기이다. 그렇기 때문에 청소년들의 친교와 교제 안에서 자신의 재능을 확인하고, 키우고, 나누고, 발휘할 수 있어야 한다. 많은 청소년들은 자신

의 재능을 모르거나, 상대평가의 문화 가운데서 자신의 재능이 없다고 스스로 생각하는 안타까운 경향이 있다. 따라서 청소년부 교사는 학생들이 상대평가의 시각에서 벗어나서 자기 자신의 재능을 발견할 수 있도록 격려해주어야 한다. 더 나아가 청소년부 안에서 학생들의 재능을 키우고 발휘할 수 있는 기회를 제공해주어야 한다. 청소년부 안에서 자신의 재능을 키우고 발휘할 수 있다면 자존감과 자신감을 회복할 수 있을 것이고, 교회 봉사로도 연결될 수 있을 것이다.

넷째, 관계 지향적인 사람으로 성숙할 수 있도록 돕는 것이다.

청소년들이 교회 안에서 친교와 교제를 통해서 관계 지향적인 사람으로 성숙할 수 있다. 다른 사람과 함께 할 줄 알고, 깊이 있는 대화를 나눌 줄 알고, 어울릴 줄 알고, 함께 일할 수 있는 사람이 이 시대에 필요하다. 교회 청소년부는 개인주의적인 사회 문화적 경향 가운데서 관계 지향적인 사람을 키울 수 있어야 한다. "모든 권위로부터 자유로워지고 싶은 충동"을 느끼며 "반항아적인 태도"를 보이는 청소년들이 다른 사람을 먼저 생각하고 배려할 수 있는 관계 지향적인 인물이 될 수 있도록 도와야 한다.[144] 관계성을 높이는 것은 이론적인 배움과 가르침으로 되는 것이 아니다. 함께 하는 시간에 비례해서 높아지는 것이다. 따라서 친교와 교제를 교회 청소년부 안에서 강조함으로 관계 지향적인 사람으로 성숙하고 발전할 수 있도록 도와야 한다.

다섯째, 레크리에이션을 통해 삶의 스트레스를 해소하고, 협력

144) 사미자, "청소년기의 정체성 형성에 관한 고찰," 『장신논단』20 (2003), 373.

을 배우는 것이다.

청소년들에게 친교와 교제는 레크리에이션 활동을 통해 이루어질 수 있다. 레크리에이션은 놀이의 일종이다. 현장 안에서 몸을 움직이고, 다른 사람과 함께 활동하는 놀이를 통해서 일상 속에서 쌓인 삶의 스트레스를 해소할 수 있고, 다른 사람과 함께 해내는 협력과 협동을 배울 수 있다. 그러나 안타깝게도 많은 청소년들은 핸드폰을 가지고 혼자서 온라인 게임을 하는 것에 매몰되어 있다. 청소년들이 정신 건강에 악영향을 주는 선정적이고 폭력적인 온라인 게임을 하는 경우도 많이 있고, 온라인 중독의 위기에 노출되어 있는 경우도 많이 있다. 따라서 교회 청소년부는 다른 사람들과 함께 하는 건전한 놀이를 통해서 청소년들에게 긍정적인 영향을 줄 수 있어야 한다.

2. 내용

첫째, 걱정과 고민의 이야기 나눔이다.

청소년들의 삶의 이야기에서 중요한 내용은 자신의 걱정과 고민이다. 청소년들은 자신의 걱정과 고민을 누군가에게 털어놓기를 원한다. 자신의 걱정과 고민을 허심탄회하게 털어놓을 수 있는 안전한 공동체를 간절하게 원한다. 청소년들의 걱정과 고민의 주제는 "학업 및 진로, 대인 관계, 일탈 및 비행, 정신건강, 가정, 컴퓨터/인터넷 중독, 성격, 성, 생활습관태도" 정도이다.[145] 그렇기 때문에 친교와

145) 김동일 외 14인, 『청소년 상담학 개론』, (서울: 학지사, 2016), 20.

교제를 통해서 청소년들이 서로 자신의 걱정과 고민의 이야기를 편안하게 나눌 수 있어야 한다. 청소년들이 서로 나누는 걱정과 고민의 이야기는 남의 이야기가 아니라 바로 나의 이야기이기 때문에 의미가 있는 것이다. 청소년이라면 누구나 경험하고 겪을 수 있는 문제이기 때문에 서로 공감할 수 있고, 서로 위로하고 격려할 수 있는 것이다.

둘째, 가정생활, 학교생활, 학원생활의 나눔이다.

청소년들은 자신의 삶의 이야기를 나눌 때 자신이 속한 공동체 영역이 이야기의 무대가 된다. 청소년 자신이 속해 있는 가정 안에서 일어난 부모 및 형제자매와의 갈등 주제, 가정 안에서 일어나는 시시콜콜한 이야기를 나눌 수 있다. 그리고 자신이 다니는 학교에서 교사 및 학생들과의 갈등 주제, 일상적인 주제, 공부 이야기 등을 나눌 수 있다. 또한 자신이 다니는 학원에서 교사는 어떤 사람인지, 학원 친구는 누구인지, 공부의 과정은 어떠한지 등을 나눌 수 있다. 교회 안에서 자신의 가정생활, 학교생활, 학원생활 가운데 일어나는 이야기를 나눌 때 교회 구성원들과 자신의 일상을 나눌 수 있고, 더 친밀감을 형성하게 되는 것이다.

셋째, 하나님께서 삶 속에서 인도해주시는 이야기 나눔이다.

청소년들은 교회 청소년부 안에서 신앙 나눔이 있어야 한다. 자신이 바쁜 일상의 삶 속에 살면서, 학업에 지친 삶을 살면서 힘든 이야기만 나누는 것이 아니라, 일상생활 속에서 역사하신 하나님을 나눌 수 있어야 한다. 구체적으로 하나님께서 어떻게 나의 어려움과 힘든 상황 가운데서 역사하시고 도와주셨는지, 하나님께서 어떻게 나의 삶을 선하게 인도하셨는지, 하나님께서 나의 기도 제목을 언제, 어떻게 이루어주셨는지 등의 이야기를 나누는 것이다. 이러한 나눔을 통해서 감사 훈련이 이루어질 수 있고, 하나님의 은혜를 풍성하게 경험할 수 있다. 청소년들이 나누는 이야기에는 힘들고 지친 삶의 이야기만 있는 것이 아니라, 궁극적으로는 이러한 힘들고 지친 삶 속에서도 손잡아 주시고 위로하시고 도와주시는 신실하신 하나님의 은혜를 나눌 수 있어야 한다.

넷째, 다양한 레크리에이션 활동을 함께 함이다.

청소년들이 함께 어울리면서 활동할 수 있는 놀이는 다양하다. 모든 놀이는 함께 하기에 공동체 지향적이다. 그리고 모든 놀이에 기독교교육적 의미를 부여할 수 있는데, 놀이에 기독교교육적 의미를 부여하면 그 놀이는 기독교교육적 활동이 되는 것이다.

예를 들어, 우리가 익히 아는 줄다리기 놀이를 하고 나서 "우리가 한 방향으로 힘을 합치는 것이 바로 비전을 향해 달려가는 것이다. '하나님'이라는 비전을 향해 공동체가 힘을 합쳐서 나아가면 어떤 마귀의 유혹과 공격도 이겨낼 수 있단다"라고 기독교교육적 의미를 부여하면, 그 놀이는 기독교교육적 활동이 되는 것이다.

또 다른 예를 들어, 신문지를 펼쳐 놓고 4~5명이 올라가고, 그 다음 신문지를 반으로 접어서 그 위에 또 4~5명이 올라가고, 반으로 접은 신문지를 또 반으로 접어서 그 위에 또 4~5명이 올라가는 신문지 위에 올라가기 놀이를 하고 나서 "너희들이 서 있던 신문지가 바로 우리가 살아가는 세상이라고 비유할 수 있어. 그 좁은 신문지 위에 함께 올라가기 위해 누구는 상대방을 업어주고, 누구는 자신의 발을 밟고 서라고 발을 내어 주었잖아. 마찬가지로 우리가 살아가는 세상 안에 다 함께 살기 위해서는 누구는 섬기고, 누구는 희생할 수 있어야 하는 것이야. 섬기고 희생하는 역할을 바로 우리 크리스천들이 해야 하는 것이란다"라고 기독교교육적 의미를 부여하면, 그 놀이는 기독교교육적 활동이 되는 것이다.

청소년들의 친교와 교제 가운데 공동체가 함께 하는 다양한 놀이 활동을 하고, 청소년부 교사는 그 놀이에 기독교교육적 의미 부여를 하는 역할을 해야 한다.

3. 방법

첫째, 예배 시 간증을 통해서 이루어진다.

예배 시에 간증을 통해서 삶의 이야기, 신앙의 이야기 나눔이 이루어질 수 있다. 한 달의 한 번 정도 정기적으로 간증의 시간을 넣을 수 있다. 청소년부 교역자의 설교를 짧게 하고, 그다음 간증의 시간을 진행하면 된다. 교사도 간증자로 참여할 수 있고, 학생들도 간증자로 참여할 수 있다. 이 외에도 교회 안에서 다양한 사회의 분야에서 활동하고 있는 성도들을 모셔서 간증자로 세울 수 있다. 간증에서 들려지는 삶의 이야기, 신앙의 이야기를 통해서 학생들이 자신의 신앙을 돌아보고, 은혜와 도전을 받을 수 있다.

둘째, 공과 반 모임을 통해서 이루어진다.

청소년부 안에는 예배 후 공과 반이 운영된다. 공과 반에 소속한 학생들이 공과 교육만 받는 것이 아니라, 그 안에서 삶의 이야기, 신앙의 이야기의 나눔이 이루어질 수 있다. 학교 안에서 같은 반으로 묶인 친구들과의 관계는 소중하다. 마찬가지로 교회 안에서 같은 반으로 묶인 친구들과의 관계는 소중하다. 영적인 교제를 나누는 친구 관계이기 때문에 교회 안에서 같은 반으로 묶인 친구들과의 관계는 더욱 소중하다고 말할 수 있다. 그렇기 때문에 교회 학교 반을 맡고 있는 교사는 반 모임에서 강의 위주의 공과 교육만 진행하는 것이 아니라, 학생들이 자신의 삶의 이야기, 신앙의 이야기를 나눌 수 있도록 진행하고, 같은 반 친구들 간의 관계성을 높일 수 있도록 인도해야 한다.

셋째, 학년별 모임을 통해서 이루어진다.

중형교회 이상의 청소년부는 한 학년에 반이 하나가 아니라 두 개, 세 개, 네 개도 이루어질 수 있다. 그렇기 때문에 같은 학년 별 모임을 통해서 같은 학년의 학생들끼리 만날 수 있는 기회를 제공해 주어야 한다. 이 모임은 공과 반 모임보다 큰 공동체가 되는 것이고, 더 많은 친구들을 만날 수 있는 기회가 되는 것이다. 두 달의 한 번 정도는 공과 반 모임을 가지지 않고, 같은 학년별 모임을 가질 수 있도록 시스템을 만들어야 한다. 같은 학년별 모임에서는 교사의 역할은 필요하지 않고, 학년별 대표 학생을 학생들 사이에서 자체적으로 선발해서 학년별 대표 학생이 학년 별 모임을 이끌 수 있도록 해야 한다. 청소년들에게는 자신들끼리 모이고, 자율성 있게 활동할 수 있는 모임이 필요하다. 물론 교사는 학년 별 대표들과 정기적으로 만나서 교제도 하고, 학년별 모임 때 할 수 있는 레크리에이션, 나눔의 주제 등을 제공해주는 역할을 감당해야 한다.

넷째, 거주 지역별 모임을 통해서 이루어진다.

교회 주변에 아파트촌과 같은 거주지가 형성되지 않은 도심과 같은 곳에 위치하고 있는 교회는 학생들이 다양한 곳에서 온다. 그렇기 때문에 거주 지역별 모임을 가질 필요가 있다. 사는 지역이 비슷한 곳에 있는 학생들끼리는 주중에도 만날 수 있기에 친밀도를 높일 수 있고, 교회에 올 때나 집에 갈 때에 함께 할 수 있다. 거주 지역별 모임도 정기적으로 가지면서 학생들이 교회 안에서 다양한 친구들을 만날 수 있는 기회를 제공해주어야 한다.

다섯째, 동아리 모임을 통해서 이루어진다.

청소년부는 학생들이 좋아하는 내용으로 동아리들을 만들고 동아리 모임을 정기적으로 하면 청소년들이 흥미를 가지고 교회에 오게 할 수 있고, 자신의 재능을 더 키울 수 있고, 초신자들이 교회에 정착하는 데 도움이 될 수 있고, 불신자들을 교회로 편안하게 오게 하는 전도의 도구로 활용할 수 있다. 어떤 동아리들을 만들지에 대해서는 교사들이 정하지 말고, 학생 설문조사를 해서 많이 나온 내용들을 가지고 동아리들을 만들어야 한다.

예를 들어, 축구 동아리, 탁구 동아리, 독서 동아리, 댄스 동아리, 영상 동아리, 영화감상동아리, 찬양 동아리 등이 만들어질 수 있다. 각 동아리에는 동아리 주제별로 학생들을 가르칠 수 있는 어느 정도의 전문성을 갖춘 교사가 있으면 좋다. 청소년부 교사들이 그 역할을 할 수 있다면 제일 좋고, 청소년부 내에서 찾을 수 없다면 교회 안의 성도들 중에서 찾아서 동아리 교사로 세울 수 있다.

동아리 모임은 한 달에 한 번 정도 정기적으로 가질 수 있으면 좋고, 학생들이 원할 경우는 공과 공부 끝나고 모임을 가질 수 있다. 동아리 모임이 소중한 이유는 이 모임은 같은 학년만 모이는 것이 아니라, 학년이 섞여 있어서 친구, 선배, 후배를 다 같이 만날 수 있는 기회이기 때문이다. 그리고 동아리 모임을 통해서 재능을 갈고 닦아서 실력을 쌓으면 이 모임을 봉사로 연결시킬 수 있다.

예를 들어, 찬양 동아리 구성원들은 찬양팀 활동으로 연결해서 봉사하면 되고, 영상 동아리 구성원들은 청소년부 예배 시에 영상 촬영 활동으로 연결해서 봉사하면 된다.

여섯째, 교회 내 봉사 팀별 모임을 통해서 이루어진다.

청소년 사역은 청소년들이 배울 수 있는 배움의 장을 열어주는 동시에 청소년들이 주인의식을 가지고 주도할 수 있는 장을 열어주는 것이 중요하다. 이런 관점에서 봉사 팀별 조직은 중요하다. 청소년부에는 청소년부 예배를 위해, 청소년부 사역을 위해 봉사할 수 있는 학생 팀을 만들고 운영할 수 있다.

예를 들면 경배와 찬양 시간을 인도하는 찬양팀, 성가를 부르는 찬양대, 악기를 연주하는 앙상블팀, 주보를 만드는 문서팀, 영상을 촬영하고 편집하는 영상팀, 문화행사를 기획하고 책임지는 문화팀, 청소년들이 할 수 있는 선교를 기획하고 진행하는 선교팀 등을 만들어서 운영할 수 있다.

이렇듯 청소년들이 봉사 팀 중 하나에 소속되어 활동한다면 청소년 시절부터 1인 1사역을 경험하게 되고, 봉사 팀별 안에서 선, 후배, 친구들과 만나서 교제하고, 함께 협력해서 일하는 법을 배우고, 공동체성을 강화할 수 있다.

일곱째, 온라인 모임을 통해서 이루어진다.

청소년들은 온라인 사용이 매우 익숙한 세대이다. 청소년들은 모든 세대 가운데 온라인을 가장 잘 활용하는 세대이다, 2019년 10월 13일 김윤화 정보통신정책연구원 부연구위원의 보고서에 따르면, 우리나라 전체 연령층의 스마트폰 보유율은 87.2%였다. 스마트폰 보유율이 가장 높은 연령층은 중학생이고, 보유율은 95.9%였다. 고등학생의 스마트폰 보유율은 95.2%로 그 뒤를 이었다.[146] 이러한 상황이기 때문에 청소년들은 스마트폰을 통해 온라인 사회 속에 살고 있고, 이것이 그들에게는 매우 익숙하다. 따라서 청소년들에게는 온라인을 통해서도 교제와 친교가 이루어질 수 있다. 청소년들이 사용하고 있는 다양한 온라인 교제 플랫폼(인스타그램, 페이스북, 트위터, 밴드, 틱톡, 카카오톡 등)을 통해서 수시로 자신의 삶과 신앙을 나누고, 고민과 어려움을 공유하며, 기도 제목을 내어놓을 수 있도록 해야 한다.

146) 전준상, 2019년 10월 13일, "중고교생 스마트폰 보유율 95%… 하루 이용시간 2시간 이상,"『연합뉴스』[On-line], https://www.yna.co.kr/view/AKR20191011023600017, (2021년 6월 17일 접속).

V. 나오면서

"혼밥"문화로 대변되는 요즘 현대인들의 문화가 가장 쉽게 받아들여지는 시기가 바로 청소년 시기이다. 청소년들은 "홀로" 살아가는 것을 좋아하는 것이 아니라, 그들의 삶의 환경이 "홀로" 살아가는 문화를 형성시킨다.

입시 위주의 문화 가운데서 우리 청소년들은 바쁜 삶을 살고 있다. 바쁜 삶 가운데서 누군가와 함께 공부 외의 의미 있는 시간을 보낼 수 있는 삶의 여백이 없는 것이다. 학교 끝나면 학원 가고, 학원 끝나면 과외 받고, 과외 끝나면 학교 숙제하고 등등 그들의 삶의 시간은 "공부"라는 주제로 돌아가며 홀로 학업과 치열하게 싸우고 있다. 이러한 상황 가운에서 청소년들은 지치고, 청소년기에 겪는 다양한 혼란스러운 상황과 문제 앞에 스트레스는 가중되고, 삶의 의미와 가치, 나아가야 할 삶의 방향인 비전을 찾지 못하고 있다. 여기서 우리 청소년들에게 필요한 것은 그들의 영적인, 정신적인, 육체적인 건강을 위해 함께 어울릴 수 있는, 함께 나눌 수 있는, 함께 공감할 수 있는 좋은 공동체이다.

기독교는 태생적으로 공동체적이다. 하나님께서는 최소 공동체로 가정을 만드셨고, 교회 공동체를 만드셨고, 민족 및 국가 공동체를 만드셨다. 신앙의 공동체 안에서 서로 나누고 섬기고 위로받고 도움받고 함께 하는 것이 하나님의 뜻이다. 우리 청소년들의 삶의 현실과 배경 안에서는 더더욱 좋은 공동체가 요구된다. 걱정과 고민을 편안하게 나누고, 자신의 가정생활, 학교생활, 학원생활에서 경험한 이야기를 솔직히 나누고, 삶 속에서 하나님의 손길을 경험한 간증을 나누고, 즐겁게 레크리에이션에 함께 참여하면서 스트레스를 해소할 수 있는, 청소년들의 눈높이에 맞는 친교와 교제가 공동체 안에서 이루어져야 한다. 이러한 친교와 교제는 청소년부 안에서 다양한 공동체 모임(전체 예배 모임, 공과 반 모임, 학년 별 모임, 거주 지역별 모임, 동아리 모임, 교회 내 봉사 팀별 모임, 온라인 모임)을 통해 이루어질 수 있다.

우리 청소년들의 삶은 교회 청소년부 공동체 안에서 진정한 친교와 교제를 통해서 회복될 수 있고, 성장하고 성숙할 수 있다. 더욱이 코로나19 위기 가운데서 친교와 교제가 약화되고, 공동체의 중요성을 점점 잃어버리고 있는 이 때에 친교와 교제, 공동체는 더욱 강조되어야 한다. 전도서 4장 12절의 말씀이 우리 청소년들에게 강력하게 필요한 때다.

> 한 사람이면 패하겠거니와 두 사람이면 맞설 수 있나니 세 겹줄은 쉽게 끊어지지 아니하느니라

참고문헌

☆ 대한예수교장로회총회교육부 편.『교육과정 이론지침서(I)/이론』. 서울: 한국장로교출판사, 2001.

☆ 김동일 외 14인.『청소년 상담학 개론』. 서울: 학지사, 2016.

☆ 김성중.『기독교교육행정학의 이론과 실제 (개정판)』. 서울: 민영사, 2018.

☆ 김지산. 2021년 6월 3일. "하나금융 공익재단법인 '청소년그루터기재단' 출범."『머니투데이』[On-line]. https://news.mt.co.kr/mtview.php?no=2021060309345681849 (2021년 6월 17일 접속).

☆ 김진혁.『질문하는 신학』. 서울: 복있는사람, 2019.

☆ 박원호. "넬슨의 공동체 교육이론에 나타난 인간론 연구."『장신논단』8 (1992), 330-53.

☆ 사미자. "청소년기의 정체성 형성에 관한 고찰."『장신논단』20 (2003), 371-94.

☆ 설은주.『코이노니아와 신앙교육』. 서울: 예영 커뮤니케이션, 2000.

☆ 전준상. 2019년 10월 13일. "중고교생 스마트폰 보유율 95%...하루 이용시간 2시간 이상."『연합뉴스』[On-line]. https://www.yna.co.kr/view/AKR20191011023600017 (2021년 6월 17일 접속).

☆ 조해영. 2019년 12월 25일. "'죽고 싶다'는 한국 아이들... 삶의 만족도 OECD 꼴찌."『이데일리』[On-line]. https://www.edaily.co.kr/news/read?newsId=01148006622722128&mediaCodeNo=257 (2021년 6월 16일 접속).

☆ 오세윤.『공감으로 소통하는 공동체』. 서울: 법문사, 2016.

☆ 최유진. "레티 러셀의 교회론-정의와 환대의 공동체."『장신논단』48 (2016), 225-52.

☆ Harris, Maria. *Teaching and Religious Imagination*. 김도일 역.『가르침과 종교적 상상력』. 서울: 한국장로교출판사, 2003.

☆ Hopkins, L. Richard. *Narrative Schooling: Experiential Learning and the Transformation of American Education*. 강현석 외 4인 역.『내러티브, 학교교육을 다시 디자인하다』. 서울: 창지사, 2013.

☆ Jim, Putman. *The Power of Together*. 김태곤 역.『교회는 관계다』. 서울: 생명의말씀사, 2019.

☆ Lauritzen, Carol and Jaeger, Michael. *Integrating Learning Through Story: The Narrative Curriculum*. 강현석 외 5인 역.『내러티브 교육과정의 이론과 실제-이야기를 통한 학습 통합-』. 서울: 도서출판 학이당, 2007.

☆ Nelson, Ellis. *Where Faith Begins*. 박원호 역.『신앙교육의 터전』. 서울: 한국장로교출판사, 1996.

☆ Palmer, J. Palmer. *To Know as We Are Known*. 이종태 역.『가르침과 배움의 영성』. 서울: IVP, 2000.

☆ Paul, Cobley. *Narrative*. 윤혜준 역.『내러티브』. 서울: 서울대학교출판문화원, 2013.

☆ Philip, Sheldrake. *The Spiritual City*. 김경은 역.『도시의 영성』. 서울: IVP, 2018.

☆ Van, A. Harvey. *A Handbook of Theological Terms*. New York: Macmillian Publishing Company, 1964.

☆ Westerhoff, H. John Ⅲ. *Will Our Children Have Faith?* 정웅섭 역.『교회의 신앙교육』. 서울: 대한기독교교육협회, 1983.

5장

청소년들을 위한 섬김과 봉사[147]

147) 이번 장은 2022년 2월 〈교회와 신학〉 86집에 개제 예정인 필자의 논문을 수정 보완한 것이다.

Ⅰ. 들어가는 말

현재 우리 청소년들은 입시 위주의 교육 환경 가운데서 경쟁주의 문화가 자리잡고 있다. 내가 상대방을 이겨야 좋은 대학에 들어가는 것이고, 더 좋은 미래가 열린다고 생각하고 있는 것이다. 건전한 경쟁은 필요하지만 지나친 경쟁은 함께 하는 동료들의 소중함을 잊게 하고, 상생하는 법을 잃어버리게 한다. 따라서 청소년들에게 필요한 교육은 나만 생각하고 나만 이기고 나만 잘 되는 무한 경쟁주의를 심어주는 교육이 아니라, 상대방을 배려하고 품고 섬기면서 상생을 깨우치는 교육이어야 한다. "더불어 사는 삶의 태도를 지향하는 교육"이어야 한다.[148] 청소년기는 아동기와 성인기 사이의 과도기 단계로서 성인이 되었을 때의 삶의 가치와 철학, 삶의 태도와 방식을 경험과 교육과 문화를 통해서 형성하고 자연스럽게 자기 것으로 만들게 된다. 따라서 청소년기에 나만 잘 되는 것이 아닌 내가 소속된 공동체 구성원이 다 함께 잘 되는 상생의 삶의 가치와 철학, 상대방을 배려하고 나의 이익이 아닌 상대방의 이익을 위하는 삶의 태도와 방식, 사회의 발전과 유익을 위해 봉사하고 섬기는 삶의 실천으로 나아갈 수 있도록 섬김과 봉사의 교육을 시행해야 한다. 청소년 자신이 속해 있는 가정 공동체, 교회 공동체, 학교 공동체, 사회 공동체 안에서 섬김과 봉사의 훈련을 하나하나 실천해가면서 섬김과 봉사가 평생의

148) 조은하, "기독교 청소년 교육에 대한 창조적 성찰,"『기독교교육논총』 34 (2013), 163.

삶의 모습과 비전이 될 수 있도록 전인적인 기독교적 섬김과 봉사 교육이 청소년부 교육목회 가운데 이루어져야 한다.

이번 5장의 본론에서는 청소년들을 위한 교회 안에서의 섬김과 봉사에 대한 성경적 근거를 살펴보고, 디아코니아 교육과 현장 실천 교육, 프락시스 교육에서 교육적인 이론적 근거를 살펴보려고 한다. 마지막으로 청소년들을 위한 교회 안에서의 섬김와 봉사에 대한 목표, 내용, 방법을 제시해 보도록 하겠다.

II. 섬김과 봉사에 대한 성경적 근거

1. 약자보호법

구약의 율법에는 사회적 약자(고아와 과부와 나그네)에 대한 보호법이 많이 나와 있다.

> 너는 과부나 고아를 해롭게 하지 말라(출애굽기 22:22)

> 너는 객이나 고아의 송사를 억울하게 하지 말며 과부의 옷을 전당 잡지 말라(신명기 24:17)

> 너희는 나그네를 사랑하라 전에 너희도 애굽 땅에서 나그네 되었음이니라(신명기 10:19)

> 네가 밭에서 곡식을 벨 때에 그 한 뭇을 밭에 잊어버렸거든 다시 가서 가져오지 말고 나그네와 고아와 과부를 위하여 남겨두라. 그리하면 네 하

나님 여호와께서 네 손으로 하는 모든 일에 복을 내리시리라. 네가 네 감람나무를 떤 후에 그 가지를 다시 살피지 말고 그 남은 것은 객과 고아와 과부를 위하여 남겨두며 네가 네 포도원의 포도를 딴 후에 그 남은 것을 다시 따지 말고 객과 고아와 과부를 위하여 남겨두라(신명기 24:19~21)

객이나 고아나 과부의 송사를 억울하게 하는 자는 저주를 받을 것이라 할 것이요 모든 백성은 아멘 할지니라(신명기 27:19)

심지어 구약 율법에는 사회적 약자를 위한 구제 십일조도 나온다.

매 삼 년 끝에 그 해 소산의 십분의 일을 다 내어 네 성읍에 저축하여 너희 중에 분깃이나 기업이 없는 레위인과 네 성중에 거류하는 객과 및 고아와 과부들이 와서 먹고 배부르게 하라 그리하면 네 하나님 여호와께서 네 손으로 하는 범사에 네게 복을 주시리라(신명기 14:28~29)

유다가 하나님의 벌을 받아서 망하게 된 원인 중의 하나로서 사회적 약자를 돌보지 아니한 부분을 하나님께서 선지자의 입을 통해 언급하신다.

네 고관들은 패역하여 도둑과 짝하며 다 뇌물을 사랑하며 예물을 구하며 고아를 위하여 신원하지 아니하며 과부의 송사를 수리하지 아니하는도다(이사야 1:23)

이 땅 백성은 포악하고 강탈을 일삼고 가난하고 궁핍한 자를 압제하고 나그네를 부당하게 학대하였으므로 이 땅을 위하여 성을 쌓으며 성 무너진 데를 막아 서서 나로 하여금 멸하지 못하게 할 사람을 내가 그 가운데에서 찾다가 찾지 못하였으므로 내가 내 분노를 그들 위에 쏟으며 내 진노의 불로 멸하여 그들 행위대로 그들 머리에 보응하였느니라 주 여호와의 말씀이니라(에스겔 22:29~31)

하나님의 관심은 사회적 약자에게 향하셨고, 이스라엘 공동체는 그 약자들을 사랑하고 배려하며, 그들을 위해 섬김과 봉사의 실천을 하기를 원하셨다.

2. 예수 그리스도의 사역

예수 그리스도는 공생애 사역 기간 동안 주로 갈릴리에서 활동하시면서 약자들을 섬기시고 그들과 함께하셨다. 예수께서는 이사야에서 계시된 대로 이 땅에 오셔서 약자들에게 하나님의 사랑을 보여주시고, 그들의 육적인, 정신적인, 영적인 필요를 채워주셨다.

> 주의 성령이 내게 임하셨으니 이는 가난한 자에게 복음을 전하게 하시려고 내게 기름을 부으시고 나를 보내사 포로 된 자에게 자유를, 눈먼 자에게 다시 보게 함을 전파하며 눌린 자를 자유롭게 하고(누가복음 4:18)

예수께서는 다양한 병자들의 병을 치료해주셨고, 죽은 자를 살리셨고, 귀신 들린 자를 해방케 하셨고, 죄인들을 품으시고 그들의 죄를 용서해주셨다.

예수께서는 인간의 구원을 위해 섬김과 희생의 삶을 살려고 이 땅에 오셨음을 말씀하셨다.

> 인자가 온 것은 섬김을 받으려 함이 아니라 도리어 섬기려 하고 자기 목숨을 많은 사람의 대속물로 주려 함이니라(마태복음 20:28)

예수께서는 공생애 사역 기간 동안 제자들에게 섬김과 봉사의 삶을 보여주셨고 가르쳐주셨다. 예를 들어, 예수께서 제자들의 발을 씻겨주신 장면은 제자들도 그렇게 섬김과 봉사의 삶을 살라는 의미로 본을 보여주신 것이다.

> 내가 주와 또는 선생이 되어 너희 발을 씻었으니 너희도 서로 발을 씻어 주는 것이 옳으니라. 내가 너희에게 행한 것 같이 너희도 행하게 하려 하여 본을 보였노라(요한복음 13:14~15)

3. 초대교회의 사역과 사도들의 사역

초대교회에서는 공동체 안에서 가난하고 힘든 자들을 위해서 성도들이 재산을 내어놓아 필요를 채워주는 진정한 사랑을 실천하였다.

> 믿는 사람이 다 함께 있어 모든 물건을 서로 통용하고 또 재산과 소유를 팔아 각 사람의 필요를 따라 나눠 주며(사도행전 2:44~45)

초대교회에는 구제 사역이 활발히 진행되어서 사도들이 기도하는 일과 말씀 사역이 소홀하게 되자 구제 사역을 담당할 교회의 일꾼들을 세우게 되었다.

> 열두 사도가 모든 제자를 불러 이르되 우리가 하나님의 말씀을 제쳐 놓고 접대를 일삼는 것이 마땅하지 아니하니 형제들아 너희 가운데서 성령과 지혜가 충만하여 칭찬받는 사람 일곱을 택하라 우리가 이 일을 그들에게 맡기고 우리는 오로지 기도하는 일과 말씀 사역에 힘쓰리라 하니(사도행전 6:2~4)

예수의 수제자였던 베드로와 요한은 성전 미문이 앉아 있던 지체 장애인에게 관심을 가지며 예수 그리스도의 능력으로 치유하는 기적을 베풀었다.

베드로가 이르되 은과 금은 내게 없거니와 내게 있는 이것을 네게 주노니 나사렛 예수 그리스도의 이름으로 일어나 걸으라 하고 오른손을 잡아 일으키니 발과 발목이 곧 힘을 얻고 뛰어 서서 걸으며 그들과 함께 성전으로 들어가면서 걷기도 하고 뛰기도 하며 하나님을 찬송하니(사도행전 3:6~8)

이방인의 사도였던 바울은 마게도냐에 있는 교회들이 힘을 합쳐서 경제적으로 어려움에 처해 있는 예루살렘 교회를 위한 구제헌금을 걷고 전달하였다.

형제들아 하나님께서 마게도냐 교회들에게 주신 은혜를 우리가 너희에게 알리노니 환난의 많은 시련 가운데서 그들의 넘치는 기쁨과 극심한 가난이 그들의 풍성한 연보를 넘치도록 하게 하였느니라(고린도후서 8:1~2)

바울은 디모데전서 5장 3절에서 교회 안에서 참 과부를 존대할 것을 디모데에게 권면하고 있다.

참 과부인 과부를 존대하라(디모데전서 5:3)

바울은 주인과 노예가 있었던 시대적 상황 가운데서 절대적 약자인 노예 오네시모가 주인 빌레몬의 집에서 도망치고 후에 바울을 만나게 되었는데, 오네시모를 주인에게 돌려보내면서 그를 품고 용서해주기를 당부하는 내용으로 빌레몬서를 쓰기도 했다. 야고보 사도는 참된 경건이 사회적 약자를 돌보는 것이라고 말씀했다.

하나님 아버지 앞에서 정결하고 더러움이 없는 경건은 곧 고아와 과부를 그 환난 중에 돌보고 또 자기를 지켜 세속에 물들지 아니하는 그것이니라(야고보서 1:27)

Ⅲ. 섬김과 봉사에 대한 이론적 근거

1. 디아코니아 교육

"디아코니아"라는 단어는 동사형 "디아코네오"와 명사형 "디아코노스"를 포괄하고 있다.[149] 동사형 "디아코네오"는 "식탁에서 시중든다는 의미로부터 파생되는 광범위한 의미로써 생명에 관건이 되는 생계 부양을 의미"했고, 명사형 '디아코노스'는 "그리스도의 일꾼이요 봉사자로서 사도직의 권위성이 사회적인 약자들을 섬기는 일과 뗄 수 없는 것을 의미"했다.[150] 즉, "봉사는 복음의 본질적인 내용이며, 하나님의 자녀로서 신앙인은 봉사를 언제 어느 곳에서든지 수행함으로써 복음의 온전성을 지켜야" 한다는 것을 뜻했다.[151] 대한예수교장로회총회교육부에서 『하나님 나라 : 부르심과 응답』 교육과정을 제시할 때, 디아코니아는 "섬김과 봉사"로 번역하였다.[152]

디아코니아 교육의 목표는 "개인적으로는 그리스도를 닮는 봉사의 삶을 생활화하는 것이며, 공동체적으로는 세계를 향해 하나님의 구원을 증거하고 세계의 아픔에 동참하고 돌보는 사회봉사 차원과 책임사회 실현을 통해 세계를 변혁시켜" 나가는 것이다.[153] 그리고

149) 김옥순,『디아코니아학 입문』, (서울: 한들출판사, 2010), 43.

150) 위의 책, 43-44.

151) 위의 책, 44.

152) 대한예수교장로회총회교육부 편,『교육과정 이론지침서(Ⅰ)/이론』, (서울 : 한국장로교출판사, (2001), 97.

153) 설은주,『코이노니아와 신앙교육』, (서울: 예영 커뮤니케이션, 2000), 44.

디아코니아 교육에 있어서 중요한 점은 "긍휼히 여기는 마음"을 가지고 행동으로 실천해야 한다는 점이다.[154] 긍휼은 사랑을 바탕으로 하는 것이다. 요한1서 4장 19절의 말씀처럼 하나님께서 우리를 먼저 사랑하셨기 때문에 우리가 하나님의 사랑을 가지고 이웃을 사랑할 수 있는 것이다.

따라서 디아코니아 교육은 "사랑의 실천 행위"를 가르치고 훈련하는 것이다.[155] 디아코니아 교육의 중요한 내용은 사회적 약자의 필요를 실제적으로 채워주고 도와주는 "사회적 돌봄"과 사회의 정의와 평화를 위해 운동을 벌이는 "사회적 의식"이 될 수 있고, 사회적 약자가 자립할 수 있도록 도와주는 "사회적 능력부여"와 법을 통해 사회적 약자를 돕는 "사회적 입법"이 될 수 있다.[156] 그리고 중요한 점은 디아코니아 교육은 "인간관계 속에서 인간 만을 섬기는 것이 아니라. 자연, 피조물까지도" 섬김의 대상에 들어간다는 점이다.[157] 이렇게 본다면 디아코니아 교육은 굉장히 광범위한 대상을 향해 나아가는 것이다.

이같이 청소년들을 위한 섬김과 봉사는 사랑과 긍휼의 마음을 가지고 교회 공동체 안에서의 약자를 위해 봉사하고 섬기고, 교회 공동

154) Harris, Maria, *Fashion Me a People: Curriculum in the Church*, 고용수 역,『회중 형성과 변형을 위한 교육목회 커리큘럼』, (서울: 한국장로교출판사, 2002), 179.

155) 장승익,『디아코니아 신학 선언』, (서울: 예영 커뮤니케이션, 2018), 57.

156) Harris, Maria, *Fashion Me a People : Curriculum in the Church*, 고용수 역,『회중 형성과 변형을 위한 교육목회 커리큘럼』, 180-189.

157) 장승익,『디아코니아 신학 선언』, 57.

체 밖에서의 약자를 위해 봉사하고 섬기도록 가르치고 훈련해야 하며, 더 나아가 자연을 대상으로 하는 섬김과 봉사까지 나아갈 수 있도록 인도해야 한다.

2. 현장 실천 교육

신앙 형성에 있어서 중요한 영향을 주는 요소 중에 하나는 바로 "진리를 행하는" 것에 있다.[158] 즉, 기독교적인 앎을 기독교적인 삶의 실천으로 연결하는 것이다. 기독교적인 삶의 실천에서 중요한 점은 바로 실천을 왜 하는지에 대한 의식이 형성되어 있어야 하고, 그것이 실천으로 연결되어야 한다는 것이다.[159] 또한, 실천에 영향을 주는 요인은 실천하는 "상황," 실천하는 "능력," 실천하는 "그룹의 헌신도," 실천하는 "그룹이 세운 계획"이다.[160] 따라서 현장 실천 교육이 잘 되기 위해서는 현장 실천이 필요한 곳의 상황을 정확히 파악하는 것이 중요하고, 실천할 수 있는 능력을 배양하는 것이 중요하다. 또한, 실천하는 사람이나 함께 실천하는 공동체의 헌신도를 높이는 것이 중요하고, 실천하는 사람이나 함께 실천하는 공동체가 실천 계획을 구체적이고, 체계적이고, 효과적이고, 효율적으로 세우는 것이 중요하다.

---

158) Little, Sara, *To Set One's Heart*, 사미자 역, 『기독교교육 교수방법론』, (서울: 한국장로교출판사, 1995), 153.

159) 위의 책, 163.

160) 위의 책.

"구체적"이라는 것은 현실 안에서 실행 가능한 것을 의미하고, "체계적"이라는 것은 "단계를 밟는다'는 것을 의미하고, "효과적"이라는 것은 "목표대로 이루어지는 것"을 의미하고, "효율적"이라는 것은 "투자 대비해서 많은 결과를 내는 것"을 의미한다.[161] 예수 그리스도께서는 "삶의 현장을 돌아보면서 현장 한복판에서 선교와 사랑을 실천으로 병을 고치고, 무리를 먹이며" 사역을 감당하셨는데, 제자들이 예수 그리스도와 현장에서 함께 하면서 배우고 경험하고 깨닫게 되었던 것이다.[162]

기독교교육 안에서 도입된 현장 실천 교육의 대표적인 예는 현장 봉사, 현장 수련회라고 말할 수 있다. 그리고 현장 봉사, 현상 수련회를 같이 병행하는 현장 봉사 수련회도 그 예가 될 수 있다. 이러한 봉사는 예수 그리스도의 사랑을 전제로 하는 "기독교 복음에 기초"하기 때문에 "참여하는 선교교육의 현장"으로 볼 수 있다.[163]

이와 같은 청소년들을 위한 섬김과 봉사는 섬김과 봉사가 필요한 현장에서 이루어져야 하고, 넓은 의미로서는 선교적인 관점에서 신앙의 실천으로서 기획하고 교육하고 진행해야 한다.

---

161) 김성중,『기독교교육행정학의 이론과 실제(개정판)』, (서울: 민영사, 2018), 10.

162) 김희자,『창의적인 기독교교육방법』, (서울: 대한예수교장로회총회, 2012), 94-95.

163) 고용수 외 4인,『기독교교육개론(상)』, (서울: 한국장로교출판사, 1999), 34-35.

3. 프락시스 교육

"프락시스"는 삶 속에서 성찰을 바탕으로 한 행동, 현실 안에서의 문제를 깨닫고 문제를 해결함으로 세상을 변혁하기 위한 행동을 강조한다. 이러한 프락시스를 바탕으로 한 교육은 파울로 프레이리(Paulo Preire)의 교육철학에서 명확하게 드러난다.

프레이리는 교육의 모형으로 은행에 돈을 넣듯이 교사가 주어진 현실과 조건 안에서 교육 내용을 학습자에게 주입하고 학습자는 있는 그대로 받아들이게 하는 "은행저축식 교육(banking education)"과 교사는 학생들이 살아가는 삶 속에서의 문제를 스스로 파악하고, 깊이 있게 성찰함으로 문제해결로 나아갈 수 있는 힘을 길러주는 "문제제기식 교육(problem-posing education)"을 제시했다.[164] 그리고 그는 "문제제기식 교육"이 학생들을 단순히 길들이지 않고 참된 해방으로 나아가게 한다고 주장했다.[165] 이 중에 "문제제기식 교육"이 바로 프락시스 교육과 연관된다. 프락시스는 이론과 행동이 따로 떨어져 있는 것이 아니고, 그렇다고 이론의 실천으로서의 행동만을 강조하는 것도 아니고, 이론과 행동이 함께 가면서 계속 발전해나가는 것이다.[166] 따라서 기존의 아는 것(이론)에 따라 행동하고, 그다음 성찰하고, 그다음 성찰된 행동을 하게 되는 것이다.[167]

---

164) Freire, Paulo, *Pedagogy of the Oppressed*, (New York : Continuum International Publishing Group, 2000), 71-86.

165) 고용수 외 4인,『기독교교육개론(상)』, 49.

166) 강용원,『기독교교육 방법론』, (서울: 기독한교, 2011), 206.

167) 위의 책, 207.

프락시스 교육을 종교교육 안에서 체계화하고 "공유적 실천(Shared Praxis)"이라는 교육모델을 제시한 토마스 그룸(Thomas H. Groome)은 프락시스 교육에서 가장 우선되어야 할 것은 "학생들 자신이 현재 무엇을 알고 배우고 있는지를 분별하기 위해 자신의 삶을 비판적으로 성찰하는 것"이라고 주장했다.[168] 여기서 비판적 성찰의 틀은 "기독교 공동체의 이야기와 비전"이 될 수 있는 것이고, 자신의 삶과의 변증법적인 해석의 과정을 통해서 비판적 성찰이 이루어지는 것이다.[169]

리차드 오스머(Richard R. Osmer)도 헌신을 위한 교육을 위해 "현재 삶의 장을 성찰하기"를 학습활동에 반드시 넣어야 할 것을 주장했다.[170] 이러한 비판적 성찰을 바탕으로 "자신의 삶에서 오는 지혜와 지식을 깨닫게 되는 것"이다.[171] 그리고 마지막으로는 진정한 정의와 평등, 사랑과 평화가 가득한 "하나님 나라의 비전의 빛 아래서" "미래의 행위를 결단"하게 된다.[172] 즉, 실제 성찰된 행동으로 구체적으로 나아가는 것이다.

이같이 청소년들을 위한 섬김과 봉사는 섬김과 봉사가 필요한 대

---

168) Groome, H. Thomas, *Will There Be Faith?* (New York : HarperOne, 2011), 276.

169) Groome, H. Thomas, *Christian Religious Education : Sharing Our Story and Vision*, 이기문 역,『기독교적 종교교육』, (서울 : 한국장로교출판사, 1993), 310-326.

170) Osmer, R. Richard, *Teaching for Faith*, 사미자 역,『신앙교육을 위한 교수방법』, (서울: 한국장로교출판사, 2003), 139.

171) Groome, H. Thomas, *Will There Be Faith?* 276.

172) 강용원,『기독교교육 방법론』, 214.

상이나 장소에 가서 실천하는 것을 뛰어넘어 우리가 살아가는 세상의 현실을 정확히 인지하고 성찰하고 반성하는 가운데 현실을 변혁하고 하나님께서 기뻐하시는 정의와 평등, 사랑과 평화가 가득한 하나님 나라를 실현하기 위한 작은 몸부림의 시도로서 이루어져야 한다.

Ⅳ. 청소년들을 위한 섬김과 봉사의 실제

1. 목표

첫째, 예수 그리스도의 삶과 가르침을 실천하는 것이다.

예수 그리스도의 성육신은 자기 비움과 자기 희생을 명확하게 보여주신 사건이다. 예수께서는 하늘 보좌를 버리시고 이 땅에 오시되 인간 아래 종의 모습을 가지고 오신 분이다.

> 너희 안에 이 마음을 품으라 곧 그리스도 예수의 마음이니 그는 근본 하나님의 본체시나 하나님과 동등됨을 취할 것으로 여기지 아니하시고 오히려 자기를 비워 종의 형체를 가지사 사람들과 같이 되셨고 사람의 모양으로 나타나사 자기를 낮추시고 죽기까지 복종하셨으니 곧 십자가에 죽으심이라(빌립보서 2:5-8)

예수께서는 인간의 죄의 문제를 해결하시기 위해, 즉 사람들의 유익을 위해 이 낮고 낮은 땅에 오셨고, 우리가 지어야 할 십자가를 대신 지셨다. 이뿐만이 아니라, 예수께서는 공생애 사역 기간 동안 갈릴리의 힘들고 소외되고 가난하고 병든 자들과 함께 하시면서 섬김의 삶을 사셨다. 그리고 예수 그리스도의 가르침 가운데서는 사랑의 섬김, 자기희생이 강조되어 있다.

> 내가 진실로 진실로 너희에게 이르노니 한 알의 밀이 땅에 떨어져 죽지 아니하면 한 알 그대로 있고 죽으면 많은 열매를 맺느니라(요한복음 12:24)

> 인자가 온 것은 섬김을 받으려 함이 아니라 도리어 섬기려 하고 자기 목숨을 많은 사람의 대속물로 주려 함이니라(마태복음 20:28)

> 무릇 자기를 높이는 자는 낮아지고 자기를 낮추는 자는 높아지리라(누가복음 14:11)

예수께서는 잡히시기 전에 마지막 만찬 시에 제자들의 발을 씻겨주신 이유는 바로 본인께서 섬김과 희생의 삶을 사신 것처럼 제자들도 그렇게 살라는 의미로 몸소 모범을 보이신 것이다.

> 내가 주와 또는 선생이 되어 너희 발을 씻었으니 너희도 서로 발을 씻어 주는 것이 옳으니라. 내가 너희에게 행한 것 같이 너희도 행하게 하려 하여 본을 보였노라(요한복음 13:14-15)

그렇기 때문에 예수 그리스도를 믿고 따르는 자들은 예수의 삶을 실천하며 살아야 한다. 예수께서 하신 것처럼 섬김과 희생, 봉사의 삶을 살아야 하는 것이다.

둘째, 자신의 인격을 성숙시키는 것이다.

섬김과 봉사의 실천은 다른 사람을 생각하고, 다른 사람의 필요를 채워주고, 다른 사람에게 유익을 주는 것이다. 인간은 자기중심적인 본성을 가지고 있다. 자신의 이익과 욕심과 만족을 채우려 하고, 손해 보는 것을 싫어한다. 그러나 섬김과 봉사의 실천은 자기중심적인 인간의 본성을 극복하고 이타주의적인 삶으로 나아가기 위한 구체적인 노력이 된다. 이러한 노력의 결과는 바로 자신의 인격 성숙이다. 갈라디아서 5장 22~23절에 나오는 성령의 열매인 "사랑, 희락, 화평, 오래참음, 자비, 양선, 충성, 온유, 절제"가 내 삶에서, 내 인격에서 맺혀지는 것이다.

청소년 시절은 어른으로 성장하기 위한 준비 단계이다. 어른으로 성장하는 단계에서 반항아적인 기질도 나오고, 감정의 기복으로 인한 혼란함도 경험하지만, 그 안에서 자기 자신의 정체성을 찾아가는 시기이다. 자기 정체성의 여러 요소 중에 인격의 요소는 가장 큰 비중을 차지한다. 따라서 섬김과 봉사의 실천과 훈련을 통해서 청소년들이 좋은 인격과 성품을 갖추고, 이타주의적인 삶의 자세와 태도를 형성할 수 있다.

셋째, 하나님의 꿈을 내면화하는 것이다.

섬김과 봉사의 실천을 통해서 청소년들이 꿈꿔야 할 하나님의 꿈을 발견하고 내면화할 수 있다. 많은 청소년들은 돈 많이 벌어서 잘 먹고 잘 살아야겠다는 꿈을 가지고 있다. 개인적인 차원에서 보았을 때는 당연히 인정할 수 있으나, 크리스천은 성경에서 나오는 하나님의 꿈을 꾸어야 하는 존재이다. 하나님의 꿈은 하나님을 사랑하고, 이웃을 사랑하는 것이다.

마태복음 22장 37~40절에는

예수께서 이르시되 네 마음을 다하고 목숨을 다하고 뜻을 다하여 주 너의 하나님을 사랑하라 하셨으니 이것이 크고 첫째 되는 계명이요 둘째도 그와 같으니 네 이웃을 네 자신 같이 사랑하라 하셨으니 이 두 계명이 온 율법과 선지자의 강령이니라

고 나와 있다. 그리고 하나님의 꿈은 이 세상 속에서 빛과 소금으로 사는 것이다. 마태복음 5장 14절에는

너희는 세상의 빛이라 산 위에 있는 동네가 숨겨지지 못할 것이요

라고 예수께서 말씀하셨고, 마태복음 5장 13절에는

너희는 세상의 소금이니 소금이 만일 그 맛을 잃으면 무엇으로 짜게 하리요 후에는 아무 쓸 데 없어 다만 밖에 버려져 사람에게 밟힐 뿐이니라

라고 예수께서 말씀하셨다. 그리고 세상에서 빛과 소금으로 사는 것은 착하게 사는 것이다.

이같이 너희 빛이 사람 앞에 비치게 하여 그들로 너희 착한 행실을 보고 하늘에 계신 너희 아버지께 영광을 돌리게 하라(마태복음 5:16)

그리고 하나님의 꿈은 생명을 살리는 것이다. 창세기의 요셉은 이집트의 총리가 되어서 고대 근동 지방 사람들이 굶어 죽지 않도록 생명을 살리는 하나님의 꿈을 실천하며 살았다.

당신들은 나를 해하려 하였으나 하나님은 그것을 선으로 바꾸사 오늘과 같이 많은 백성의 생명을 구원하게 하시려 하셨나니(창세기 50:20)

신약에서 사도 바울은 자신의 사명이 예수 그리스도의 복음을 전해서 죽어가는 영혼을 살리는 것이라고 선포했다.

내가 달려갈 길과 주 예수께 받은 사명 곧 하나님의 은혜의 복음을 증언 하는 일을 마치려 함에는 나의 생명조차 조금도 귀한 것으로 여기지 아니하노라(사도행전 20:24)

영적으로나 육적으로나 죽어가는 생명을 살리는 것이 하나님의 꿈이다. 섬김과 봉사의 실천을 통해서 이와 같은 하나님의 꿈을 찾고 깨닫고 내면화할 수 있어야 한다. 자신의 진로에서, 자신의 미래에서 이러한 하나님의 꿈을 실현하는 사람이 되어야겠다는 결심과 결단은 섬김과 봉사의 훈련을 통해서 이루어질 수 있어야 한다.

2. 내용

첫째, 가정 안 섬김과 봉사이다.

청소년들은 가정 안에서 섬김과 봉사의 실천을 감당할 수 있다. 질풍노도의 시기인 청소년들은 가정 안에서 부모님과 갈등하는 경우들이 많이 있다. 그러다 보니 집에서 부모님의 잔소리를 전혀 안 듣고 자기 편한 대로 가정 안에서 행동하고 집안일은 전혀 하지 않는 경향이 있다. 또한 청소년들은 공부하는 핑계로, 공부해야 하기에 바쁘다는 핑계로 가정 안에서의 집안일은 부모의 일로 여긴다. 섬김과 봉사의 훈련과 실천은 가정에서부터 시작되어야 하는 것이다. 가정 안에서 할 수 있는 섬김과 봉사의 내용은 자기 방 치우고 책상 정리하기, 쓰레기 분리수거 하기, 자기가 먹은 그릇 설거지하기, 세탁기 돌리기, 옷 정리, 마루 청소하기, 신발장 정리하기 등을 들 수 있다. 이 외에도 가족 구성원들과의 관계 안에서 동생에게 맛있는 거 먼저 양보하기, 동생에게 공부 가르치기, 부모님의 말동무 되어드리기, 부모님과 함께 장 보기 등과 같은 실천도 해당될 수 있다.

둘째, 교회 안 섬김과 봉사이다.

청소년들은 교회 안에서 섬김과 봉사의 실천을 감당할 수 있다. 교회 안에서 몸이 불편한 성도들 돕기, 연로하신 할머니, 할아버지 성도들의 말벗 되어드리기, 청소년부 안의 소외된 청소년 혹은 적응하지 못하는 새신자들의 친구가 되어주고 이야기 들어주기와 같은 인간관계 속에서 실천할 수 있는 섬김과 봉사가 있다. 이 밖에도 교회 예배당, 교회 안의 여러 공간, 교회 화장실, 교회 계단, 교회 마당을 청소하기, 악기와 같은 교회 비품 관리, 교회 화단 관리, 청소년부 예배 공간 꾸미기, 교회학교 교사 업무 돕기, 목회자 업무 돕기, 주방 봉사 돕기 등과 같은 다양한 섬김과 봉사의 내용이 교회 안에 있다. 물론 청소년들이 교회 안의 봉사를 주도적으로 맡아서 할 수는 없다. 어른들을 도와서 섬김과 봉사를 경험하고 교육받고 훈련받는 기회로 채워져야 하는 것이다.

셋째, 학교 안 섬김과 봉사이다.

청소년들은 학교 안에서 있는 시간이 많이 있다. 그렇기 때문에 제대로 섬김과 봉사의 실천이 자신의 삶이 되기 위해서는 학교 안에서 섬김과 봉사의 실천이 지속적으로 이루어져야 한다. 학교 안에서 청소하기나 쓰레기 치우기나 화단 관리하기 등은 학교 교육 차원에서 다 같이 하거나 당번을 정해서 하기에 이러한 봉사를 개인적으로 따로 하기는 쉽지 않을 것이다. 반면에 학교 안에서 실천할 수 있는 섬김과 봉사는 학급 안에서 친구들과의 관계에서 이루어지는 것이 많이 있다. 예를 들면 공부 때문에 힘들어하고 있는 친구를 방과 후에 공부 가르치며 도와주기, 몸이 불편한 친구 도와주기, 소외되고 있는 반 친구에게 다가가 대화하고 친하게 지내기, 고민과 걱정이 있는 친구의 이야기를 시간을 내어 들어주고 상담해주기 등을 들 수 있다.

넷째, 사회 안 섬김과 봉사이다.

청소년들은 사회 안에서도 섬김과 봉사의 실천을 할 수 있다. 개인적으로도 할 수 있고, 교회학교의 프로그램을 통해 공동체적으로도 할 수 있다. 사회 안에서 할 수 있는 섬김과 봉사의 실천은 지역사회의 약자(독거 노인, 소년소녀가장, 장애인, 노숙인, 다문화 사람 등)들을 정기적으로 찾아가서 돕는 활동을 들 수 있고, 여러 기관(주민센터, 구청, 파출소, 경찰서, 소방서, 경로당, 보육시설 등)에 찾아가서 돕는 활동을 들 수 있다. 그리고 동네의 경우 마을 이장과의 면담과 대화를 통해 마을에서 필요한 봉사(모내기 돕기, 잡초 뽑기, 집 수리하기, 거리에 있는 꽃과 나무에 물 주기, 마을 거리 정화 활동 등)를 소개받고 할 수 있다. 학생 개인적으로 할 경우에는 청소년부 목회자나 교사가 봉사할 곳을 연결하는 데 실제적으로 도움을 줄 수 있어야 한다.

3. 방법

첫째, 봉사 교육이다.

섬김과 봉사를 구체적으로 실천하기 전에 섬김과 봉사의 목표가 무엇이고, 어떤 자세로 어떻게 해야 하는지를 아는 것은 정말 중요하다. 구체적인 방법으로는 봉사 활동 부분에 전문가를 모셔서 봉사 교육을 진행하는 것이다. 봉사 단체, NGO 단체, 사회복지기관의 관계자가 교회 안에 있으면 그분을 초청해서 봉사 교육을 진행할 수 있고, 없으면 외부에서 강사를 초청해서 봉사 교육을 진행할 수 있다. 그렇지 않으면 청소년부 담당 목회자를 중심으로 교사들과 함께 봉사 교육을 진행할 수 있다.

제일 중요한 것은 한 번만 진행하는 이벤트가 아니라, 구체적으로 봉사 교육 커리큘럼을 만들어서 정기적으로 이루어져야 한다는 것이다. 그리고 배운 내용을 바탕으로 실제 봉사 활동 계획을 세우고 삶 속에서 하나 하나 구체적으로 실천할 수 있도록 인도해야 한다. 그리고 일방향적인 강의 위주의 교육만 진행하는 것이 아니라, 섬김과 봉사에 대해서 궁금한 사항에 대해서 질문하고 토론할 수 있는 형태의 교육이 진행되면 청소년들의 특성에 맞는 봉사 교육이 진행될 수 있고, 청소년들이 흥미를 가지고 봉사 교육에 참여할 수 있을 것이다.

둘째, 헌금 및 기부이다.

우리가 직접적으로 섬김과 봉사를 할 수 있지만 간접적으로 구제헌금을 통해서 섬김과 봉사를 할 수도 있다. 따라서 청소년들에게 구제헌금의 성경적인 근거와 내용을 알려주고, 자신의 용돈을 모아서 구제헌금을 할 수 있는 시간을 마련해야 한다.

> 매 삼 년 끝에 그 해 소산의 십분의 일을 다 내어 네 성읍에 저축하여 너희 중에 분깃이나 기업이 없는 레위인과 네 성중에 거류하는 객과 및 고아와 과부들이 와서 먹고 배부르게 하라 그리하면 네 하나님 여호와께서 네 손으로 하는 범사에 네게 복을 주시리라(신명기 14:28-29)

> 셋째 해 곧 십일조를 드리는 해에 네 모든 소산의 십일조 내기를 마친 후에 그것을 레위인과 객과 고아와 과부에게 주어 네 성읍 안에서 먹고 배부르게 하라(신명기 26:12)

이같이 성경에서는 경제적으로 어려움에 있는 사람들을 위한 구제 십일조를 말씀하고 있다. 따라서 청소년들에게 성경적인 근거와 내용을 알려주는 교육의 시간이 반드시 필요하다. 그리고 더 나아가 이 구제헌금이 누구에게 어떻게 쓰이는지를 자세하게 알려주는 것이 필요하다. 청소년들은 탐구심이 많이 발달하는 시기이기에 추상적으로 "구제헌금하면 필요한 곳에 쓰인다"라고 말하면 설득력이 없다. 누구에게 어떻게 쓰이는지를 정확하게 알려주면 더 열심히 참여할 수 있다.

이 외에도 NGO기관이나 사회복지기관에 기부를 할 수 있다. 교회가 NGO기관이나 사회복지기관을 운영하는 경우에는 그 NGO기관이나 사회복지기관을 소개하고, 기부하는 시간을 정기적으로 마련하게 할 수 있고, 그렇지 않은 경우는 외부에 있는 NGO기관이나 사회복지기관과 교회가 협약을 맺고 청소년들이 기부할 수 있도록 안내할 수 있다.

셋째, 정기적인 섬김과 봉사이다.

섬김과 봉사는 단발성으로 한 번 하는 것이 아니라, 정기적으로 지속적으로 해야 교육적 효과가 높고, 청소년들이 섬김과 봉사를 제대로 배울 수 있다. 가정 안 봉사, 교회 안 봉사, 학교 안 봉사, 사회 안 봉사를 구체적으로 실천할 수 있도록 청소년들을 인도해야 한다. 스스로 하는 봉사도 중요하지만, 공동체가 다 같이 하는 봉사도 중요하다. 따라서 청소년부 목회의 중요한 내용으로 섬김과 봉사가 들어가야 하고, 지속적으로 섬김과 봉사를 청소년들이 실천할 수 있도록 섬김과 봉사에 대한 매주 실천 미션을 주고 실천 카드를 쓰게 한다든지, 청소년부가 다 같이 봉사할 수 있는 프로그램을 정기적으로 만든다든지의 노력을 감당해야 한다. 섬김과 봉사는 이벤트가 되어서는 안 되고, 교육적인 측면에서 진행되어야 한다.

넷째, 절기 행사로서의 섬김과 봉사이다.

교회 안에서 절기 행사 때에 섬김과 봉사를 실천하는 것은 의미 있는 프로그램이 될 수 있다. 예를 들어, 예수께서 부활하신 기쁨의 날인 부활주일에는 이웃에게 예수 그리스도의 부활 소식을 전하고 부활의 기쁨을 함께 나눌 수 있다. 구체적으로 부활주일에 맛있는 계란을 종류별로(구운 계란, 삶은 흰 계란, 삶은 노른 계란 등) 섞어서 예쁜 상자에 담아서 교회 주변에 있는 상점들에게 전달할 수 있고, 추수감사주일에는 집에서 가지고 온 과일, 야채 등을 종류별로 섞어서 예쁜 상자에 담아서 교회 주변에 있는 상점들에게 전달할 수 있다. 절기 행사로서의 섬김과 봉사를 실천하면 전도의 효과도 볼 수 있고, 지역 상점들을 섬기는 지역 교회로서 자리매김할 수 있을 것이다.

다섯째, 교회 주변 상점 이용 쿠폰 발행 및 이용이다.

청소년들은 선물에 큰 호응을 한다. 그래서 청소년부 활동하는 가운데 잘 하는 학생들이 있으면 선물을 주면 좋은데, 그 선물을 교회 주변 상점들을 이용할 수 있는 쿠폰으로 주는 것이다. 교회와 교회 주변 상점들과 협약을 맺어서 각 상점에서 사용할 수 있는 쿠폰을 만들어서 교회가 구입하고, 잘 하는 학생들에게 그 쿠폰으로 선물을 주는 것이다. 학생들은 그 쿠폰을 가지고 교회 주변 상점을 이용하면 교회 주변 상점도 이익이 되고, 간접적인 섬김이 될 수 있는 것이다.

여섯째, 봉사수련회이다.

봉사수련회는 집중적으로 봉사에 대해서 교육하고 체험할 수 있는 좋은 프로그램이다. 3박 4일 정도 동안 봉사의 손길이 필요한 지역에 가서 집중적으로 봉사를 실천하는 것이다. 물론 많은 교회들이 봉사활동 프로그램으로서 봉사수련회를 가기도 하지만, 봉사수련회를 전인적인 교육의 측면에서 기획하는 것이 필요하다. 전인적인 교육의 측면에서 기획한다는 것은 기독교적인 관점에서 봉사의 의미를 알려주는 교육과 실제적인 봉사활동, 그리고 저녁 집회의 말씀을 통한 봉사에 대한 깨달음, 기도회를 통한 결단으로 이루어지는 종합적인 교육으로 구성되고 이루어져야 한다는 것이다.

봉사수련회를 기획하기 위해서 봉사수련회를 갈 지역과 장소를 정해야 한다. 제일 의미있고 좋은 방법은 본 교회가 후원하고 있는 지방의 미자립 교회를 봉사수련회를 진행할 장소로 선정하고, 그 교회 주변의 마을을 봉사활동 할 장소로 정하는 것이다. 담임목사의 협조 아래 청소년들이 봉사수련회를 갈 지방의 교회를 선정한다. 그 후에 청소년부 담당 목회자와 부장 및 총무 교사는 사전에 봉사수련회 갈 지방의 교회 담임목사와 연락하고 찾아가서 만난다. 그리고 교회를 숙소로 사용할 수 있도록 협조를 구하고, 봉사수련회의 취지를 설명한다. 다음으로 봉사수련회 갈 지방의 교회 담임목사께 마을의 이장을 소개해 줄 것을 부탁하고, 마을 이장과 만나서 봉사활동의 취지를 설명하고, 마을에 꼭 필요한 봉사를 하고 싶다는 뜻을 전하고, 구체적인 봉사 거리를 알려 달라고 부탁드린다. 수련회 전까지 청소년부는 봉사 교육을 매주 진행하고, 이장으로부터 봉사 거리에 대한 정보를 받으면 그 봉사를 제대로 할 수 있도록 준비하는 시간을 가진다.

예를 들어, 마을 길에 있는 꽃을 돌보는 봉사를 부여받으면, 꽃을 잘 키우고 돌보고 물 주고 거름 주는 법을 배우고 훈련해야 하는 것이고, 마을 공터에 있는 벽에 그림을 그려달라는 봉사를 부여받으면, 벽화를 그리는 방법, 어떤 그림을 함께 힘을 합쳐 그릴 수 있는지에 대해 연구하고 배우고 훈련해야 하는 것이다. 준비하는 과정이 체계적일수록 학생들은 더 많이 배우게 된다. 혹시 이장으로부터 받은 봉사의 내용이 몇 가지가 되면, 봉사에 참여하는 학생들을 봉사 내용별로 팀을 만들어서 훈련시키고, 팀별 교제의 시간을 봉사수련회 가기 전까지 매주 가지면 팀별 간 친밀도도 높아지고, 봉사 시에 협업도 수월하게 잘 될 것이다.

봉사수련회의 숙박과 식사는 교회에서 하면 되고, 주방 봉사를 해 주실 분들께서 같이 가 주시면 좋다. 봉사수련회의 일정은 오전과 오후에는 마을에 들어가서 마을에 필요한 봉사를 열심히 하는 것이다. 그리고 오후 5시쯤 교회로 돌아와서 휴식시간을 가지고, 맛있는 저녁 식사를 제공해주면 학생들은 힘을 얻을 것이다. 봉사수련회에서 중요한 점은 학생들에게 양질의 식사를 푸짐하게 제공해주어야 한다는 것이다. 일단 땀 흘리는 봉사를 하기에 체력이 보충되어야 하기 때문이기도 하고, 청소년들은 좋은 식사를 제공해주면 불만이 있어도 대부분 잠재워지기 때문이다.

맛있는 저녁 식사를 통해 에너지를 회복했으면, 저녁 때에는 일상적인 수련회처럼 청소년 저녁 집회를 하는 것이다. 청소년 수련회에서 저녁 집회는 학생들이 하나님을 인격적으로 만날 수 있는 정말 좋은 시간이기 때문에 심혈을 기울여서 준비해야 한다. 청소년들에게는 수련회를 통해서 "자신의 신앙을 회복하고 좀 더 신앙적인 성숙에 대한 갈망을 채우고자 하는 동기"가 있다.[173] 따라서 뜨거운 찬양과 말씀, 기도회로 이루어지는 저녁 집회가 진행되어야 한다. 그런데 일반 청소년 신앙수련회와 봉사수련회의 저녁 집회의 말씀 내용은 차이가 있다. 일반 청소년 신앙수련회에서는 다양한 주제로 설교를 진행할 수 있으나, 봉사수련회의 경우에는 섬김과 봉사와 관련된 주제로 설교를 하는 것이다. 예수 그리스도의 섬김과 희생, 예수 그리스도의 복음의 실천, 생명을 살리는 꿈, 세상에서 빛과 소금으로 살아가는 꿈, 하나님 사랑과 이웃 사랑의 실천 등과 같은 주제로 설

---

173) 이현철, "한국교회 청소년 수련회에 대한 내러티브(narrative) 탐구,"『기독교교육논총』 47 (2016), 245.

교를 하면, 오전과 오후에 봉사를 통해 땀 흘리는 경험을 한 학생들이 저녁 집회의 말씀을 통해 그 경험의 의미와 가치를 깨닫고 내면화할 수 있으면서 전인교육이 이루어지는 것이다. 그리고 기도회를 통해서 하나님께서 기뻐하시는 섬김과 봉사의 삶, 이웃 사랑의 삶, 빛과 소금의 삶을 실천해야겠다는 결심과 결단을 하게 된다.

봉사수련회의 하이라이트는 바로 수요일 저녁이다. 봉사수련회는 월요일부터 목요일까지로 진행되는 3박 4일로 기획하는 것이 좋다. 왜냐면 수요일 저녁을 지내야 좋기 때문이다. 수요일 저녁에는 수요예배가 있다. 숙소로 사용하고 있는 교회에서도 수요예배가 있을 텐데 그 수요예배를 마을 사람들을 다 초청하는 전도축제예배로 드리는 것이다. 학생들은 전도축제예배에서 장기 자랑을 할 수 있도록 다양한 프로그램을 준비해서 예배 중간에 하는 것이다. 그리고 학생들 소속 교회에서는 학생들이 봉사하러 간 마을의 주민들을 음식과 선물로 섬기기 위해 예산을 지원하고, 그 예산으로 마을 주민들에게 맛있는 음식을 만들어서 제공하고, 미리 준비해 간 선물을 드리는 것이다. 중요한 것은 그 음식과 선물을 학생들 소속 교회에서 준비하고 제공한 것이지만, 마을 안에 있는 교회에서 제공하는 것으로 해야 한다는 것이다. 그럴 때 마을 안에 있는 교회가 주민들을 위해서 좋은 일을 한다는 소문이 나게 되고, 전도에도 도움이 되고, 그 마을에서 인정을 받게 될 수 있다.

봉사수련회를 집중적이며 전인적인 봉사 교육 및 훈련으로 기획하고 시행한다면 청소년들에게는 평생 잊지 못하는 수련회가 될 것이고, 가장 의미 있는 봉사활동이 될 것이다.

V. 나오면서

경쟁주의적인 입시 위주의 문화와 온라인 시대 가운데서 형성된 개인주의 문화가 우리 청소년들의 삶을 지배하고 있다. 이 가운데서 청소년들에게는 '나' 중심의 삶이 펼쳐진다. 내가 잘 되고 내가 누리고 내가 이기는 것에만 관심을 가지지 다른 사람의 행복에는 별 관심이 없다. 예수께서는 가장 큰 계명으로 하나님 사랑, 이웃 사랑을 말씀하신다. 그리고 요한복음 12장 24절에

> 한 알의 밀이 땅에 떨어져 죽지 아니하면 한 알 그대로 있고 죽으면 많은 열매를 맺느니라

고 말씀하시면서 다른 사람을 위한 섬김과 희생, 봉사의 삶을 강조하신다. 그런데 과연 교회 청소년부에서는 청소년들이 다른 사람들을 사랑하고 배려하고 섬기는 인격을 키워주고 있는가? 섬김과 봉사의 삶을 살 수 있도록 제대로 교육하고 훈련하고 있는가? 자신의 재능을 가지고 이웃을 사랑하고 섬기는 꿈을 꿀 수 있도록 도전을 주고 있는가? 자신만 잘 먹고 잘 사는 삶이 아닌, 다 같이 잘 먹고 잘 사는 상생의 삶을 일깨워주고 있는가? 우리가 속해 있는 공동체들의 건강한 유지와 발전을 위한 섬김의 행동을 제시하고 있는가?

청소년들의 눈높이를 맞춰야 한다는 전제 아래 흥미 위주, 이벤

트 위주의 프로그램이 청소년부 안에서 주로 진행되고 있는 것이 현실이다. 청소년들은 재미가 있어야 교회에 온다는 것이다. 그러나 청소년들은 감각적인 재미만을 추구하지 않는다. 그들은 정말 가치 있고 중요하다고 확신이 드는 것에 열정을 가지고 참여하고 헌신하게 된다. 본질적인 신앙의 내용이며 청소년들의 삶 가운데 꼭 필요한 교육 내용인 섬김과 봉사를 체계적인 교육 및 훈련을 통해 진행한다면 청소년들은 그 안에서 참된 의미와 가치를 깨닫고, 진정한 흥미와 재미를 얻을 수 있을 것이다.

구체적으로 섬김과 봉사는 교회 청소년부 안에서 예수 그리스도의 삶과 가르침을 실천하고 자신의 인격을 성숙시키고 하나님의 꿈을 내면화하는 목표를 가지고, 청소년들이 가정 안에서, 교회 안에서, 학교 안에서. 사회 안에서 섬김과 봉사의 삶을 살아갈 수 있도록 체계적인 봉사 교육과 헌금 및 기부를 통해서, 정기적인 혹은 절기 행사 때마다 섬김과 봉사의 실천을 통해서, 그리고 교회 주변 상점 이용 쿠폰 이용 실천 및 청소년 목회의 큰 행사인 봉사수련회를 통해서 진행되어야 한다.

이와 같은 체계적이고 종합적인 섬김과 봉사의 교육과 훈련을 통해 한국교회 청소년들이 예수 그리스도 안에서 "이타주의"를 실천하는 섬김의 리더로 아름답게 성장하고 성숙하기를 꿈꾸며 이번 장을 마무리하고자 한다.[174)]

---

174) 최성훈, "섬김의 리더십으로 조명한 기독교교육의 원리,"『기독교교육논총』 40 (2014), 426.

참고문헌

☆ 대한예수교장로회총회교육부 편.『교육과정 이론지침서(Ⅰ)/이론』. 서울: 한국장로교출판사, 2001.

☆ 강용원.『기독교교육 방법론』. 서울: 기독한교, 2011.

☆ 고용수 외 4인,『기독교교육개론(상)』. 서울: 한국장로교출판사, 1999.

☆ 김성중.『기독교교육행정학의 이론과 실제 (개정판)』. 서울: 민영사, 2018.

☆ 김희자.『창의적인 기독교교육방법』. 서울: 대한예수교장로회총회, 2012.

☆ 김옥순.『디아코니아학 입문』. 서울: 한들출판사, 2010.

☆ 설은주.『코이노니아와 신앙교육』. 서울: 예영 커뮤니케이션, 2000.

☆ 이현철. "한국교회 청소년 수련회에 대한 내러티브(narrative) 탐구."『기독교교육논총』 47 (2016), 219-53.

☆ 장승익.『디아코니아 신학 선언』. 서울: 예영 커뮤니케이션, 2018.

☆ 조은하. "기독교 청소년 교육에 대한 창조적 성찰."『기독교교육논총』34 (2013), 147-68.

☆ 최성훈. "섬김의 리더십으로 조명한 기독교교육의 원리."『기독교교육논총』40 (2014), 421-47.

☆ Freire, Paulo, *Pedagogy of the Oppressed*. New York: Continuum International Publishing Group, 2000.

☆ Groome, H. Thomas. *Will There Be Faith?* New York: HarperOne, 2011.

☆ Groome, H. Thomas. *Christian Religious Education: Sharing Our Story and Vision*. 이기문 역.『기독교적 종교교육』. 서울: 한국장로교출판사, 1993.

☆ Harris, Maria. *Fashion Me a People: Curriculum in the Church*. 고용수 역.『회중 형성과 변형을 위한 교육목회 커리큘럼』. 서울: 한국장로교출판사, 2002.

☆ Little, Sara. *To Set One's Heart*. 사미자 역.『기독교교육 교수방법론』. 서울: 한국장로교출판사, 1995.

☆ Osmer, R. Richard. *Teaching for Faith*. 사미자 역.『신앙교육을 위한 교수방법』. 서울:한국장로교출판사, 2003.

6장

팬데믹 시대의 청소년 수련회[175]

175) 이번 장은 2020년 〈교육교회〉 7-8월호, 10-15에 수록했던 필자의 아티클을 수정 보완한 것이다.

Ⅰ. 들어가면서

코로나19로 말미암아 우리의 모든 삶이 바뀌었다. 마스크 쓰는 것과 사회적 거리두기는 이제 우리의 자연스러운 일상이 되었다. 온라인예배를 처음 드릴 때는 "어떻게 현장예배도 드리지 못하는 시대가 도래했는가…" 황당하고 안타까워하며 눈물을 흘리기까지 했으나, 지금은 너무나 당연한 일상예배의 모습이 되었다.

2019년 12월 중국의 우한시에서 처음 새로운 코로나바이러스에 감염된 환자가 발생했다. 그 이후에 중국 전역에서 환자들이 발생했고, 우리나라를 비롯한 전 세계로 바이러스가 환산되었다. 2020년 3월 11일에 세계보건기구(WHO)는 "세계적으로 전염병이 대유행하는 상태로 전염병 경보단계 중 최고 위험 등급"인 팬데믹을 선언했다.[176] 우리는 지금 코로나19 위기의 시대, 팬데믹 시대에 살고 있는 것이다.

기독교교육의 실제에 있어 반 이상 차지하는 것이 "수련회"라고 말해도 과언이 아니다. 성인 대상으로 "언제 하나님을 인격적으로 만났는가?" 질문해 보면, 보통 10명 중 대략 6~7명이 수련회에서 하나님을 만났다고 이야기한다. 필자도 고등학교 1학년 겨울방학 수련회 때 하나님을 인격적으로 만났다. 그러니 수련회가 얼마나 중요한 것인가! 그러나 코로나19 시대 수련회를 생각하면 마음이 아

176) 두산백과, "팬데믹 (Pandemic)," 『Doopedia』 [On-line], https://terms.naver.com/entry.nhn? docId=1346271&cid=40942&categoryId=32745 (2020년 6월 15일 접속)

프다. 코로나19 바이러스의 위험 가운데서 코로나 오기 이전과 같은 숙박이 포함된 현장 수련회는 닫혔고, 제한적인 현장 수련회 혹은 온라인 수련회가 진행되고 있다. 그러나 이마저도 안 하는 교회들이 많이 있다는 사실이다.

본론으로 들어가서 고민이 되는 질문부터 하고 답을 내어 보자!

첫 번째 질문은 "수련회를 할 수 있는가? 할 수 없는가?"이다. 이 질문에 대해서 나는 "당연히 수련회는 할 수 있다"가 답이라고 생각한다. 최선을 다해 코로나19 감염의 위험을 최소한도로 낮추면서 수련회는 진행될 수 있다.

두 번째 질문은 "수련회는 해야 하는가? 하지 말아야 하는가?" 이다. 이 질문에 대해서는 "당연히 수련회는 해야 한다"가 답이라고 생각한다. 수련회는 가장 중요한 기독교교육의 방법이자 내용이기 때문이고, 하나님과 인격적으로 뜨겁게 만날 수 있는 가장 좋은 기회이기 때문에 아이들에게 그 기회를 박탈하면 안 된다.

물론 코로나19 때문에 안전과 건강이 정말 많이 우려되고 걱정된다. 이 시기에 어떻게 함께 모여 잠을 자는 수련회를 하면서 아이들을 위험에 빠뜨릴 수 있냐고 질문할 것이다. 여기서 우리는 수련회의 형태에 대한 고정관념을 버려야 한다. 잠자는 수련회만 수련회인 것이 아니다. 잠을 안 자고 무박으로 수련회를 할 수 있다. 모이지 않고 온라인으로도 수련회를 할 수 있다. 중요한 것은 수련회의 의미와 목표이다.

수련회의 의미와 목표는 무엇인가?

첫째, 하나님과 인격적으로 만나는 것이다. 수련회는 하나님을 집중적으로 찾음으로 하나님을 뜨겁게, 인격적으로 만날 수 있는 장이다.

둘째, 하나님의 말씀을 공부하는 것이다. 하나님의 말씀인 성경을 공부하고, 말씀대로 살아가는 훈련을 하는 장이 바로 수련회이다.

셋째, 정체성을 확립하고 인생의 방향성을 정립하는 것이다. 설교를 듣고 하나님의 말씀을 공부하면서 자기 자신이 누구인지 신앙 안에서의 정체성을 깨닫고, 하나님께서 기뻐하시는 삶을 살기 위해 무엇을 하며 어떻게 살아가야 하는지 인생의 방향을 정립하는 기회를 제공해주는 것이 바로 수련회이다.

넷째, 공동체 안에서 하나님의 사랑을 경험하는 것이다. 함께 함을 통해 공동체 안에서 하나님의 사랑을 느끼고, 공동체 안에서 사랑과 섬김을 실천하는 훈련을 할 수 있는 곳이 바로 수련회이다.

다섯째, 함께 놀고 쉼을 얻는 것이다. 인간의 삶에서 "놀이와 쉼"은 삶을 풍요롭게 만든다. 학업에 찌든 아이들에게, 바쁜 일상 가운데 지친 아이들에게 공동체 놀이를 통해 스트레스를 해소하는 기회를 주고, 쉼을 통해 회복을 가능케 하는 것이 바로 수련회이다. 이 의미와 목표를 되살리면서 수련회 형태는 코로나19 진행 상황에 따라, 지역 상황에 따라, 교회 공동체의 합의에 따라 여러 가지 옵션 중에서 선택하면 된다.

그렇다면 이제 우리에게는 "어떻게 수련회를 해야 하는가?"라는 질문만 남게 된다. 이 질문에 대해 답을 하기 위해 코로나19 팬데믹 시대 수련회의 주제, 수련회 형태, 수련회 주의사항을 이번 6장에서 살펴보도록 하겠다.

Ⅱ. 수련회 기획

1. 수련회 주제

코로나19 위기의 시대에 우리가 청소년 수련회를 기획할 때 주제로 삼아야 하는 것은 현시기에 우리 청소년들의 신앙과 삶에 있어서 꼭 필요한 주제이다. 그 주제는 '복음, 성경, 공동체, 예배, 가정, 건강, 꿈'이다.

(1) 복음

코로나19가 우리나라 안에서 초창기에 급속도로 확산하게 된 계기는 바로 31번 확진자의 대구 신천지교회 예배 출석 이후부터였다. 이 예배에 참석했던 신천지 교인들을 중심으로 확진자가 폭발적으로 증가했다. 더욱 충격적인 사실은 이 신천지 예배에 전국에서 모여들었다는 사실이다. 신천지를 통한 코로나19의 확산으로 말미암아 신천지의 실체가 드러났다. 24만명이 넘는 사람들이 신천지에 빠져 있다는 사실이 충격적이다. 신천지뿐만 아니라 많은 이단의 유혹에 기존 성도들이 위협을 받고 있다. 이러한 상황 가운데 필요한 수련회 주제는 바로 '복음'이다.

복음은 신앙의 기초이자 핵심이다. 복음의 기반 위에 서 있다면 그 사람은 이단에 넘어가지 않는다. 그럼에도 불구하고 많은 성도들, 많은 젊은이들이 이단에 넘어가는 것은 복음을 모르거나 복음을 머리로서만 알기 때문이다.

청소년들에게

"복음이 뭔지 알아?"

물어보면 모태신앙인 아이들도 머리를 긁적이며 부끄러워한다. 어떤 아이는

"예수님이 십자가에 달려서 우리 죄를 씻어주셔서…"

"그럼 왜 예수님께서 십자가에서 죽으심으로 우리 죄가 씻어진 것일까?"

물어보면

"모른다"

라고 답한다.

복음만 제대로 이해하고 내 신앙의 중심에 자리 잡고 있다면 절대로 이단에 넘어가지 않는다. 우리가 붙잡고 청소년, 청년들에게 알려줘야 하는 복음의 내용을 간단히 정리하면 다음과 같다.

(1) 로마서 3장 23절의 말씀에 나온 것처럼 우리는 죄인이다.

(2) 이사야 64장 6절의 말씀에 나온 것처럼 우리의 의는 다 더러운 옷 같아서 죄의 문제를 우리 스스로 해결할 수 없다.

(3) 로마서 6장 23절의 말씀에 나온 것처럼 예수님께서 우리 인간의 죄의 값을 치르시기 위해 십자가에서 죽으셨다.

(4) 로마서 6장 23절 말씀에서 "죄의 값은 사망이다"를 충족하면 "죄의 값이 치러졌으면 생명이다"가 된다. 예수님께서 사흘 만에 부활하심으로 말미암아 우리의 죄의 값이 치러졌다는 증명이 되고, 예수님은 십자가에 달리실 때부터 죄가 없으셨다는 증명이 된다.

(5) 요한복음 1장 12절의 말씀에 나온 것처럼 예수님께서 나의 죄의 값을 치러 주신 유일한 구원자라는 사실을 받아들이면, 그 믿음으로 말미암아 구원을 받고 하나님의 자녀가 된다.

(6) 에베소서 2장 8~9절에 나온 것처럼 예수님께서 주시는 구원은 대가가 없는 은혜 즉 공짜선물이다.

이 복음의 내용이 우리 청소년들에게 강력하게 역사하고 있다면 절대로 이단에 빠지지 않게 된다. 이단의 공통된 특징은 "구원은 공짜가 아니다"라는 것이다. 처음에는 감언이설로 이단에 들어가게 하고, 간이고 쓸개이고 다 빼줄 것 같이하다가 이단 안에 깊숙이 들어왔다고 판단되면 자신들의 세를 불리기 위해서 시간의 헌신, 에너지의 헌신, 돈의 헌신을 요구한다. 그리고 구성원들 간에 경쟁을 붙인다. 그리고 교리화하는 내용은 구원받기 위한 조건으로 그렇게 해야 한다는 것이다. 많은 이단들이 요한계시록에 나오는 144,000명을 악용해서 그 구원받는 144,000명에 들어가기 위해 자신들의 집단을 위한 헌신(그것을 선한 행위로 본다)을 하라고 강요한다. 복음은 하나님께서 일방적으로 주시는 공짜선물이라는 사실만 굳게 믿는다면 이러한 이단에 빠지지 않게 된다. 게다가 예수님께서 유일한 구원자 되신다는 복음의 내용만 제대로 붙잡고 있다면 교주를 구원자 반열에 올리는 이단에 빠지지 않게 된다.

코로나19 시대 청소년 수련회에서는 복음을 가르쳐야 한다. 말씀 가운데 직설적인 복음이 선포되어야 하고, 프로그램 가운데 복음의 각 내용을 담은 센터학습, 공동체 활동 등이 진행되어야 한다.

(2) 성경

한국 교회는 예배 안에서의 설교, 큐티식 성경공부, 개인경건 위주의 기도를 통한 신앙훈련은 강조되어 있지만, 성경이 쓰였을 당시의 역사, 문화, 사회적 배경 속에서 누구에게 어떤 의미로 메시지를 주셨는지를 찾아내는 성경공부가 많이 진행되지 못하였다. 이러한 성경공부가 많이 진행되지 않았기 때문에 많은 교회 성도들이 성경을 많이 읽어도 그 중심내용을 모르는 것이고, 신실한 성도들이 성경 자체를 알고 싶은 갈급함을 가지고 있다가 성경을 가르쳐 준다는 이단의 유혹에 넘어가는 것이다. 특히 이단들은 어른들뿐만 아니라 청소년들도 유혹하고, 이단에 빠지는 청소년들의 숫자들이 늘어가고 있는 상황에서 성경 자체를 공부하는 교육이 이루어져야 한다. 수련회 기간 동안 성경의 구조와 배경, 시대 상황, 책별 저자와 기록 목적, 주요구절의 내용을 알려주는 성경 교육 프로그램이 진행되어야 한다.

(3) 공동체

코로나19로 말미암아 청소년들이 다같이 편하게 함께 모여서 예배를 드리지 못했다. 이런 상황 속에서 공동체의 의미, 공동체의 가치, 공동체의 소중함들을 잊어버린 경우가 많이 있다. 특히 온라인에 익숙한 청소년들의 경우에는 "함께 모이는 공동체가 이제 우리에게 필요한가?" 생각할 수 있고, "모여야 한다면 온라인 공간에서 모이면 되지 않을까?"라고 생각하며 함께 모이는 공동체에 대한 가치를 두지 않을 수 있다.

히브리서 10장 24~25절에 보면,

> 서로 돌아보아 사랑과 선행을 격려하며 모이기를 폐하는 어떤 사람들의 습관과 같이 하지 말고 오직 권하여 그 날이 가까움을 볼수록 더욱 그리하자

고 나온다. 몸을 부대끼며 함께 모일 수 있는 공동체가 필요한 것이다. 그래서 성경 안에서 공동체를 강조한 부분에 대한 집중적인 설교(행 2:46-47, 고전 12:12-27, 전 4:12, 갈 3:28 등), 공동체가 함께 하는 공동체 게임과 놀이(신문지 위에 올라가기, 줄다리기, 몸으로 말해요 등), 공동체가 함께 작품을 만들어 내는 프로젝트(예 : 도미노 넘어뜨리기, 뮤직비디오 만들기, 주제에 따른 영상작품 만들기 등)를 수련회 안에서 진행할 수 있다.

(4) 예배

코로나19 때 온라인예배가 일상화되다 보니까 현장예배의 소중

함을 깨닫는 것이 아니라 청소년, 청년들의 경우 오히려 게을러지고, 현장예배를 왜 드려야 하는지에 대한 현장예배의 필요성이 줄어들고 있다.

지인 청소년들에게 온라인예배를 어떤 자세로 드리고 있는지 궁금해서 작은 샘플을 가지고 조사해보았는데, “누워서 본다”가 꽤 많이 나왔다. 그래서 “왜 누워서 온라인예배를 보는가? ”에 대해 질문을 던지면, “유튜브는 누워서 봐야 제맛이다”라고 답하는 학생이 있었다. 그렇기 때문에 코로나19 시대 청소년 수련회 기간에서는 예배의 의미가 무엇인지, 예배의 순서와 내용은 무엇인지, 예배드리는 태도는 어떠해야 하는지에 대한 예배 교육과 특강이 이루어져야 한다. 더 넓게는 안식일, 주일의 역사와 의미에 대한 교육이 시행되어야 한다. 이러한 교육과 특강을 하고 나서 저녁 집회 때 하나님께 간절히 드리는 예배가 이루어져야 하고, 코로나19 기간 동안 게을러졌던 우리의 신앙을 다시 한번 회복하시는 시간을 가져야 한다.

(5) 가정

코로나19 위기로 인해 부모와 자녀가 함께 있는 시간이 이전과 비교해보았을 때 훨씬 많아졌다. 청소년들은 학교에 등교하지 못해서 집에 있는 시간이 많았다. 물론 엄마, 아빠도 재택근무하는 경우들이 많았고, 모임이나 회식 등이 거의 없어졌기 때문에 집에 있는 시간이 많았다. 가족이 함께 있어서 좋은 점들도 나왔지만 반대로 가족 구성원들이 서로 스트레스를 받고 의견 충돌로 갈등하는 일이 더 많아지기도 했다. 가족 구성원들이 다 함께 있는 시간이 많지 않다가 갑자기 많아지다 보니 어색하기도 하고 불편하기도 하다는 가족도 많이 있다. 주일에 온라인예배를 드리는 경우에도 함께 예배드려서 좋기보다는 자녀는 엄마, 아빠 눈치 보느라 힘들고, 엄마, 아빠는 예배 태도 등으로 자녀에게 잔소리하느라 지치는 것을 많이 보게 된다. 필자가 아는 신실한 집안의 가장 분은 가족 구성원이 두 번 같이 예배드리다가 가족 사이가 나빠질 것 같아 결국 따로 따로 예배드리기로 했다고 한다. 따라서 코로나19 시기 청소년 수련회 때에는 가정에 대한 주제의 내용이 있어야 한다. 하나님께서 가정을 만드신 이유, 가정의 의미와 가치, 부모에 대한 존중과 순종이라는 주제로 설교와 특강, 프로그램(예: 부모에게 편지쓰기)이 진행되어야 한다.

(6) 건강

코로나19로 말미암아 우리에게 있어서 평소 건강이 얼마나 중요한지, 바이러스를 이기는 면역이 얼마나 중요한지를 깨닫게 되었다. 사실 우리 청소년들은 아직 젊다는 이유로 건강을 신경 쓰지 않는다. 인스턴트 식품을 즐기고, 바쁘다는 핑계로 운동도 게을리한다. 그렇기 때문에 코로나19 시기 청소년 수련회는 건강을 지키는 습관을 훈련하는 기회가 되어야 한다.

백신이 순조롭게 공급이 되고, 백신을 맞고 현장에서 모이는 수련회가 가능해진다면, 수련회 기간 동안 제공하는 식단도 영양이 균형 잡힌 건강식으로, 유기농 식단으로 제공해주고, 식사 후에 항상

비타민C를 제공해주고, 아침에 일어나서 하는 운동도 때우는 듯한 운동이 아닌 1시간 동안 체조와 스트레칭을 교사 중에 운동을 잘 하거나 그 분야에서 일하고 있는 전문가가 알려주며 철저하게 시켜야 한다. 낮에는 함께 몸을 움직이는 활동 프로그램을 넣고, 저녁 식사 후에도 운동을 통해 소화를 시키고, 운동하는 습관을 배양시켜야 한다.

이번 수련회에는 그동안의 최고의 야식이었던 피자, 치킨, 탄산음료, 컵라면을 제공하지 않고, 옥수수, 감자, 고구마, 수박과 같은 자연에서 나온 간식을 제공해주면 '건강'이라는 주제의 의미가 강조될 수 있다. 수련회 폐회 예배 후 주는 선물도 홍삼, 비타민C, 오메가3과 같은 건강과 면역을 챙기는 건강보조식품, 운동할 수 있는 스트레칭 기구 등으로 마련해야 한다.

이뿐만이 아니라, 코로나19와 같은 감염병의 근본 원인은 인간이 자연환경을 훼손하고 자신의 이기적인 욕심대로 마구 사용했기 때문에 생태계의 균형이 깨져 일어났기 때문이라는 감염병 학자들의 이야기를 들으면서 우리의 건강뿐만 아니라 자연환경의 건강을 위한 좋은 습관을 갖는 훈련을 해야 한다. 예를 들면, 일회용품 사용하지 않기, 플라스틱 제품 사용하지 않기, 음식물 쓰레기 줄이기 등이 있다.

(7) 꿈

코로나19 위기 가운데서 빛나는 사람들이 있다. 그 사람들은 코로나19와 사투를 벌이고 있는 의료계에 종사하고 있는 분들이다. 하루 종일 마스크를 쓰고 땀 흘리면서 환자를 돌보는 그분들로 인해서 사회는 유지되고, 코로나 위기 가운데서도 희망을 바라볼 수 있는 것이다. 이분들의 헌신과 섬김의 모습이 우리 크리스천들이 꿈꿔야 하는 모습이다. 따라서 코로나19 시대 청소년 수련회에서는 청소년들에게 하나님께서 기뻐하시는 꿈에 대해서 가르치고 깨닫게 해 주어야 한다. 구체적으로 청소년들이 개인적인 욕심과 욕망으로 이루어진 꿈이 아니라 세상에서 빛과 소금으로 살아가는 꿈, 사회의 유지와 발전을 위해 희생하고 섬기는 꿈, 사회봉사를 위한 꿈, 생명을 사랑하며 생명을 살리는 꿈을 꿀 수 있도록 도와주고, 도전을 심어주어야 한다

2. 수련회 형태

코로나19로 말미암아 현장에서 수련회를 어떤 형태로 해야 하는지에 대한 가이드라인이 없어서 현장에 있는 사역자들의 고민이 많다. "그래도 수련회를 해야 하지 않을까?"라는 생각은 있는데 기존의 방식대로 할 수 없는 현실 속에서 방법에 대해서 갈팡질팡하고 있다. 코로나19가 심각한 상황에서는 코로나19 이전과 같이 숙식을 하는 수련회를 기획할 수 없다. 따라서 필자는 여러 가지 수련회 형태들을 제시하고, 코로나 진행 상황에 따라, 지역과 교회 상황에 따라 이 중에서 선택할 수 있도록 도움을 드리고자 한다.

(1) 2박 3일 수련회

코로나19 이전에 제일 선호하는 청소년 수련회는 2박 3일 수련

회이다. 그러나 코로나19바이러스의 위험 가운데서 참가자들이 백신을 다 맞지 않는 상황에서는, 그리고 국가에서 허락하지 않는 상황에서 2박 3일 수련회를 진행하는 것은 불가능하다. 그럼에도 불구하고 2박 3일 수련회가 혹 가능한 상황이 오거나, 가능한 지역과 교회가 있다면, 금요일에 시작해서 주일예배를 폐회예배로 해서 끝나는 수련회가 가장 현실적으로 가능한 2박 3일 수련회가 될 수 있을 것이다. 물론 코로나19의 위험이 완전히 없어지기 전까지는 철저하게 방역수칙을 지켜야 하는 것은 당연한 이야기이다.

(예시)

<table>
<tr><th>첫째 날</th><th>둘째 날</th><th>셋째 날</th></tr>
<tr><td rowspan="5"></td><td>조별 아침묵상</td><td>조별 아침묵상</td></tr>
<tr><td>운동</td><td>운동</td></tr>
<tr><td>아침식사</td><td>아침식사</td></tr>
<tr><td>코로나19시대 필요한
주제별 특강</td><td>폐회예배 및 시상</td></tr>
<tr><td>점심식사</td><td rowspan="9"></td></tr>
<tr><td>개회예배</td><td>운동</td></tr>
<tr><td>오리엔테이션</td><td rowspan="2">야외 공동체놀이</td></tr>
<tr><td>조별활동</td></tr>
<tr><td>레크리에이션</td><td>자유시간</td></tr>
<tr><td>저녁식사</td><td>저녁식사</td></tr>
<tr><td>운동</td><td>운동</td></tr>
<tr><td>저녁집회</td><td>저녁집회</td></tr>
<tr><td>공동체활동</td><td>공동체 활동
(조별 장기자랑)</td></tr>
</table>

(2) 1박 2일 수련회

숙식이 가능한 시점이 되어 수련회를 한다면 교회들은 1박 2일을 선호할 확률이 높다. 2박 3일은 부담스럽고, 하루에 몰아서 하기에는 너무 아쉬우므로 1박 2일을 선호할 확률이 높다는 것이다. 토요일에 시작해서 주일 밤까지 진행하면 알차게 시간 계획을 세우고 수련회를 진행할 수 있다.

(예시)

첫째 날	둘째 날
	조별 아침묵상
	운동
	아침식사
	오전집회 (주일예배)
점심식사	점심식사
개회예배	운동
조별활동	코로나19시대 필요한 주제별 특강
공동체 야외놀이	공동체 놀이
저녁식사	저녁식사
운동	운동
저녁집회	저녁집회
공동체 활동	공동체 나눔

(3) 무박 수련회

코로나19 확진자가 언제 갑자기 많이 발생할지 모르는 상황이 계속된다면 무박 수련회를 진행하는 것이 현실적으로 맞다. 무박 수련회는 몇 가지 형태로 더 세분화될 수 있다.

첫째, 토요일 아침부터 밤까지 진행되는 무박 수련회가 있다. 둘째, 주일예배 이후부터 주일 밤까지 진행되는 무박 수련회가 있다. 셋째, 잠만 자지 않으면 되기에 3일 동안 진행되는 무박 수련회가 있다. 금요일에 교회 와서 수련회하고 집에 가서 잠자고, 토요일에 교회 와서 수련회하고 집에 가서 잠자고, 주일에 교회 와서 주일예배를 폐회 예배 겸 드리는 수련회가 있다. 넷째, 주일을 활용해서 8월 한 달 동안 주일예배를 수련회 집회형식으로 바꾸고, 예배 후에 공과공부나 셀모임을 하지 않고 대신 수련회 프로그램을 넣어 진행하는 한 달 무박 수련회가 있다. 다섯째, 금요일, 토요일 이틀에 걸쳐 저녁에 모여 저녁 집회를 하고 그 후 소그룹으로 모여서 나눔을 하고 기도회를 하는 무박 수련회가 있다. 여섯째, 코로나19 감염 위험을 최소한도로 낮추기 위해 소그룹으로 진행하는 무박 수련회가 있다. 수련회 참가신청을 받고, 네 그룹으로 나누는 것이다. 그리고 여름수련회의 경우는 8월 매주 토요일에 소그룹 무박 수련회를 진행하는 것이다. 매주 똑같은 일일 수련회이고, 학생들은 자신이 소속된 그룹이 수련회 하는 날에 한 번 가서 참여하는 것이다. 나잇대 비슷한 그룹으로 나눌 수 있고, 나잇대를 골고루 섞어서 그룹으로 나눌 수도 있다.

(예시)

무박수련회(토)
개회예배
조별활동
공동체놀이
점심식사
운동
코로나19시대 필요한 주제별 특강
조별나눔
저녁식사
운동
저녁집회
공동체 나눔

무박수련회(주일)
주일예배
점심식사
운동
코로나19시대 필요한 주제별 특강
좋은 교육 영상보기
저녁식사
운동
저녁집회
공동체 놀이

(4) 온라인 수련회

온라인에서 실시간 수련회를 하는 것이다. 온라인 수련회는 하루, 이틀, 사흘 자유롭게 할 수 있다. 하지만, 시간이 길어지면 실시간 참여하는 인원이 떨어질 수밖에 없다. 따라서 온라인 수련회는 하루 종일 하는 것보다는 오후부터 저녁까지, 저녁부터 밤까지 이틀이나 삼일에 걸쳐서 진행하는 것이 효과적이다.

페이스북그룹라이브를 이용하면 특강이나 설교를 듣고, 페이스북그룹에 글이나 자료들을 올릴 수 있는 장점이 있고, 유튜브라이브를 이용하면 학생들과 청년들이 가장 친숙하게 느끼고 댓글을 남기면서 참여할 수 있는 장점이 있고, Zoom이나 Google Meet를 이용하면 얼굴을 보면서 실시간 쌍방향 소통이 가능하다는 장점이 있다.

한 가지 온라인 도구를 사용하는 것이 아니라, 설교와 특강은 페이스북그룹라이브나 유튜브라이브를 사용하고, 조별활동이나 나눔은 Zoom이나 Google Meet를 사용할 수 있다. Zoom이나 Google Meet와 같은 쌍방향 소통 온라인 도구는 참여한 인원들을 또 소그룹화해서 진행할 수 있기에 일반 수련회에서 하는 조별활동이 가능하다. 가장 단순하게 하는 방법은 Zoom으로 찬양, 설교, 교육, 레크리에이션, 소그룹 나눔을 다 하는 것이다.

(5) 소그룹 하이브리드 수련회

하이브리드 수련회는 온라인 수련회와 오프라인 수련회를 병행하는 것이다. 이것은 일종의 "Flipped Learning(거꾸로 학습)"인 것이다. "Flipped Learning"은 학습자들이 집에서 "교사에 의해 사전에 준비된 학습 자원을 활용하여 자기주도적으로 학습을 하고, 교사와 함께 하는 교실 상황에서는 사전 학습을 활용해서 동료학습자들과 토의 및 다양한 활동으로 학습을 진행"하는 것이다.[177] 그래서 이 하이브리드 수련회는 설교, 강의를 사전에 영상으로 제작해서 청소년들, 청년들에게 미리 제공하는 것이다. 집에서 영상을 다 시청하고 나서 교회에 모여 소그룹으로 나누어져 활동하는 것이다. 소그룹 안에서 대화하고, 게임하고, 교제하고, 함께 식사하는 것이다.

3. 수련회 주의사항

코로나19 시대 청소년 수련회에 가장 중요하게 신경 써야 하는 부분은 바로 안전과 위생, 방역이다. 구체적으로 수련회 주의사항을 마련하고, 철저하게 지켜야 한다. 목회자와 교사들과 청년 임원들이 먼저 모범을 보이고, 그리고 수련회에 참여하는 대상들이 수련회 주의사항을 잘 지킬 수 있도록 가르치고, 훈련하고, 인도하고 도와주어야 한다.

(1) 여러 지침과 수칙 지키기

코로나19로 말미암아 거리두기가 시행되고 있는데 현장 수련회가 진행될 경우 거리두기를 지켜야 한다. 좌우, 앞뒤 최소한 1~2

177) 이성아, 이은철, 남선우, "Flipped-PBL이 대학생의 자기주도적 학습역량에 미치는 영향,"『기독교교육논총』58 (2019), 119-146

미터 거리두기는 지키면서 현장 수련회가 진행되어야 한다. 교사들이 사전에 수련회를 준비할 때 이 부분을 철저히 지켜야 한다. 그리고 참여한 인원을 정확히 기록하고, 발열 체크하고, 학생, 청년별 지정자리를 마련해서 자기 자리에 앉게 해야 한다. 항상 마스크를 쓰는 것은 필수이고, 손 소독제는 수련회장 입구에 마련해서 수시로 사용할 수 있도록 하고 서로 악수하지 않고 손을 흔들거나 목례를 하며 인사를 하게 한다. 수련회 시작 때 이 부분은 철저히 지키도록 강조에 또 강조를 해야 한다.

공동체 활동, 공동체 놀이(레크레이션)와 같은 수련회 프로그램의 경우에도 '몸으로 말해요'(일정 간격으로 떨어져서 몸으로 제시어를 표현하고 옆 사람에게 전달하고 맨 마지막에 서 있는 사람이 제시어를 맞추는 놀이)와 같은 거리두기를 자연스럽게 시행하는 놀이, 정적인 상황에서 퀴즈 맞추기와 같은 놀이가 되어야 한다.

조별활동과 같은 소그룹 활동은 밀접접촉에 많이 이루어질 수 있기 때문에 각 조당 5명을 넘지 않도록 해야 한다. 수련회에서 식사가 가능한 시점이 온다면, 서로 마주 보지 않도록 자리 배치를 하고, 식사시간에 옆 사람과 이야기하지 않도록 해야 한다. 그리고 아크릴로 된 가림막을 식사 테이블에 설치하는 것이 필요하다.

혹시 숙박을 할 수 있게 된다면 더 엄격하게 좌우 앞뒤 2미터 거리두기를 하면서 잠자리를 마련해야 하고, 숙소에 반드시 교사들이 함께 있어서 안전수칙을 제대로 지킬 수 있도록 해야 한다. 숙박을 할 수 있는 때는 집단 면역이 생겨서 바이러스의 위험이 거의 없어지는 시점이 오거나, 코로나19가 감기와 같은 병으로 인식되는 시점이 오거나, 수련회 참여자 전부가 백신을 맞고 항체가 형성되는 시점이 오게 될 때일 것이다.

수련회를 진행하는 목회자와 교사는 일반 마스크가 호흡하는 데 있어 불편하면 식당에서 조리사나 종업원이 착용하는 침 튀김방지 마스크를 사용할 수도 있다. 마이크의 경우에도 일회용 마이크 덮개를 여러 개 비치해서 수시로 갈거나 마이크 소독기를 사용해서 소독해야 한다. 그리고 창문은 열어놓고 지속적으로 환기해야 한다. 교사는 수시로 학생들의 건강상태를 체크해서 컨디션이 안 좋은 경우에는 숙소에서 쉬게 하거나 심하면 빨리 귀가할 수 있도록 도와주어야 한다.

이러한 지침 사항을 사전에 교육하고, 모든 교역자, 교사, 학생들이 꼭 숙지할 수 있도록 수련회장 곳곳에 붙여놓고, 이름표 뒤에 꽂아 두어서 수시로 볼 수 있도록 해야 한다.

(2) 다른 사람 배려

코로나19 시기에 더욱 강조해서 지켜야 하는 내용은 다른 사람을 배려하는 것이다. 다른 사람에게 불안감을 주지 않기 위해 식사시간에 대화하지 않게 해야 하고, 장난기 많은 청소년들의 경우에는 불필요한 신체접촉을 하지 않도록 해야 하고, 위험한 장난은 하지 않게 해야 한다. 이번 기회를 통해서 다른 사람을 생각하고 배려하는 습관을 가질 수 있도록 도와주어야 하고, 다른 사람에게 불쾌감을 주는 말과 행동을 버릴 수 있도록 가르치고 인도해야 한다.

(3) 건강 강조

코로나19를 이기기 위해 필요한 건강, 면역을 갖추기 위해서 균형 잡힌 영양에 맞춰 준비된 음식은 잔반 없이 다 먹기, 자연환경의 건강을 위해 일회용 제품, 플라스틱 용기 사용하지 않기 등을 사전에 교육하고, 수련회 기간 동안 실천하게 해야 한다. 그리고 운동하는 건강한 습관을 가지기 위해 식사 후에 가볍게 운동하고 스트레칭 하는 시간을 마련하고, 수련회에 온 모든 인원이 참여할 수 있도록 해야 한다. 건강한 습관, 면역을 가지기 위한 습관을 수련회 기간 동안 집중적으로 훈련하는 것이다.

<간단 정리>

(1) 함께 모여 프로그램 진행 시

- ☑ 좌우 앞뒤 1~2미터 거리두기
- ☑ 참여한 인원 정확히 기록하기
- ☑ 발열 체크하기
- ☑ 학생, 청년별 지정자리 마련하기
- ☑ 마스크 필수 착용하기
- ☑ 손 소독제 수시로 사용하기
- ☑ 악수하지 않고, 손을 흔들거나 목례를 하며 인사하기
- ☑ 소그룹(조)은 5명 넘지 않기
- ☑ 진행자도 마스크 착용하기

- ☑ 일회용 마이크 덮게 비치 및 수시로 교환, 마이크 소독기 비치
- ☑ 창문을 열어놓고, 지속적으로 환기하기
- ☑ 교사는 수시로 학생들의 건강상태를 체크하기
- ☑ 컨디션이 안 좋은 경우 프로그램에 참여하지 않고 숙소에서 쉬게 하고, 심하면 바로 귀가할 수 있도록 도와주기
- ☑ 공동체 놀이(레크레이션)의 경우 거리두기를 자연스럽게 시행하는 놀이(예: 몸으로 말해요)나 정적인 상황에서 퀴즈 맞추기 같은 놀이하기
- ☑ 불필요한 신체접촉을 하며 장난치지 않기
- ☑ 위험한 장난은 절대 하지 않기

(2) 식사 시

- ☑ 가림막 설치하기
- ☑ 식사시간에 서로 마주 보지 않게 좌석 배정하기
- ☑ 식사시간에 옆 사람과 대화하지 않기
- ☑ 준비된 음식은 잔반 없이 다 먹기
- ☑ 일회용 제품, 플라스틱 용기 사용하지 말기
- ☑ 자신에게 주어진 물컵 사용해서 물 먹기
- ☑ 식사 후에 가볍게 운동하고 스트레칭하기

(3) 숙박 가능 시

- ☑ 세면 시 순번을 정해서 시간 간격을 두고 들어가기
- ☑ 숙박의 경우 더 엄격하게 좌우 앞뒤 2미터 거리두기 하면서 잠자리 마련하기

- ☑ 숙소에 교사와 함께 하기
- ☑ 소등 후 옆 사람과 대화하지 않고 바로 잠자리에 들기
- ☑ 교사 불침번을 세워 자는 중에 뒹굴다가 서로 붙는 경우 떼어놓기

※이상과 같은 지침 사항을 이름표 뒤에 꽂아 두어서 수시로 보게 하기!!

Ⅲ. 나오면서

코로나19가 수련회의 모습을 많이 변화시킬 것이라 예상한다. 하지만 수련회는 어떤 형태로든지 진행되어야 한다. 상황과 여건이 허락되지 않으면 100% 온라인으로 수련회는 진행되어야 한다. 수련회를 통해서 청소년들이 하나님을 만날 수 있는 좋은 기회를 제공해주어야 하기 때문이다. 수련회의 의미와 목표에 강조를 두고, 주어진 조건 속에서 안전과 위생을 지키면서 수련회를 계획하고 시행하기를 소망한다. 무엇보다도 목회자와 교사들과 청소년부 임원들이 기도 가운데서 준비하고, 기존 수련회처럼 프로그램을 계획하고 준비하는 것 이상으로 안전과 위생, 방역에 대해서도 꼼꼼하게 준비해야 한다. 목회자와 교사들과 청소년부 임원들이 안전과 위생, 방역의 준전문가가 될 정도로 사전에 모여 공부하고 준비해야 한다. 전문가를 모셔서 강의를 듣고, 질병관리본부에서 제시한 수칙보다 더 엄

격하고 보수적이고 자세하게 “코로나19에 대비하는 수련회 안전매뉴얼”을 만드는 것도 필요하다. 위기는 기회이다. 코로나19 위기 가운데 있지만, 이 위기 가운데서도 철저하게 준비해서 수련회를 진행한다면 하나님께서 가장 뜨겁게 역사하시는 청소년 수련회가 될 것이라 믿는다.

참고문헌

☆ 두산백과. "팬데믹 (Pandemic)."『Doopedia』[On-line]. https://terms.naver.com/entry.nhn?docId=1346271&cid=40942&categoryId=32745 (2020년 6월 15일 접속).

☆ 이성아, 이은철, 남선우. "Flipped-PBL이 대학생의 자기주도적 학습역량에 미치는 영향.『기독교교육논총』58 (2019), 119-146

7장

청소년들의 최대 관심이자 고민의 주제: 진로탐색[178]

178) 이번 장은 2021년 <선교와 신학> 54집, 175-207에 게재했던 필자의 논문을 수정 보완한 것이다.

Ⅰ. 들어가는 말

인생을 살아감에 있어서 가장 중요한 질문 두 가지는 바로 “나는 누구인가?”와 “나는 어떻게 살 것인가?”이다.

“나는 누구인가?”에 대한 질문은 “자기 이해”에 관한 질문이고, “나는 어떻게 살 것인가?”에 대한 질문은 “진로”에 관한 질문이다. “자기 이해”와 “진로”는 떨어져 있지 않고 긴밀하게 연결되어 있다. 즉 “자기 이해”가 될 때, 그것을 바탕으로 “진로”를 선택하게 되는 것이다. 여기서 “진로”는 개인이 나아갈 인생의 방향 곧 인간이 앞으로 나아가야 할 길을 의미한다.[179] 더 나아가 직업을 선택하고 준비하는 과정을 말한다.[180]

“자기 이해”의 전제가 되는 것은 바로 “신앙”이다. 신앙 안에서 자기 자신이 누구인지 찾는 것이다. 다시 말해서 하나님 안에서 자신의 정체성을 찾고, 자신을 알아가는 것이다. 그리고 “진로”에 대한 부분에서도 신앙을 전제로 한 “자기 이해”를 바탕으로 어떤 직업을 선택하게 되고, 그 직업이 도구가 되어 하나님께서 기뻐하시는 삶을 구체적으로 살아가게 되는 것이다. 즉, “성숙된 신앙인”으로서 “직업적 사명을 감당하며” 살아가게 되는 것이다.[181]

179) 장화선, “기독교교육과 학생들을 위한 진로 지도 방안-A대학교 기독교교육과 사례를 중심으로,”『기독교교육논총』, 제46집 (2016), 207.

180) 고수진, “2차 진로교육 정책을 보완하는 ‘진로소명’ 교육 제안 : 기독교 학교에서 종교 교과를 통한 진로 교육,”『기독교교육논총』, 제60집 (2019), 310.

181) 배무련, 김판희, “기독 청소년의 사회적 지지, 신앙성숙, 진로소명, 진로결정자기효능감과 진로발달 간의 구조적 관계,”『기독교교육논총』, 제42집

이번 7장은 “자기 이해”의 영역에 들어가는 “적성, 흥미, 성격, 가치관, 경험과 상황”의 개념을 구체적으로 살펴보고, “적성, 흥미, 성격, 가치관, 경험과 상황”을 어떻게 측정할 것인지 심리 검사 및 활동 도구에 대해서 살펴보도록 하겠다. 그다음 “자기 이해”에서 살펴본 이론적인 내용을 바탕으로 교회에서 적용할 수 있는 12주 과정으로 구성된 “토요 드림 스쿨(SDS: Saturday Dream School)” 프로그램을 만들면서 기독교 청소년 진로 탐색 프로그램의 실제를 제시해보겠다. 이 진로 탐색 프로그램은 한국교회 청소년 전도 프로그램의 하나의 모델이 될 수 있다.

II. "자기 이해" 의 영역과 측정 도구

자신을 이해한다는 것이 무엇일까? 자신을 이해한다는 것의 구체적인 의미는 바로 자신의 ‘적성, 흥미, 성격, 가치관, 경험과 상황’을 이해하는 것이다. 이 5가지에 대한 이해가 이루어질 때 자기 자신을 온전히 이해할 수 있게 된다. ‘자기 이해’의 영역의 5가지 내용에 대해 살펴보고, 각 영역을 측정할 수 있는 대표적인 심리 검사 및 활동 도구에 대해서 정리해보고자 한다.

(2015), 350.

1. 적성

적성은 일반적으로 "어떤 분야에 대한 능력의 정도 혹은 능력의 발현 가능성"으로 정의한다.[182] 즉 적성은 "어떤 과제나 임무를 수행하는 데서 개인에게 요구되는 특수한 능력이나 잠재능력"을 말하는 것이다.[183] 적성에 대해서 생각할 때 태어날 때부터 타고나는 것으로 보기도 하지만, 후천적 교육과 학습, 훈련을 통해서 충분히 개발될 수 있다.

적성을 살펴보는 대표적인 검사는 홀랜드 검사이다. 홀랜드 검사는 진로 탐색에 있어서 가장 일반적으로 사용되는 검사이다. 홀랜드 검사는 6가지 유형으로 나누어지는데, 이 6가지는 "실재적, 탐구적, 예술가적, 사회적, 기업가적, 관습적" 유형이다.

첫째, 실재적 유형은 현상에 대한 관심이 많고, 현재 눈에 보이는 것을 어떻게 이용할 수 있는지, 현장에서 일어나고 있는 일이 무엇인지에 대해 관심이 많은 유형이다. 예를 들어, 핸드폰이 있다면 눈에 보이는 핸드폰의 여러 기능을 어떻게 사용할 수 있는지에 대한 관심이 많고, 그 기능들을 익히고 하나하나 활용하는 것에 관심이 많다.

둘째, 탐구적 유형은 현상 이면에 있는 깊이 있는 내용을 탐구하는 데 관심이 많은 유형이다. 깊이 있게 분석하는 데 관심이 있고, 체계화하는 능력이 많은 유형이다. 핸드폰의 예를 또 든다면 탐구적

182) 김봉환 외 7인,『진로교육개론』, (서울: 사회평론아카데미, 2017), 65.
183) 위의 책.

유형은 핸드폰을 분해하고 어떻게 핸드폰이 이루어져 있는지, 어떻게 작동하는지에 대해 관심이 많다.

셋째, 예술가적 유형은 자신의 생각과 감정을 표현하는 것에 관심이 많고, 독창적이고 창의적인 면이 많은 유형이다.

넷째, 사회적 유형은 다른 사람과 대화하고 어울리고, 함께 협력하는 면이 많은 유형이다. 즉 관계 지향적인 부분이 많은 유형이다.

다섯째, 기업가형 유형은 목표를 세우고 구성원들을 설득해서 조직을 이끄는 리더십을 많이 갖춘 유형이다.

마지막으로 여섯째, 관습적 유형은 변화를 싫어하고 습관적으로 하는 일에 관심을 가지는 유형이다.

이 6가지 유형은 서로 연관이 되는데, 실재적 유형은 탐구적 유형, 관습적 유형과 매우 높은 상관관계를 가지고, 관습적 유형은 설득적 유형, 실재적 유형과 매우 높은 상관관계를 가지고, 설득적 유형은 사회적 유형, 관습적 유형과 매우 높은 상관관계를 가진다. 그리고 사회적 유형은 예술적 유형, 설득적 유형과 매우 높은 상관관계를 가지고, 예술적 유형은 사회적 유형, 탐구적 유형과 매우 높은 상관관계를 가진다. 마지막으로 탐구적 유형은 예술적 유형, 실재적 유형과 매우 높은 상관관계를 가진다. 반대로 실재적 유형은 사회적 유형과 매우 낮은 상관관계를 가지고, 관습적 유형은 예술적 유형과 매우 낮은 상관관계를 가지고, 설득적 유형은 탐구적 유형과 매우 낮은 상관관계를 가진다.[184)]

184) 조동헌 외 9인,『진로교육학개론』, (서울: 교육과학사, 2019), 25-30.

적성검사에 있어서 또 중요한 검사는 바로 다중지능검사이다. 다중지능검사는 하워드 가드너(Howard Gardner)의 다중지능이론에 근거해서 만들어서 실시하는 검사이다.

가드너는 "지능에 대한 개념을 다원화하여, 지능이 여러 개의 독립적인 영역들로 구성되어 있다는 다중지능(Multiple Intelligences)이론을 제시하였다."[185] 우리 안에는 몇 가지 지능의 영역이 있고, 특정한 지능의 양이 많을 수도 있고, 적을 수도 있다는 것이다.[186] 지능의 영역은 "음악지능, 신체운동지능, 논리수학지능, 언어지능, 공간지능, 대인관계지능, 자기이해지능, 자연친화지능"으로 구성될 수 있다.

"음악지능"은 리듬, 계명, 음정에 맞게 악기를 연주할 수 있는 능력이고, "신체운동지능"은 신체를 사용해서 다양한 표현을 할 수 있는 능력이다. "논리수학지능"은 수학적인 유추를 하고 논리를 구성할 수 있는 능력이고, "언어지능"은 말하기, 듣기, 쓰기, 읽기와 관련된 능력이고, "공간지능"은 공간 안에 사물을 배치하고 조정하고 사용할 수 있는 능력이다. "대인관계지능"은 다른 사람들을 이해하고 어울릴 수 있는 능력이고, "자기이해지능"은 자기 자신의 감정과 느낌, 생각을 객관적으로 파악해서 삶을 살아가는 데 도움을 주는 능력이다. 마지막으로 "자연친화지능"은 자연을 가까이 하고, 자연

---

185) 김현택 외 17인,『현대심리학 이해』, (서울: 학지사, 2003), 450.

186) Gardner, H., *Changing minds*, (Boston: Harvard Business School Press, 2004).

에 대해 관심과 사랑을 가지게 하는 능력이다.[187)]

2. 흥미

"흥미는 어떤 종류의 활동 또는 사물에 대하여 특별한 관심이나 주의를 갖게 하는 개인의 일반화된 행동 경향"이라고 정의한다.[188)]

우리는 모든 활동과 사물에 특별한 관심이나 주의를 갖지 않는다. 특별한 관심이나 주의를 갖는 활동과 사물이 있는가 하면 그렇지 않은 것도 있다. 모든 사람은 똑같은 활동과 사물에 대해 관심이나 주의를 갖지 않고, 각자 다른 활동과 사물에 관심이나 주의를 가지게 된다. 물론 어떤 활동과 사물에 대하여 관심이나 주의를 가지게 되는 것이 고정되는 것은 아니다. 성장함에 따라, 환경의 변화, 상황의 변화에 따라 달라질 수도 있다. 그리고 "흥미가 발생하는 유사한 상황이 반복적으로 경험하게 되면 해당 상황에 대해 지속적인 흥미를 가지게" 되기도 한다.[189)] 그리고 그 흥미에 대한 "우호적인 문화와 풍부한 사회적 지원이 있어야" 창조적 능력으로 발전될 수 있다.[190)]

흥미를 직업과 연계해서 측정하는 스트롱의 직업흥미검사는 진

---

187) 김현택 외 17인,『현대심리학 이해』, 450-451.

188) 김봉환 외 7인,『진로교육개론』, 66.

189) 이은철, "원격 교육에 대한 성인 학습자의 집중 및 흥미 수준에 대한 연구-방송통신고등학교 학생을 중심으로,"『기독교교육논총』, 제50집 (2017), 329.

190) 김도일, "가정과 교회의 유기적 관계 회복을 통한 신앙교육-가교사역: 건강한 신앙학습생태계 형성에 대한 연구와 제안,"『선교와 신학』, 제36집 (2015), 13.

로 탐색에 있어서 유용하게 사용되고 있는 흥미검사이다. 스트롱의 직업흥미검사는 "개인의 진로에 대한 흥미를 측정하는 검사"이다.[191] 직업에 따라 나타나는 공통적인 흥미가 있고, 이 흥미가 있는 사람이 결국 그 직업을 즐기고 성과를 나타낼 수 있는 것이다.

스트롱의 직업흥미검사는 6가지 유형으로 나누어지는데, 이 6가지는 "현장형, 탐구형, 예술형, 사회형, 진취형, 사무형"이다. 위의 적성 검사에서 나온 홀랜드 검사의 6가지 유형을 기초로 해서 만든 검사이다.

"현장형"은 현장에서 일하는 것에 흥미를 느끼는 유형으로 여기에 해당되는 직업 분야는 "농업, 자연, 군사 활동, 운동"과 관련된 분야이다. "탐구형"은 사물의 이면에 있는 깊이 있는 내용을 탐구하는 것에 흥미를 느끼는 유형으로 여기에 해당되는 직업 분야는 "과학, 수학, 의학"과 관련된 분야이다. "예술형"은 느낌과 생각을 표현하는 것에 흥미를 가지는 유형으로 여기에 해당되는 직업 분야는 "음악/드라마, 미술, 응용미술, 글쓰기, 가정/가사"와 관련된 분야이다. "사회형"은 사회 안에서 봉사하며 타인을 돕는 것에 흥미를 느끼는 유형으로 여기에 해당되는 직업 분야는 "교육, 사회봉사, 의료봉사, 종교활동"과 관련된 분야이다. "진취형"은 자신감이 있고 다른 사람을 설득하면서 영향력을 발휘하는 데에 흥미를 느끼는 유형으로 여기에 해당되는 직업 분야는 "대중연설, 법/정치, 상품유통, 판매, 조직관리"와 관련된 분야이다. 마지막으로 "사무형"은 반복적이고 사무

191) 조동헌 외 9인,『진로교육학개론』, 77.

적인 업무에 흥미를 느끼는 유형으로 여기에 해당되는 직업분야는 "자료처리, 컴퓨터 활동, 사무활동"과 관련된 분야이다.[192)]

이와 같이 스트롱의 직업흥미검사를 통해 직업 분야를 찾은 후에 더 세부적인 하나하나의 직업에 대해 알기를 원하면 직업카드를 활용한다. 직업카드에 나온 직업 하나하나에 대한 정보를 읽고, 자신의 흥미에 맞는 직업을 찾을 수 있다. 대표적인 직업카드로서는 직업 120가지를 설명해 놓은 한국콘텐츠미디어에서 제작한 "중·고등학생을 위한 직업카드"나 아이들이 활동할 미래를 예측해서 미래에 유망한 직업 80가지를 설명해 놓은 한국온라인마케팅전략연구소에서 제작한 "4차산업혁명시대 미래유망직업카드"가 있다.[193)] "4차산업혁명의 시대의 발명품인 인공지능과 로봇 등이 인간의 직업에 엄청난 영향을 미치게 될 것이기" 때문에 4차산업혁명시대에는 어떤 직업들이 새롭게 생겨나고, 어떤 직업들이 사라질지를 살펴보아야 한다.[194)]

3. 성격

성격은 나와 다른 사람들을 구분 지을 수 있는 한 사람의 독특한 특징이다. 로저스(Rogers)는 "우리의 모든 경험의 중심이 되는 자아"

---

192) 위의 책, 78.

193) 한국콘텐츠미디어,『중, 고등학생을 위한 직업카드』, (서울: 한국콘텐츠미디어, 2019), 한국온라인마케팅전략연구소,『4차산업혁명시대 미래유망직업카드』, (서울: 한국온라인마케팅전략연구소, 2019).

194) 이동찬, "대학선교를 위한 직업비전 중심의 기독교적 셀프리더십,"『선교와 신학』, 제46집 (2018), 46.

자체를 성격으로 보았고, 아이젠크(Eysenk)는 "환경에 대해서 독특한 적응을 결정하는 개인의 특성, 기질, 지능, 신체적인 것의 통합된 체제"를 성격으로 보았다.[195] 따라서 성격은 유전적으로 타고나는 면도 있지만, 삶의 환경에 적응하는 과정에서, 삶의 다양한 경험 속에서 새롭게 형성되기도 하고, 변화되기도 한다. 성격 안에는 "개인의 욕구, 자아개념, 성취동기, 포부 수준, 대인관계 등의 여러 가지 요인이 포함"되어 작동한다.[196]

성격을 측정하는 심리 검사 중에 가장 대표적인 검사는 바로 MBTI 검사이다. MBTI는 Myers Briggs Type Indicator의 약자로서 브릭스(Briggs)와 그의 딸 마이어스(Myers)가 개발한 성격검사이다.[197]

MBTI 검사는

외향성(Extraversion) – 내향성(Intraversion) <주의집중과 에너지 방향>,
감각(Sensing) – 직관(Intuition) <정보수집의 방법>,
사고(Thinking) – 감정(Feeling) <의사결정기능>,
판단(Judging) – 인식(Perceiving) <행동이행과 생활양식>

지표 중 개인이 선호하는 4가지 지표로 표시된다.[198]

외향성은 "폭넓은 대인관계를 유지하며 사교적이고 정열적이고

195) 김봉환 외 7인,『진로교육개론』, 68.
196) 위의 책.
197) 한국심리학회 심리학용어사전, MBTI, 2014년 https://terms.naver.com/entry.nhn? docId=2070205&cid=41991&categoryId=41991.
198) 신명희 외 3인,『교육심리학의 이해』, (서울: 학지사, 1998), 332.

활동적인" 성향이고, 내향성은 "깊이 있는 대인관계를 유지하며 조용하고 신중하고 이해한 다음에 경험하는" 성향이고, 감각형은 "오감에 의존하며 실제의 경험을 중시하며 지금, 현재에 초점을 맞추고 정확하고 철저하게 일처리 하는" 성향이고, "직관형은 육감 내지 영감에 의존하며 미래지향적이고 가능성과 의미를 추구하며 신속하게 일처리 하는" 성향이고, 사고형은 "진실과 사실에 주 관심을 갖고 논리적이고 분석적이며 객관적으로 판단하는" 성향이고, 감정형은 "사람과 관계에 주 관심을 갖고 상황적이며 정상을 참작한 설명을 하는" 성향이고, 판단형은 "분명한 목적과 방향이 있으며 기한을 엄수하고 철저히 사전계획하고 체계적인" 성향이고, 인식형은 "목적과 방향은 변화 가능하고 상황에 따라 일정이 달라지며 자율적이고 융통성이 있는" 성향이다.[199] 이러한 4가지 지표를 가지고 경우의 수를 만들면 총 16가지의 유형이 나오게 된다.

4. 가치관

"가치관은 개인이 특정 상황에서 선택을 하거나 결정을 내려야 할 때, 어떤 특정한 방향으로 행동하게 하는 원리나 믿음 또는 신념"을 말한다.[200] 즉 우리의 삶의 선택에 있어서, 결정에 있어서 중요한 기준으로 작용하는 것이 바로 가치관이다. 무엇이 옳은 것인지 그

199) 김정택, 심혜숙,『MBTI GS형 성격유형검사지』, (서울: 한국심리검사연구소, 1991).

200) 김봉환 외 7인,『진로교육개론』, 69.

른 것인지를 판단하게 하고, 어떤 선택을 할 때 나의 삶에 있어서 바른 선택이 될 수 있는지에 대한 근거로 작용하는 것이 가치관인 것이다. 그래서 가치관을 직업과 연계시켜 직업 가치관을 살펴보면 "직업 가치관이란 직업을 선택할 때 영향을 미치는 믿음과 신념"이고, 이 직업 가치관은 "직업 생활을 포기하지 않는 무게중심의 역할을 한다고" 말할 수 있다.[201)]

가치관을 측정하는 검사 중에 미국의 SV(Study of Values) 검사는 대표적인 가치관 측정 검사이다. 이 검사는 일반적 가치와 직업과 관련된 가치로 나눠서 측정한다. 일반적 가치에는 6가지 구성 요인이 들어가는데 이 6가지는 "이론적, 경제적, 미학적, 사회적, 정치적, 종교적" 가치이다.[202)] 그리고 직업과 관련된 가치에는 21가지 구성 요인이 들어가는데 21가지는 "능력 활용, 성취, 발전, 미학, 이타주의, 권위, 자율성, 창의성, 경제적 보상, 생활양식, 자기계발, 운동, 명예, 모험, 사회적 상호작용, 사회적 관계, 변화, 근무조건, 문화적 동질성, 육체적 힘, 경제적 안정"이다.[203)]

한국고용정보원 직업가치관 검사는 만 15세 이상 중, 고등학생 대상으로 실시하는데, 가치관의 구성 요인은 "성취, 봉사, 개별활동, 직업안정, 변화지향, 몸과 마음의 여유, 영향력 발휘, 지식추구, 애국, 자율성, 금전적 보상, 안정, 실내활동"이다.[204)] 커리어넷

201) 송병국 외 6인,『현장중심 진로교육』, (서울: 미래엔, 2018), 224.

202) 김봉환 외 7인,『진로교육개론』, 78.

203) 위의 책.

204) 조동헌 외 9인,『진로교육학개론』, 89-91.

직업가치관 검사는 중학교 1학년에서 고등학교 2학년까지의 학생을 대상으로 실시하는데, 가치관의 구성 요인은 "능력발휘, 사회봉사, 안정성, 창의성, 자율성, 보수, 사회적 안정, 자기계발"이다.[205]

또한, 김병숙 등(1998)의 가치관 검사는 청소년, 성인 대상으로 실시하는데, 가치관의 구성 요인은 크게 외재적 가치와 내재적 가치로 나누어진다. 외재적 가치에는 "권력추구, 경제우선, 개인주의, 사회인식 중시, 안정추구"가 구성 요인에 들어가고, 내재적 가치에는 "자기 능력, 사회헌신, 인간관계 중심주의, 이상주의, 자기표현"이 구성 요인에 들어간다.[206]

마인드프레스의 직업 가치관 검사는 중·고등학생 대상으로 실시하는데, 가치관의 구성 요인은 "사회봉사성, 실용성, 심미성, 사회적 안정성, 자율성, 주도성, 질서 정연성, 탐구성"이고, 마지막으로 미네소타 직업가치관 검사는 16세 이상을 대상으로 실시하는데, 가치관의 구성 요인은 "성취, 안락함, 지위, 이타주의, 안정성, 자주성"이다.[207]

5. 경험과 상황

개인의 과거와 현재의 경험과 상황은 개인의 미래에 큰 영향을 주게 된다. 따라서 과거와 현재의 경험과 상황을 객관적인 시각에서

---

205) 위의 책, 88-91.

206) 위의 책, 91.

207) 위의 책.

분석하고 그 안에서 긍정적인 의미와 배움의 내용을 찾는 것이 중요하다. 그렇지 않으면 부정적인 과거의 경험과 상황이 있었거나 현재에 부정적인 경험과 상황이 진행 중이라면, 그 안에서 좌절과 열등감을 경험하며, 과거와 현재의 장애물을 뛰어넘지 못하고, 미래로 나아가지 못하게 막을 것이다. 과거와 현재의 경험과 상황을 통해 자신의 현실을 객관적으로 보는 것도 필요하지만, 중요한 것은 그 안에서 배워야 할 것은 무엇인지, 극복해야 할 것은 무엇인지, 앞으로 나아가기 위해 더 노력해야 할 것은 무엇인지 등을 깨닫고 긍정적인 시각으로 미래를 바라보아야 한다는 것이다.

개인의 경험과 상황을 파악하기 위한 활동 도구로는 "내 삶의 등고선 그리기"와 내 머릿속에 있는 "나의 현재 생각, 관심사, 고민 쓰기"를 들 수 있다. 이러한 경험과 상황에 대한 측정은 문항을 푸는 형태의 구조화된 검사가 있는 것이 아니라, 측정을 실시하는 목적에 따라서 자유롭게 만들 수 있다.

"내 삶의 등고선 그리기"는 좌표평면에 지금까지 살아온 자신의 삶 가운데서 긍정적인 시간(성공했을 때, 잘 되었을 때, 평안했을 때, 만족했을 때, 행복했을 때, 기뻤을 때)은 0점 위의 플러스 방향에 선 그래프로 표시하면 되고, 자신의 삶 가운데 부정적인 시간(실패했을 때, 잘 안 되었을 때, 불안정했을 때, 불만족했을 때, 불행했을 때, 슬펐을 때)은 0점 아래 마이너스 방향에 선 그래프로 표시하면 된다. 그러면 지금까지 살아온 시간들을 한눈에 볼 수 있게 된다. 중요한 것은 마이너스 방향에 있던 부정적인 시간들은 현재 어떻게 내 삶에 영향을 주는지,

잘 극복해서 인생의 자양분이 되고 있는지 체크 하는 것이 필요하다. 왜냐면 "내 삶의 등고선 그리기"는 과거에 부정적인 경험과 힘든 시간들 속에서도 긍정적인 의미와 배움을 찾을 수 있고, 그럼으로써 미래로 나아가는 데 있어 인생의 자양분이 될 수 있도록 하는 데 그 목표가 있기 때문이다.

그리고 내 머릿속에 있는 "나의 현재 생각, 관심사, 고민 쓰기"는 현재 내가 주로 어떤 생각을 하는지, 나의 관심사는 어디에 있는지, 내 머릿속을 복잡하게 하는 고민이 무엇인지를 찾게 하는 것이다. 이 활동 도구도 현재 내 머릿속에 자리 잡고 있는 생각과 관심사와 고민을 객관적으로 바라보고, 그것이 부정적인 의미로서가 아니라 미래를 위한 긍정적인 의미로서 자리 잡을 수 있도록 도와주는 데 그 목표가 있다.

Ⅲ. 청소년 전도를 위한 '자기 이해'에 초점을 맞춘 기독교 청소년 진로 탐색 프로그램의 실제

"자기 이해"에 초점을 맞춘 기독교 청소년 진로 탐색 프로그램의 실제를 제시하기 위해 "토요 드림 스쿨(SDS: Saturday Dream School)"이라는 교회에서 시행할 수 있는 프로그램을 만들었다. 기독교 청소년 진로 탐색에 대한 내용은 이론으로 끝나서는 안 되고, 실제 교회 안에서 실행할 수 있는 구체적인 프로그램으로 구성하고, 교회 현장에서 실행해서 학생들에게 의미 있는 활동으로 전개되고, 학생들의 진로를 실제로 도와주어야 한다. 그럼으로써 청소년들이 "교회는 우리들의 실제적인 필요를 채워주는 좋은 곳"이라는 인식을 가지게 하며, 교회에 계속 출석하고 정착할 수 있도록 도와주어야 한다.

토요 드림 스쿨(SDS: Saturday Dream School)의 목적은 매주 토요일에 진행되는 프로그램을 통해서 청소년들이 하나님 앞에서 자기 자신이 누구인지를 깨닫고, 자기 자신의 성격, 재능, 흥미, 가치관, 경험과 상황을 이해하는 시간을 가지는 것이다. 더 나아가 자서전과 유튜브 간증 영상에 나오는 모델 멘토를 통해 학생 자신의 인생에 적용해야 하는 내용을 깨닫고, 어떤 진로 분야로 나아가 사명자로 어떻게 살 것인지를 결심하는 시간을 가지는 것이다.

토요 드림 스쿨(SDS: Saturday Dream School)은 12주 과정으로 구성되며, 매주 토요일에 2시간 반씩 진행한다. 참가 학생 수는 최대 10명을 넘지 않도록 소그룹으로 시행한다. 참가 학생 10명을 기준으로 했을 때 교사와 스태프는 최소 4명이 있어야 하는데, 심리 검사를 실시할 수 있는 자격을 갖춘 교사 1명이 포함되어야 하고, 만약 교회학교 청소년부에 이러한 교사가 없을 경우에는 심리 검사 하는 주간에만 외부 강사를 초청해서 진행한다. 토요 드림 스쿨(SDS: Saturday Dream School)의 장소는 교회로 한다. 이렇게 구성하면 1년에 4번 시행할 수 있고, 기존에 교회에 다니는 학생만 참여하는 것이 아니라, 교회 다니지 않는 학생들에게도 홍보해서 참여할 수 있도록 한다.

"토요 드림 스쿨 (SDS: Saturday Dream School)" 커리큘럼 개요				
주차	주제	핵심내용	시간구성	준비물
1주차	나는 누구인가?	소명, 비전, 사명, 꿈, 직업 특강	1시간 반: 강의, 1시간: 나눔	강의 PPT
2주차	나는 다른 사람과 어떻게 다른가?	성격검사	30분: 성격검사, 30분: 설명, 1시간 반: 나눔	MBTI 성격 검사지, 필기구
3주차	내가 가지고 있는 재능은 무엇인가?	다중지능활동	1시간 반: 활동, 1시간: 나눔	필기구 외 활동 용품
4주차	내가 흥미를 느끼는 것은 무엇인가?	인생동사찾기	1시간: 활동, 1시간 반: 나눔	인생동사 찾기 카드
5주차	나에게 적합한 직업은 무엇인가?	스트롱의 직업흥미검사	30분: 직업흥미 검사, 30분: 설명, 1시간 반: 탐색 및 나눔	스트롱의 직업흥미 검사지, 직업카드, 필기구
6주차	내가 중요하게 여기는 것은 무엇인가?	나의 가치관 찾기	1시간: 가치관 종류 설명, 30분: 가치관 순위 매기기 활동, 1시간: 나눔	강의 PPT, 필기구
7주차	상처 입은 치유자	내 삶의 등고선 그리기, 나의 현재 생각, 관심사, 고민 쓰기	30분: 활동, 1시간: 나눔, 1시간: 질문 및 성찰	필기구
8주차~10주차	책 안에서 찾을 수 있는 나의 멘토들은 누구인가?	현대인의 자서전 읽기	2시간 반: 자신이 읽은 자서전 소개 및 나눔	현대인의 자서전
11주차	유튜브 간증 영상을 통한 배움	멘토들을 통해 인생 배우기	1시간 반: 간증 시청, 1시간: 나눔	유튜브 간증영상 3개
12주차	나의 꿈 발표	나의 꿈을 친구들에게 소개하기	30분: 총정리, 30분: 기록, 1시간: 발표, 30분: 수료식	필기구, 수료증, 간식

1. 1주차

(1) **주제** : 나는 누구인가?

(2) **핵심내용** : 소명, 비전, 사명, 꿈, 직업에 대한 개념 특강

(3) **세부내용** : 우리가 진로에 대해서 말할 때 많이 사용하는 용어인 '소명, 비전, 사명, 꿈, 직업'이 무엇인지에 대한 개념을 이해할 필요가 있다. 따라서 "소명, 비전, 사명, 꿈, 직업"의 개념에 대해 이해하는 시간을 가진다.

"소명"은 생명을 살리기 위한 하나님의 부르심이다. 하나님께서는 어두운 죄 가운데 있던 우리를 부르셔서 예수 그리스도의 생명의 빛, 구원의 빛으로 인도하셨다. 베드로전서 2장 9절에 보면,

> 그러나 너희는 택하신 족속이요 왕 같은 제사장들이요 거룩한 나라요 그의 소유가 된 백성이니 이는 너희를 어두운 데서 불러 내어 그의 기이한 빛에 들어가게 하신 이의 아름다운 덕을 선포하게 하려 하심이라

고 나온다. 어두운 데서 "불러내어"가 바로 소명이고, 영어로 표현하면 calling이다.

다음으로 "비전"을 살펴보면 소명에 대한 확신, 즉 어두운 죄 가운데 있던 우리를 부르셔서 예수 그리스도의 생명의 빛으로 들어가 죄사함을 얻고 구원을 받았음을 확신한 자는 비전이 무엇인지 깨닫고 살게 된다. 비전은 "보다"라는 뜻을 가지고 있는데 "무엇을 보느냐"가 인생을 결정할 만큼 중요하다. "내 인생은 무엇을 바라보며 가고 있는가"에 대한 부분이 바로 비전이다. 그래서 이 비전은 바로 삶

의 목적이다. 그렇다면 우리 믿는 자의 비전은 무엇인가? 성경에서 찾을 수 있는 믿는 자의 비전은 바로 하나님을 기쁘시게 하는 것이다.

다음으로 "사명"은 삶이 중요하다. 사명은 비전을 내 삶에서 이루는 것이다. 다시 말하면, 하나님을 기쁘시게 하는 비전을 내 삶에서 이루기 위한 삶의 과제이자 모습이 바로 사명인 것이다. 사람마다 삶이 다르기 때문에 사명은 다를 수 있다. 사명은 현재 지금부터 진행되는 것이고, 미래에도 진행되는 것이다. 따라서 현재의 사명과 미래의 사명을 구분해서 미래의 사명은 "꿈"이라고 명명할 수 있다. 그리고 우리 아이들에게 있어서 미래의 사명인 '꿈'을 이루기 위한 도구와 수단이 바로 "직업"인 것이다.[208)]

그럼 사명의 구체적인 내용은 무엇인가? 구약 창세기에서 요셉은 애굽의 총리가 되어서 고대 근동 사람들이 굶어 죽지 않도록 식량을 잘 분배해서 생명을 구원하는 일을 했다. 창세기 50장 20절에 보면, 요셉은 자신을 애굽에 팔아넘긴 형들을 만난 후 다음과 같이 말한다.

> 당신들은 나를 해하려 하였으나 하나님은 그것을 선으로 바꾸사 오늘과 같이 많은 백성의 생명을 구원하게 하시려 하셨나니

생명을 구원하는 일이 바로 요셉의 사명이고, 우리의 사명이어야 한다. 전 세계에 굶어 죽어가는 아이들의 육체의 생명을 구원하는 사명, 몸이 아파 죽어가는 사람들의 육체의 생명을 구원하는 사명,

---

208) 김성중,『너는 커서 어떤 나무가 될래? 』, (서울: 생명의말씀사, 2016), 49-53.

정신적으로 심리적으로 힘들어서 기운을 잃고 죽어가는 사람의 정신과 마음을 구원하는 사명, 예수 그리스도를 모르고 죽어가는 자들에게 예수 그리스도의 복음을 증거 해서 영혼의 생명을 구원하는 사명이 우리에게 있는 것이다.[209)]

이같이 "소명, 비전, 사명, 꿈, 직업"에 대한 개념을 성경적 관점에서 바라보고, 아이들에게 친절하게 설명해 주어야 한다.

(4) **시간구성** : 1시간 반 강의, 1시간 나눔

(5) **준비물** : 소명, 비전, 사명, 꿈, 직업에 대한 강의 PPT

2. 2주차

(1) **주제** : 나는 다른 사람과 어떻게 다른가?

(2) **핵심내용** : 성격검사를 통해 나를 이해하기

(3) **세부내용** : 가장 일반적인 성격검사인 MBTI 검사에 참여하면서 자기 자신의 성격 유형이 MBTI의 16가지 유형 중에 어디에 속하는지 파악하는 시간을 가진다. 성격은 좋은 성격이 있고, 나쁜 성격이 있는 것이 아니라, 고유한 것임을 깨닫고 자기 자신의 성격을 긍정적으로 보는 시각을 가지도록 한다. 다른 사람들은 나와 다른 존재임을 깨닫고, 다른 사람을 내 기준으로 판단하는 것이 아니라, 이해하려는 노력을 해야 된다는 것을 깨닫게 한다. 더 나아가 모든 성격에는 장점과 단점이 있기 때문에 내 단점은 최대한 극복하고, 내

209) 김성중,『사춘기 자녀 웃으며 키우기』, (서울: 두란노, 2020), 141-142.

장점을 극대화하려는 노력을 할 수 있도록 자기 성격의 장점과 단점을 객관적으로 보려고 노력하게 한다. 이러한 내용을 가지고 친절한 설명과 강의를 진행한다. 그다음 자신의 성격의 유형과 특징을 편안하게 나누고, 상대방을 서로 이해하는 시간을 가진다.

(4) **시간구성** : 30분 성격 검사, 30분 설명, 1시간 반 나눔

(5) **준비물** : MBTI 성격검사지, 필기구

3. 3주차

(1) **주제** : 내가 가지고 있는 재능은 무엇인가?

(2) **핵심내용** : 다중지능활동을 통해 재능 3가지를 찾기

(3) **세부내용** : 하워드 가드너(Howard Gardner)의 다중지능이론은 아이큐 검사를 비판하면서 지필 검사를 통해 점수화할 수 없는 지능의 영역이 있음을 강조한다. 그런데도 많은 다중지능 관련 단체는 다중지능검사조차도 지필 검사를 통해 점수화한다. 이것은 잘못된 체크방법이다. 다중지능검사는 지필 검사를 통해 점수화해서 하는 것이 아니라, 직접 지능에 맞는 활동을 하면서 체크 해야 한다. 그리고 상대평가가 아니라, 학생 한 명 한 명 안에 8가지 지능이 전부 다 있음을 생각하고, 학생이 가진 8가지 지능 중에 많이 발현되는 3가지가 무엇인지를 체크 하게 해야 한다. 그래서 이번 주차는 "다중지능이론"의 8가지 영역(언어지능, 논리수학지능, 공간지능, 음악지능, 신체운동지능, 대인관계지능, 자기이해지능, 자연친화지능)을 활동으로 체크

하는 시간을 가지는 것이다. 교사들은 부담 갖지 말고, 편안한 마음으로 학생들을 관찰하면서 많이 발현되는 3가지 지능이 무엇인지 찾는다.

그다음 활동에 참여한 학생들에게 다중지능에 대해서 설명해주고, 교사가 관찰한 3가지 상위지능을 학생 개개인에게 말해준다. 학생은 자신이 생각한 3가지 상위지능이 어떤 것인지 나누고, 교사가 관찰한 것과 서로 비교한다.

*언어지능: 유튜브의 짧은 동영상을 보여주고 나서 각자 뉴스 대본을 쓰게 한다. 그리고 나서 한 명씩 앞으로 나와서 자신이 쓴 뉴스 대본을 아나운서처럼 읽는다. 교사는 말의 표현력, 사용한 단어를 살피면서 언어지능을 체크 한다.

*논리수학지능: 1레벨~5레벨로 나눠서 총 5문제의 수학유추문제를 준비하고 제한시간 내에 학생들이 풀도록 한다. 정답을 확인하면서 논리수학지능을 체크 한다.

*공간지능: 학생들이 좋아하는 만화 캐릭터 그려진 종이를 하나씩 나눠주고, 도화지에 똑같이 그리고 색칠하도록 한다. 학생들이 그린 것을 확인하면서 공간지능을 체크 한다.

*음악지능: 1레벨~3레벨로 나눠서 총 3개의 동요 악보를 준비하고, 실로폰으로 리듬, 계명, 음정에 맞게 연주하도록 한다. 학생들이 연주한 것을 확인하면서 음악지능을 체크 한다.

*신체운동지능: 1레벨~5레벨로 나눠서 총 5개의 요가 및 스트레칭 동작을 영상으로 보여주고, 학생들이 따라 하게 한다. 학생들이 따라 하는 동작을 보고 유연성, 지구력을 확인하면서 신체운동지능을 체

크 한다.

*대인관계지능: "신문지 위에 올라가기" 게임을 한다. "신문지 위에 올라가기" 게임은 학생들이 펼쳐진 신문지 위에 올라가게 하고, 그 다음 신문지를 반으로 접어 그 위에 올라가게 한다. 그다음 또 반으로 접은 신문지를 또 반으로 접고 학생들이 그 신문지 안에 올라가게 한다. 학생들은 신문지 위에 올라가기 위해 서로 업기도 하고, 한 발로 서기도 하는 등 다양한 방법을 사용한다. 이 게임을 하는 학생들의 협동하는 모습, 주도하고 이끄는 모습, 수동적이고 따라가는 모습 등을 통해 학생들의 대인관계지능을 체크 한다.

*자기이해지능: 학생들에게 종이 하나를 나눠주고, 자기 자신을 한 문장으로 표현하고, 자신의 장점과 단점을 기록하게 한다. 학생들이 자기 자신에 대해 표현한 내용, 장점과 단점을 쓴 내용을 통해 자기이해지능을 체크 한다.

*자연친화지능: 시든 꽃 화분을 가지고 와서 학생들에게 보여주고, 어떤 생각이 드는지를 쓰게 한다. 시든 꽃에 대해 긍휼함을 가지고 있는지, 살리고 싶은 마음이 있는지 등을 살펴보면서 자연친화지능을 체크 한다.

(4) **시간구성** : 1시간 반 활동, 1시간 나눔

(5) **준비물** : 필기구, 뉴스 기사를 쓸 만한 유튜브 동영상, 수학 문제지 및 답안지, 만화 캐릭터 그려진 종이, 도화지, 색연필, 동요 악보, 실로폰, 요가 및 스트레칭 동작 나오는 영상물, 신문지, 시든 꽃 화분

4. 4주차

(1) **주제** : 내가 흥미를 느끼는 것은 무엇인가?

(2) **핵심내용** : "인생동사찾기" 게임을 통한 흥미 찾기

(3) **세부내용** : "인생동사찾기" 게임을 한다. 청소년들에게 열정을 불러일으키는 인생동사를 찾는 게임을 하는 것이다. 우리가 일상생활 속에서 사용하는 동사 중에 여러 가지를 선택해서 카드 한 장당 하나의 인생동사를 써서 펼쳐놓고, 청소년 자신의 인생을 표현하는 동사, 열정이 들어가는 동사를 선택하게 하는 것이다. 동사는 워낙 많이 있기 때문에 다양한 종류의 동사를 써서 나열하면 되지만, 다중지능이론의 8가지 지능영역과 연결해서 단어들을 만들면 다중지능활동의 결과와 비교하면서 학생에게 맞는 진로 분야를 좀 더 명확하게 찾을 수 있을 것이다.

다중지능의 영역과 연계해서 동사를 만든다면, 대인관계지능 관계 단어는 "함께 노력해라, 협력하라, 용서하라, 같이 있어라, 주도하라"가 될 수 있고, 논리수학지능 관계 단어는 "구성하라, 배열하라, 유추하라, 설득하라, 확증하라"가 될 수 있다. 언어지능 관계 단어는 "암송하라, 외쳐라, 선포하라, 이야기하라'가 될 수 있고, 신체운동지능 관계 단어는 '움직여라, 뛰어라, 행동하라, 계속하라"가 될 수 있다. 공간지능 관계 단어는 "디자인하라, 만들어라, 배치하라, 조정하라"가 될 수 있고, 음악지능 관계 단어는 "박자 맞춰라, 작곡하라"가 될 수 있다. 자연친화지능 관계 단어는 "안아주라, 공

감하라, 품어라"가 될 수 있고, 자기이해지능 관계 단어는 "성찰하라, 회개하라, 돌아보라"가 될 수 있다.[210)]

(4) **시간구성** : 1시간 활동, 1시간 반 나눔

(5) **준비물** : 인생동사찾기 카드

5. 5주차

(1) **주제** : 나에게 적합한 직업은 무엇인가?

(2) **핵심내용** : 스트롱의 직업흥미검사를 한 후에 3주차, 4주차에 다룬 내용과 종합해서 직업 찾기

(3) **세부내용** : 스트롱의 직업흥미검사를 통해 현장형, 탐구형, 예술형, 사회형, 진취형, 사무형 중에 자신은 어느 유형에 속하는지에 대해 찾고, 그 유형에 맞는 직업들을 확인한다. 그리고 3주차 때 찾은 8가지 지능 중 자신의 상위 3가지 지능과 맞아떨어지는 직업을 각자 인터넷 검색, 직업카드 등을 참고해서 찾고 5가지 쓰게 한다.

직업카드는 학생들에게 "직업흥미를 탐색할 수도 있고, 모르는 직업을 알려줄 수도 있으며, 자기가 좋아하는 직업과 싫어하는 직업의 특징을 탐색하게 할 수도" 있어서 학생들이 직업카드를 통해서 직업정보를 얻게 하는 것은 좋은 방법이다.[211)]

직업을 5가지 쓰게 한 이유는 1가지만 쓰면 앞으로 그 직업을 무조건 가져야 하는 것인가 부담이 될 수 있고, 현실적으로 되기 어려

---

210) 김성중,『사춘기 자녀 웃으며 키우기』, 128-129.

211) 김충기 외 4인,『진로상담과 진로교육』, (서울: 동문사, 2011), 224.

운 직업일 경우는 현실과의 괴리 속에 힘들어할 수 있기 때문이다.

EBS 다큐프라임 "다중지능" 편에 의하면 8가지 지능 중에 상위 3가지 지능을 찾고, 그 상위 3가지 지능과 특성적으로 맞아떨어지는 직업을 선택할 때, 그 사람은 그 직업에 흥미를 가질 수 있고, 성과도 잘 나타나서 성공할 수 있다고 정리했다.[212] 그다음 4주차 때 자신이 선택한 인생동사 3가지와 맞춰지는지를 확인하고 나서 서로 자신에게 적합할 수 있는 직업들을 발표하는 시간을 가진다.

(4) **시간구성** : 30분 직업흥미검사, 30분 설명, 1시간 반 탐색 및 나눔

(5) **준비물** : 스트롱의 직업흥미검사지, 직업카드, 필기구

6. 6주차

(1) **주제** : 내가 중요하게 여기는 것은 무엇인가?

(2) **핵심내용** : 나의 가치관 찾기

(3) **세부내용** : 인생의 방향을 결정할 때 중요한 기준이 되는 것은 바로 가치관이다. 가치관에 의해 어떠한 것을 선택하고, 또한 반대로 선택하지 않을 수 있다. 가치관에 의해 어떠한 중요한 삶의 방향을 결정할 수 있고, 가던 방향을 바꿀 수 있다. 따라서 학생 스스로 자신이 중요하게 여기는 가치관이 무엇인지에 대해서 성찰할 필

212) EBS 다큐프라임, 다중지능, 2012년 https://www.youtube.com/watch?v=7OQF0p9oru4&list=PLA7-otOEKcl0br8hJYePNAHsSnycUYMTf&index=5.

요가 있다. 구체적인 활동 사항으로는 위의 이론 부분에서 살펴본 여러 전문가들이 말하는 가치관의 종류들 중에 학생 눈높이에서 쉽게 이해할 수 있는 가치관의 종류들을 그룹 지어서 하나씩 설명한다.

*1그룹 가치관: 개인적 성향의 측면-미학(심미성), 실용성, 자율성, 창의성(변화), 주도성, 자주성, 질서 정연성, 탐구성, 활동성(운동)

*2그룹 가치관: 목표의 측면-성취(능력발휘), 발전, 자기계발, 자기표현, 지식추구, 모험추구(도전), 몸과 마음의 여유

*3그룹 가치관: 사회 안에서의 측면-이타주의(봉사), 사회적 관계(인간관계), 개인주의, 경제적 보상 및 안정, 애국, 명예, 지위, 권력

1, 2, 3그룹 안에 있는 가치관의 종류를 차근차근 설명하고, 각 그룹 별로 학생 본인이 중시여기는 기준에 따라 가치관의 종류들의 순위를 매기게 하고, 학생들이 본인의 가치관을 소개하는 시간을 갖도록 한다. 물론 기독교적인 기준에서 보았을 때 더 우선시되어야 할 가치관이 있으나 학생 개인이 자신에게 중요하다고 생각하는 가치관을 상위에 둔 이유를 듣고, 자신의 인생의 방향의 기준으로 괜찮은 것인지 진지하게 생각하는 시간을 마련해야 한다.

(4) **시간구성** : 1시간 가치관 종류 설명, 30분 가치관 순위 매기기 활동, 1시간 나눔

(5) **준비물** : 가치관 강의 PPT, 필기구

7. 7주차

(1) **주제** : 상처 입은 치유자

(2) **핵심내용** : "내 삶의 등고선 그리기"와 "나의 현재 생각, 관심사, 고민 쓰기" 활동하기

(3) **세부내용** : "내 삶의 등고선 그리기"를 통해서 과거의 부정적인 경험들, 힘들었던 시간을 객관적으로 바라보는 시간을 갖는다. 그리고 그 부정적인 경험들과 힘들었던 시간을 통해서 배운 것은 무엇인지 찾도록 한다. 그럼으로써 과거의 상처가 나의 미래의 사명으로 연결되어 나와 같은 힘든 내용 들을 경험하는 사람들을 치유하는 힘이 될 수 있도록 의미를 부여하는 시간을 갖는다. 또한, "나의 현재 생각, 관심사, 고민 쓰기"를 통해서 현재의 생각과 관심사와 고민을 객관적으로 바라보고, 이것이 미래를 위해 발전적인 역할을 할 수 있도록 인도하는 시간을 갖는다. 요약하면 "내 삶의 등고선 그리기"와 "나의 현재 생각, 관심사, 고민 쓰기" 활동을 하고, 서로 나누고, 그다음 교사는 그 안에서 현재와 미래에 긍정적인 의미를 찾도록 질문하고 학생 스스로 성찰하며 찾도록 도와준다.

(4) **시간구성** : 30분 활동, 1시간 나눔, 1시간 질문 및 성찰

(5) **준비물** : 필기구

8. 8주차~10주차

(1) **주제** : 책 안에서 찾을 수 있는 나의 멘토들은 누구인가?

(2) **핵심내용** : 현대인의 자서전을 매주 한 권씩 읽고 멘토 찾기

(3) **세부내용** : 우리는 학생들의 멘토를 찾을 때 학생들이 아는

지인 중에서 찾는다. 하지만 학생들이 직접 알지 못하는 사람도 학생들의 멘토가 될 수 있다. 멘토는 우리 학생들의 "전인적인 성장과 성숙을 위해 교육적인 영향"을 주면 되는 것이다.[213)]

요즘 학생들은 자신이나 혹은 자신의 부모의 지인 가운데 멘토를 적극적으로 찾는 부분이 약하기 때문에 좀 더 쉬우면서도 편안한 방법을 통해서 학생들의 멘토를 찾아야 한다. 제일 대표적인 방법이 바로 현대인의 자서전 안에서 멘토를 찾는 것이다. 현대인으로 한정한 이유는 학생들에게 있어 공감력을 얻기 위해서이다. 여기서 우리 학생들의 멘토가 될 수 있는 현대인이란 우리 학생들보다 20~60년은 더 먼저 살고 있는, 즉 동시대에 함께 살아가고 있는 선배이다. 그리고 전기문이 아닌 자서전을 언급한 이유는 전기문은 한 사람이 죽고 나서 다른 사람이 그 사람의 일대기를 조망하면서 쓴 글인데, 어찌 보면 우리의 모습과는 다른 영웅화된 모습이 드러나서 공감적인 부분에서 약하기 때문이다.

반면에 자서전은 저자 본인이 쓴 것이기 때문에 살아있는 삶의 이야기가 드러나고, 그 안에는 실패와 좌절의 이야기도 들어 있기에 전기문보다 훨씬 더 공감력이 발생하게 된다. 현대인의 자서전을 읽으면서 학생들은 자신의 인생의 멘토들을 찾을 수 있다.[214)]

멘토는 한 명으로 한정 지을 필요가 없다. 오히려 한 명으로 한

213) 김성중, "신학교 진로교육을 위한 멘토링 프로그램에 관한 연구," 『선교와 신학』, 제39집 (2016), 51.

214) 김성중, 『사춘기 자녀 웃으며 키우기』, 139-140.

정 지으면 문제가 발생 된다. 왜냐면 완벽한 인간은 없기에 완벽한 한 명의 모델을 찾는 것은 불가능하기 때문이다. 그리고 그 모델이 혹여나 문제가 있거나 문제가 발견된다면 그 사람을 멘토로 여긴 학생에게는 큰 부정적인 영향이 발생 될 수밖에 없다. 그래서 이번 "토요 드림 스쿨(SDS: Saturday Dream School)"에서는 매주 1권씩 현대인의 자서전을 읽게 해서 책 안에서 3명의 멘토를 만나게 하는 것이다. 교사가 일방적으로 자서전을 선정해서 읽게 하면 흥미가 떨어질 수 있기에 선별된 20~30권 정도의 자서전을 놓고, 학생이 3권을 선택할 수 있도록 하면 좋을 것이다. "토요 드림 스쿨(SDS: Saturday Dream School)" 교육시간에는 자서전 1권을 다 읽을 시간이 없기에 미리 과제로 내어 1주간 동안 집에서 읽어올 수 있도록 하고, 프로그램 시간에는 ① 자신이 읽은 자서전의 주인공, ② 주인공의 삶, ③주인공의 강점과 약점, ④ 주인공의 실패와 성공, ⑤ 주인공을 통해 느끼고 배우고 결심한 점을 나누게 한다. 이렇게 매주 1권씩 자서전을 읽게 해서 3주 동안 3권의 자서전을 읽고 자서전의 주인공에 대해 나누게 한다.

(4) **시간구성** : 2시간 반 자신이 읽은 자서전 소개 및 나눔

(5) **준비물** : 현대인의 자서전 1권씩 대여

9. 11주차

(1) **주제** : 유튜브 간증 영상을 통한 배움

(2) **핵심내용** : 유튜브 간증 영상에 나온 멘토들을 통해 인생 배우기

(3) **세부내용** : 요즘은 유튜브 시대이고, 청소년들은 유튜브를 보는 것이 자연스러운 일상이다. 어떠한 정보를 찾을 때에도 청소년들은 유튜브를 통해서 찾는다. 따라서 유튜브 영상의 간증 시청을 통해서 인생의 멘토들을 찾을 수 있고, 큰 도전을 받을 수 있다.

유튜브 검색창에 "간증"이라는 단어를 검색하면 간증이 많이 나온다. 분야별로 검색해도 나온다. "운동선수 간증" "CEO 간증" "가수 간증" "연예인 간증" 등 분야별로 검색하면 분야에 맞는 사람의 간증이 검색되어 나온다.

"토요 드림 스쿨(SDS: Saturday Dream School)" 인도자는 사전에 좋은 간증 영상 3개(각 영상당 30분 기준)를 선별하고, 프로그램 시에 학생들이 다 함께 볼 수 있도록 한다. 간증 영상을 다 시청한 후에는 간증 주인공들의 삶의 이야기를 통해 배운 점들을 나누게 한다.

(4) **시간구성** : 1시간 반 유튜브 간증 영상 시청, 1시간 나눔

(5) **준비물** : 유튜브 간증 영상 3개

10. 12주차

(1) **주제** : 나의 꿈 발표

(2) **핵심내용** : 나의 꿈을 친구들에게 소개하기

(3) **세부내용** : 지금까지 활동한 것을 총정리하며 복습하는 시간

을 가지고, 미리 준비된 예쁜 종이에 지금까지 활동한 것을 바탕으로 학생 스스로 자신이 누구인지에 대해 요약하며 총정리하는 시간을 가진다. 다 쓴 후에는 한 사람씩 앞으로 나와서 발표하는 시간을 가진다. 발표를 다 마친 후에는 교사들이 학생들을 축복하는 시간을 가지고 멋있는 수료증을 수여하고, 학생 한 명 한 명을 위해 참여한 모두가 함께 기도하는 시간을 가진다. 그 이후에는 다 함께 사진을 찍고, 축하 간식 파티를 한다.

꿈의 사람 ○○○
1. 소명, 비전, 사명, 꿈, 직업의 개념을 한 문장으로 정리해봅시다!
2. 나의 MBTI 성격 유형을 적어봅시다!
3. 나의 다중지능 상위 세 가지를 기록해보고, 이 세 가지와 연관된다고 생각되는 5가지 직업들과 스트롱의 직업흥미검사에서 나온 직업 분야들을 같이 적어봅시다!
4. 나의 인생동사 세 가지를 기록해봅시다!
5. 내가 중요하게 여기는 가치관을 나열해봅시다! 1그룹 가치관: 2그룹 가치관: 3그룹 가치관:
6. 나의 인생에 있어 경험했던 과거의 부정적인 경험이 나의 현재와 미래에 어떤 긍정적인 의미를 주는지, 그리고 미래를 위한 현재의 발전적인

고민은 무엇인지 써 봅시다!

7. 자서전 안에서 찾을 수 있는 나의 멘토들은 누구이며, 그분들을 통해 배운 점은 무엇인지 적어봅시다!
   자서전 1:
   자서전 2:
   자서전 3:

8. 유튜브 간증 영상에서 나온 멘토들은 누구이며, 그분들을 통해 배운 점은 무엇인지 적어봅시다!
   유튜브 간증 1:
   유튜브 간증 2:
   유튜브 간증 3:

9. 나의 결심

나 ○○○은 하나님을 기쁘시게 하기 위한 삶의 목적을 내 삶에서 구현하기 위해 (지능 1), (지능 2), (지능 3) 지능을 바탕으로 (직업 1), (직업 2), (직업 3), (직업 4), (직업 5) 직업 분야에서 (1그룹 가치관 1위), (2그룹 가치관 1위), (3그룹 가치관 1위) 가치관을 가장 소중히 여기며 (사역) 대상을 향해 (인생동사 1), (인생동사 2), (인생동사 3) 하며 생명을 살리는 사명자로 살아가고자 굳게 결심합니다!!

년 월 일

수료자: ○ ○ ○ (서 명)

(4) **시간구성** : 30분 총정리, 30분 기록, 1시간 발표, 30분 수료식

(5) **준비물** : 활동 요약 발표용 예쁜 종이, 필기구, 수료증, 간식

Ⅳ. 나가는 말

청소년들에게 있어서 제일 중요한 고민이자 관심사는 바로 진로이다. 그러나 청소년들이 편하게 찾을 수 있는 기관 중에 이 진로에 대해서 구체적으로 도움을 주는 기관을 찾기가 힘들다. 학교라는 기관은 성적을 기반으로 진로지도를 해야 하기에 학생들의 특성에 맞는 맞춤식 진로 탐색 프로그램을 운영하기가 힘들다. 학원은 더더욱 성적을 향상 시키는 것에 목표를 두고 있기에 성적 외에 다양한 학생의 특성을 고려한 진로 탐색 프로그램을 만들어서 시행하기가 힘들다.

그렇다면 우리 청소년들은 어디를 가야 진로 탐색 프로그램에 참여해서 자신의 진로에 대해 구체적으로 생각하고 찾는 데 도움을 받을 수 있다는 말인가? 정답은 바로 나온다. 교회가 그 역할을 감당해야 한다. 교회가 청소년들이 진로를 탐색하고 발견할 수 있도록 구체적인 도움을 주어야 한다.

현재 한국교회 청소년부는 학생들이 점점 줄어들고 있다. 청소년들이 교회에 관심을 가지지 않는다. 그렇기 때문에 "21세기의 선교 전략에서 가장 중요한 분야가 청소년 선교"이다.[215] 한국교회 청소년부가 다시 살아나기 위해서는 학생들의 고민과 관심사에 맞는 내용, 그러나 학교나 학원에서는 어떻게 해 주지 못하는 내용을 가지고 프로그램을 만들어서 시행해야 한다. 청소년들이 교회에 오기만

215) 김영동, "교회사에 나타난 청소년 사역," 『선교와 신학』, 제27집 (2011), 16.

을 기다릴 것이 아니라, 그들의 필요를 채워주는 것이다.

청소년들이 가장 원하는 프로그램은 바로 진로 탐색 프로그램이다. 따라서 교회 안에서 할 수 있는 기독교 진로 탐색 프로그램에서는 하나님께서 청소년 자신을 어떻게 만드셨는지 자기 자신을 이해할 수 있도록 도움을 주어야 한다. 자신의 "적성, 흥미, 성격, 가치관, 경험과 상황"을 객관적으로 바라보면서 하나님 앞에 자신이 누구인지 이해할 수 있도록 도움을 주어야 한다. 그리고 "자기 이해"를 바탕으로 자신이 어떤 진로 분야로 나아가서 어떤 사명을 가지고 살아야 할지를 찾을 수 있도록 도움을 주어야 한다. 즉 "진로 정체성 확립과 진로 결정을 할 수 있도록" 도와주어야 한다.[216)]

이러한 진로 탐색 프로그램은 이론으로 연구하는 것에서 끝나면 안 된다. 아주 구체적으로 교회에서 어떻게 적용하고 실천할 수 있을지 세부적인 커리큘럼을 만들어서 교회 현장에 제공해주어야 한다.

이런 면에서 이번 7장에서 담은 내용은 실제 한국교회 청소년부 현장에서 적용하고 시행할 수 있는 기독교 청소년 진로 탐색 프로그램을 제공했다는 점에서 의미가 있지 않을까 생각한다. 한국교회 청소년부에 기독교 진로 탐색 프로그램의 실제인 "토요 드림 스쿨 (SDS: Saturday Dream School)"이 활용되고 더 발전되어서 한국교회 청소년부의 대표적인 전도 프로그램이 되기를 소망한다. 청소년들의 마음을 이해하고, 그들의 가장 큰 고민이자 관심 주제인 진로의

---

216) 송윤희, 장화선, "기독교교육과 학생들의 진로 동기 분석-A대학교 기독교교육과 사례를 중 심으로,"『기독교교육논총』, 제51집 (2017), 272.

문제를 실제적으로 해결하는데 앞장서는 곳이 교회 청소년부가 되기를 바라면서 본 장을 마무리하고자 한다.

참고문헌

☆ 고수진. "2차 진로교육 정책을 보완하는 '진로소명' 교육 제안 : 기독교 학교에서 종교 교과를 통한 진로 교육."『기독교교육논총』. 제60집 (2019), 305-336.

☆ 김도일, "가정과 교회의 유기적 관계 회복을 통한 신앙교육-가교사역: 건강한 신앙학습생태계 형성에 대한 연구와 제안."『선교와 신학』. 제36집 (2015), 11-45.

☆ 김봉환 외 7인.『진로교육개론』. 서울: 사회평론아카데미, 2017.

☆ 김성중.『너는 커서 어떤 나무가 될래?』. 서울: 생명의말씀사, 2016.

☆ 김성중. "신학교 진로교육을 위한 멘토링 프로그램에 관한 연구."『선교와 신학』. 제39집 (2016), 47-81.

☆ 김성중.『사춘기 자녀 웃으며 키우기』. 서울: 두란노, 2020.

☆ 김영동. "교회사에 나타난 청소년 사역."『선교와 신학』. 제27집 (2011), 13-45.

☆ 김정택, 심혜숙.『MBTI GS형 성격유형검사지』. 서울: 한국심리검사연구소, 1991.

☆ 김충기 외 4인.『진로상담과 진로교육』. 서울: 동문사, 2011.

☆ 김현택 외 17인.『현대심리학 이해』. 서울: 학지사, 2003.

☆ 배무련, 김판희. "기독 청소년의 사회적 지지, 신앙성숙, 진로소명, 진로결정 자기효능감과 진로발달 간의 구조적 관계."『기독교교육논총』. 제42집 (2015), 331-358.

☆ 송병국 외 6인.『현장중심 진로교육』. 서울: 미래엔, 2018.

☆ 송윤희, 장화선. "기독교교육과 학생들의 진로 동기 분석-A대학교 기독교교육과 사례를 중심으로."『기독교교육논총』. 제51집 (2017), 271-298.

☆ 신명희 외 3인.『교육심리학의 이해』. 서울: 학지사, 1998.

☆ 이동찬. "대학선교를 위한 직업비전 중심의 기독교적 셀프리더십."『선교와 신학』. 제46집 (2018), 41-69.

☆ 이은철. "원격 교육에 대한 성인 학습자의 집중 및 흥미 수준에 대한 연구-방송통신고등학교 학생을 중심으로."『기독교교육논총』. 제50집 (2017), 319-349.

☆ 장화선. "기독교교육과 학생들을 위한 진로 지도 방안-A대학교 기독교교육과

사례를 중심으로."『기독교교육논총』. 제46집 (2016), 205-229.
☆ 조동헌 외 9인.『진로교육학개론』. 서울: 교육과학사, 2019.
☆ 한국심리학회 심리학용어사전. MBTI. 2014년 https://terms.naver.com/entry.nhn?docId=2070205&cid=41991&categoryId=41991. 한국온라인마케팅전략연구소.『4차산업혁명시대 미래유망직업카드』. 서울: 한국온라인마케팅전략연구소, 2019.
☆ 한국콘텐츠미디어.『중, 고등학생을 위한 직업카드』. 서울: 한국콘텐츠미디어, 2019.
☆ EBS 다큐프라임. 다중지능. 2012년 https://www.youtube.com/watch?v=7OQF0p9oru4&list=PLA7-otOEKcl0br8hJYePNAHsS nycUYMTf&index=5.
☆ Gardner, H. Changing minds. Boston: Harvard Business School Press, 2004.

8장

신앙과 학업의 관계 정리[217]

217) 이번 장은 2019년 <기독교교육논총> 60집, 195-225에 게재했던 필자의 논문을 수정 보완한 것이다.

1. 들어가는 말

많은 학생들이 교회에 나오지 못하는 이유가 바로 주일에 학원에 가기 때문이다. 본인이 교회에 나오려고 해도 부모가 학원으로 보내기 때문에 어쩔 수 없이 학원에 가야 하는 형편이다. 주일에 학원 보충이 겹치면 고민도 하지 않고 학원으로 가게 된다. 고등학교 3학년 학생이 교회에 나오면, "학원 안 가고 왜 교회에 나왔어?"라고 교회학교 교사들이 놀라면서 물어본다. 고등학교 3학년이 교회에 나오면 놀라는 교회가 바로 한국 교회이다.

학교 중간고사, 기말고사 기간이 되면 예배출석이 반으로 떨어진다. 신실한 학생들이라 할지라도 신앙과 학업의 관계 속에서 방황하고 있고, 많은 부모들은 신앙과 학업이 충돌할 때 학업을 우선적으로 선택하는 경향이 있다. 심지어 "직분을 가진 부모마저 공부를 신앙보다 더 우선순위에 두고 있다."[218)]

아이들은 부모에게 영향받는 것이 절대적이기 때문에 아이들도 학업 우선을 선택할 수밖에 없게 된다. 이러한 한국의 입시문화와 학업 우선의 문화 안에서 기독교교육자는, 교회학교 교사는, 기독 학부모는 신앙과 학업의 관계를 어떻게 설정해야 하는지 고민하지 않을 수 없다.

이번 8장은 이러한 관심을 가지고 본론에서는 신앙이 학업에

---

218) 전병재, "개혁주의 세계관으로 바라본 학업과 기독교교육의 과제,"『기독교교육논총』 59 (2019), 416.

영향을 주는, 즉 신앙이 학업의 동기가 될 수 있는 이론적 근거를 Alderfer의 "생존-관계-성장이론"에서 찾아보고, Sethia와 Glinow의 문화유형론을 차용해서 신앙-학업 관계유형을 만들어보려고 한다. 그러고 나서 신앙-학업 관계유형 중에 신앙-학업 "통합유형"을 이상적인 유형으로 보고, 이 유형을 가지고 기독교교육 현장에서 적용할 수 있는 교육의 모델을 제시해보려고 한다.

Ⅱ. 바람직한 신앙-학업 관계유형을 위한 이론적 근거

1. Alderfer의 "생존-관계-성장이론"

학생들의 공부의 동기가 신앙적인 부분이 될 수 있는지에 대한 근거를 제공해주는 이론을 Alderfer의 "생존-관계-성장이론"에서 찾으려고 한다. Alderfer의 "생존-관계-성장이론"은 우리에게는 생존, 관계, 성장의 욕구가 있다는 것이다.

"생존욕구(existence needs)"는 사람이 생존하기 위해서 필요한 욕구로서 의, 식, 주를 해결하는 물질적 욕구가 여기에 해당한다.

"관계욕구(relatedness needs)"는 사회적 존재로서의 인간이 다른 사람과 좋은 인간관계를 가지려고 노력하는 욕구이다. 다른 사람으로부터 사랑을 받고, 인정과 존경도 받고 싶은 욕구이며, 자신을 신뢰해주고 사랑해주는 공동체에 소속되기를 원하는 욕구이기도 하다.

마지막으로 "성장욕구(growth needs)"는 인간이 내적으로 성장하고 성숙하기를 원하고, 자신의 잠재력과 가능성을 최대한 발휘해서 일하고, 가치 있는 일을 통해서 다른 사람에게 도움을 주는 영향력 있는 삶을 살기 원하는 욕구이다.[219] Alderfer의 "생존-관계-성장 이론"은 Maslow의 욕구계층이론(인간의 욕구가 생리적욕구, 안정욕구, 사회적 욕구, 존경욕구, 자아실현욕구 순서대로 나타난다는 이론)에 영향을 받았으나, 이보다 더 발전된 형태이고 본 연구의 이론적 근거로 삼기에 Maslow의 이론보다 적합하다. 왜냐하면 Maslow의 욕구계층이론은 인간의 욕구가 아래 욕구서부터 위의 욕구로 이행하면서 순차적으로 나타난다고 보는데, Alderfer의 이론은 여러 가지 욕구가 동시에 나타날 수 있다고 보았고, 하위단계의 욕구가 만족 되지 않아도 바로 상위단계의 욕구가 나타날 수 있다고 보았기 때문이다.[220]

학업과 신앙의 부분에 있어서 신앙적인 욕구는 Alderfer의 생존욕구, 관계욕구, 성장욕구의 부분에서 성장욕구에 해당한다. 신앙을 통해 내적으로 성장하고 성숙하며, 하나님의 꿈을 발견해서 하나님께서 자신에게 주신 잠재력, 가능성, 재능을 최대한 발휘하며, 가치 있는 일을 통해 선한 영향력을 주는 사명자로 살아가는 것이 믿는 자의 삶의 목표이기 때문에 성장욕구에 해당하는 것이다. 이러한 성장욕구가 학생들의 공부의 동기가 될 수 있다고 확인시켜주는 이론이 Alderfer의 "생존-관계-성장이론"이다.

---

219) 윤정일 외 3인,『교육행정학 원론 (6판)』, (서울: 학지사, 2017), 79-80.

220) 주삼환 외 10인,『교육행정 및 교육경영 (5판)』, (서울: 학지사. 2015), 139-142, 149-150.

보통의 학생들은 좋은 대학에 가기 위해 밤낮으로 열심히 공부한다. 좋은 대학에 진학하면 사람들로부터 인정을 받고, 대학 졸업 이후에 좋은 직장에 들어가면 돈 많이 벌 수 있다고 생각하면서 열심히 공부한다. 돈 많이 벌면 좋은 집에서 살 수 있고, 좋은 차를 타고 다닐 수 있고 그럼으로써 행복할 수 있다고 믿기 때문에 열심히 공부한다. 이렇게 본다면 보통의 학생들이 열심히 공부하게 되는 동기는 Alderfer의 이론에서 생존욕구, 관계욕구에 해당한다. 그리고 Maslow의 이론과 같이 이러한 욕구가 순차적으로 나타난다면 맨 위에 있는 성장욕구로 나아가기는 힘들게 된다. 왜냐면 생존욕구, 관계욕구를 다 충족시켜야 맨 위에 있는 성장욕구로 나아갈 수 있기 때문이다. 그렇다면 좋은 대학에 진학하고, 사람들로부터 인정받고, 그다음 좋은 직장에 들어가서 돈도 많이 벌고, 다른 사람들이 부러워할 만한 조건을 가지고 있을 때 신앙적인 부분에서 성장과 성숙에 대한 욕구를 가지게 되고 다른 사람에게 선한 영향력을 발휘할 수 있는 욕구가 생겨난다는 것인데, 이렇게 되면 신앙이 성공을 위한 도구가 될 수밖에 없는 이론이 되는 것이다. 따라서 Alderfer의 "생존-관계-성장이론"을 통해 하나님을 믿는 학생들이 공부하게 되는 동기가 생존욕구, 관계욕구가 아닌, 바로 성장욕구가 될 수 있다는 점을 증명할 수 있다.

2. Sethia와 Glinow의 문화유형론

인간에 대한 관심 \ 성과에 대한 관심	낮음	높음
높음	보호문화	통합문화
낮음	냉담문화	실적문화

Sethia 와 Glinow의 문화유형론[221)]

“보호문화”라는 것은 인간에 대한 관심은 높고 성과에 대한 관심은 낮은 문화이다. 즉, 공동체 구성원들의 복지 부분에 대해 관심을 가지고, 성과에 대해서는 큰 목표를 세우지 않은 문화이다. 즉, 구성원 자체를 소중히 여기고 그들에게 관심을 가지고 있는 문화 유형이다. 이러한 공동체 문화를 가지고 있는 곳에서는 구성원들이 공동체에 대한 충성을 나타내고, 공동체에 대한 애정과 사랑을 드러내게 되어 있다.

“냉담문화”라는 것은 인간에 대한 관심도 낮고 성과에 대한 관심도 낮은 문화이다. 이러한 문화 속에 있는 공동체는 리더십에 있어 문제가 있는 유형이다. 무관심과 방임적인 리더십에 의해 공동체가 운영되기 때문에 공동체 구성원들 간의 애정이나 사랑도 없고, 서로 믿지 못하는 불신이 팽배해 있게 된다. 이러한 상황 가운데서는 마음

221) 황영준, 안미화,『교육행정 및 교육경영』, (서울: 양서원, 2015), 85.

이 하나가 되어 목표를 이룰 수가 없어서 공동체가 혼란스럽고 성과를 내기가 어렵게 된다.

"실적문화"라는 것은 인간에 대한 관심은 낮고, 성과에 대한 관심은 높은 문화이다. 실적문화는 보호문화의 반대로서 공동체 구성원들의 복지 부분에 대해 관심이 없거나 소홀하고, 실적 위주의 목표를 세우고 그 목표에 도달하기 위해 열심히 일하는 실적 지상주의를 강조하게 된다. 이러한 문화 가운데서는 공동체 구성원들 간에 치열한 경쟁이 유발될 수밖에 없고, 높은 성과를 낸 구성원에게는 보상이 따르고, 그렇지 못한 구성원에게는 그에 따르는 책임이 따르기 때문에 구성원들 사이의 관계가 좋을 수 없게 된다. 높은 성과를 낸 구성원은 인정을 받고, 낮은 성과를 낸 구성원은 그렇지 못하기 때문에 차별의 문화가 생겨날 수밖에 없다.

마지막으로 "통합문화"라는 것은 냉담문화의 반대로서 인간에 대한 관심도 높고 성과에 대한 관심도 높은 문화이다. 즉 인간에 대한 관심과 성과에 대한 관심이 균형 있게 작용하고 시너지 효과를 내는 이상적인 문화이다. 구성원들 한 명 한 명에게 관심을 가지고 그들의 복지를 강조한다. 그러면서도 구성원들 한 명 한 명이 자신의 능력을 최대한 발휘해서 성과를 낼 수 있도록 일한다. 구성원들은 자신이 속해 있는 공동체에 주인의식을 가지고 참여하기 때문에 주어진 일, 해야 하는 일만 하는 수동적인 태도에서 벗어나서 공동체 발전을 위해 필요한 일을 자발적으로 찾아서 하며 창의성을 가지고 일하게 된다. 구성원들의 관계가 좋기 때문에 서로 협력해서 즐겁게 일

하는 모습이 특징적으로 나타난다.[222)]

3. 신앙-학업 관계유형

Sethia 와 Glinow의 문화유형론은 '인간'과 '성과'라는 두 가지 요소를 가지고 네 가지 유형을 구성하였는데, 이 이론을 차용해서 '신앙'과 '학업'이라는 두 가지 요소를 가지고 네 가지 유형을 구성할 수 있다. 수평 축에 학업에 대한 관심을 두고, 수직 축에 신앙에 대한 관심을 둘 수 있다.

학업에 대한 관심

신앙에 대한 관심	낮음	높음
높음	보호유형	통합유형
낮음	냉담유형	실적유형

"보호유형"이라는 것은 신앙에 대한 관심은 높지만, 학업에 대한 관심은 낮은 유형이라고 볼 수 있다. 이러한 유형 안에서는 학생들의 신앙에만 관심이 있고 학생들의 학업에는 관심이 없다. 학생들의 신앙을 보호하는 것이 가장 큰 목표이기 때문에 학생들에게 뜨거운 신앙을 강조하고, 주일에 학원에 가는 것을 죄악시하며 주일성수

222) 신현석 외 15인,『학습사회의 교육행정 및 교육경영 (2판)』, (서울: 학지사, 2016), 107-108, 황영준, 안미화,『교육행정 및 교육경영』, 85.

가 중요한 율법이 된다. 보호유형 안에서는 신앙에 대한 열정과 충성, 순종을 중요한 가치로 여긴다.

"냉담유형"이라는 것은 신앙에 대한 관심도 낮고, 학업에 대한 관심도 낮은 유형이라고 볼 수 있다. 신앙과 학업의 연결고리가 없는 분리유형이다. 신앙이 학업 하는 동기가 되지 않고, 신앙이 학업에 긍정적인 영향을 주지 않는다. 신앙에 대한 열의가 적다 보니까 신앙생활 하는 시간 때문에 학업에 부정적인 영향을 준다고 생각하지도 않는다. 안타까운 것은 요즘 교회 나오는 학생 중에 이 유형에 속해 있는 학생들이 꽤 있다. 신앙에 대해서도 큰 관심이 없고, 학업은 남들 다 하니까 대학입시 때문에 수동적으로 하는 것뿐이다.

"실적유형"이라는 것은 신앙에 대한 관심은 낮고, 학업에 대한 관심은 높은 유형이라고 볼 수 있다. 이러한 유형 안에서는 학생들이 신앙보다 학업에 더 큰 관심과 우선순위를 둔다. 그렇기 때문에 학업이 목표가 되고, 신앙이 학업의 목표 달성을 위한 수단이 된다. 한국교회의 많은 학부모들이 이 유형에 속해 있다고 판단된다. 많은 부모들은 자신의 자녀가 하나님을 잘 믿어서 공부 잘하기를 원한다. 하나님을 믿는 신앙이 공부 잘하는 목표를 위한 도구가 된다. 부모는 아이가 공부 잘하는 복을 받게 해 달라고 열심히 신앙생활하고 아이를 위해 기도한다. 신앙의 목표가 아이가 공부 잘하는 것이 되는 것이다.

"통합유형"이라는 것은 신앙에 대한 관심도 높고, 학업에 대한 관심도 높은 유형이라고 볼 수 있다. 중요한 것은 이 유형은 "냉담유형"의 반대로 신앙과 학업을 분리하지 않고, 신앙 안에 학업을 통합하는 유형이라는 것이다. “실적유형”과 다르게 신앙이 목표이고, 학업이 수단이 되는 것이다. 하나님을 잘 믿는 것이 신앙의 목표이고, 세상 안에서 신앙적인 영향을 다른 사람들에게 주며 살아갈 수 있도록 준비하기 위한 과정으로서 학업을 감당하는 것이다. 학업이 신앙을 위한 수단이 되는 것이다. 이 유형에서는 하나님의 사명자로 세상에 선한 영향력을 주며 살아가기 위해, 즉 신앙적인 동기로 인해 더 열심히 학업 하게 만드는 유형이다.

4. 성경 안에서 찾는 신앙-학업 관계의 요소

성경 안에서 신앙-학업 관계의 요소를 찾아볼 수 있다. 신앙-학업 관계의 요소 첫 번째는 하나님 경외이고, 두 번째는 정직한 노력이고, 세 번째는 하나님께 영광과 찬송이다.

a. 하나님 경외

하나님을 경외할 때 지혜를 얻을 수 있고, 지식을 얻을 수 있다고 나온다. 즉, 신앙이 학업의 전제 요소로 나오는 것이다.

> 너희 성도들아 여호와를 경외하라 그를 경외하는 자에게는 부족함이 없도다(시편 34편 9절)

> 여호와를 경외함이 지혜의 근본이라 그의 계명을 지키는 자는 다 훌륭한 지각을 가진 자이니 여호와를 찬양함이 영원히 계속되리로다(시편 111편 10절)

> 여호와를 경외하는 자는 이같이 복을 얻으리로다(시편 128편 4절)

여호와를 경외하는 것이 지식의 근본이거늘 미련한 자는 지혜와 훈계를 멸시하느니라(잠언 1장 7절)

여호와를 경외하는 것이 지혜의 근본이요 거룩하신 자를 아는 것이 명철이니라(잠언 9장 10절)

하나님이 이 네 소년에게 학문을 주시고 모든 서적을 깨닫게 하시고 지혜를 주셨으니 다니엘은 또 모든 환상과 꿈을 깨달아 알더라(다니엘 1장 17절)

b. 정직한 노력

성경에서 나오는 '정직'이라는 단어의 중요한 의미는 요행을 바라지 않고 최선을 다한다는 것이다. 기독교에서 말하는 복은 정직한 노력으로 얻어지는 대가이다. 노력한 만큼의 결과를 얻는 것이 바로 복이다. 신앙-학업 관계의 요소에서 정직한 노력은 중요한 내용이다.

너는 네 평생에 수고하여야 그 소산을 먹으리라(창세기 3장 17절)

눈물을 흘리며 씨를 뿌리는 자는 기쁨으로 거두리로다(시편 126편 5절)

네가 네 손이 수고한 대로 먹을 것이라 네가 복되고 형통하리로다(시편 128편 2절)

악인은 불의의 이익을 탐하나 의인은 그 뿌리로 말미암아 결실하느니라(잠언 12장 12절)

스스로 속이지 말라 하나님은 업신여김을 받지 아니하시나니 사람이 무엇으로 심든지 그대로 거두리라(갈라디아서 6장 7절)

수고하는 농부가 곡식을 먼저 받는 것이 마땅하니라(디모데후서 2장 6절)

c. 하나님께 영광과 찬송

성경에서는 우리가 무엇인가를 열심히 하는 이유가 하나님께 영광 돌리고 하나님을 찬송하기 위함이라고 나온다. 이것이 가장 중요한 살아가는, 도전하는 이유와 목적인 것이다.

> 값으로 산 것이 되었으니 그런즉 너희 몸으로 하나님께 영광을 돌리라(고린도전서 6장 20절)
>
> 그런즉 너희가 먹든지 마시든지 무엇을 하든지 다 하나님의 영광을 위하여 하라(고린도전서 10장 31절)
>
> 나로 말미암아 하나님께 영광을 돌리니라(갈라디아서 1장 24절)
>
> 너희 의인들아 여호와를 즐거워하라 찬송은 정직한 자들이 마땅히 할 바로다(시편 33편 1절)
>
> 호흡이 있는 자마다 여호와를 찬양할지어다 할렐루야(시편 150편 6절)
>
> 이 백성은 내가 나를 위하여 지었나니 나를 찬송하게 하려 함이니라(이사야 43장 21절)

Ⅲ. 신앙-학업 "통합유형"의 실제

필자가 지향하는 신앙-학업의 관계유형은 바로 "통합유형"이다. 이 "통합유형"을 가지고 기독교교육의 현장에서 적용할 수 있는 교육의 모델을 만들어 제시해 보려고 한다.

1. 교육목표

"통합유형"의 교육목표는 신앙에 대한 관심도 높고, 학업에 대한 관심도 높게 만드는 것이다. 이 목표의 궁극적인 가치는 학업이 신앙을 위한 도구와 수단이 되는 것이고, 구체적인 의미는 신앙적인 영향력을 삶 속에서, 세상 속에서 구현하기 위한 준비 과정으로서 학업을 감당하는 것이다.

첫째, 하나님과의 만남의 경험을 통해 하나님의 자녀임을 확신한다. 신앙의 출발은 하나님과의 만남이다. 하나님과의 만남을 통해서 예수 그리스도께서 자신의 죄의 문제를 해결해주셨음을 믿고 하나님의 자녀가 되었음을 깨닫고 인지하게 된다.

> 영접하는 자 곧 그 이름을 믿는 자들에게는 하나님의 자녀가 되는 권세를 주셨으니(요한복음 1장 12절)

둘째, 하나님의 자녀가 살아가는 삶의 목적은 하나님 기쁘시게 하는 것이라는 사실을 확신한다. 이사야 43장 21절 보면,

> 이 백성은 내가 나를 위하여 지었나니 나를 찬송하게 하려 함이니라

고 나와 있다. 하나님께서 이스라엘 백성들을 만드시고 택하신 이유는 하나님을 찬송하게 하려 하신 것이다. 우리도 영적 이스라엘 백성으로서 동일하게 해당된다. 고린도전서 10장 31절에 보면,

> 그런즉 너희가 먹든지 마시든지 무엇을 하든지 다 하나님의 영광을 위하여 하라

고 나와 있다. 하나님의 영광을 위하여 사는 것이 바로 하나님의 자녀

가 살아가는 삶의 이유이자 목적인 것이다. 베드로전서 2장 9절에는

> 너희는 택하신 족속이요 왕 같은 제사장들이요 거룩한 나라요 그의 소유가 된 백성이니 이는 너희를 어두운 데서 불러내어 그의 기이한 빛에 들어가게 하신 이의 아름다운 덕을 선포하게 하려 하심이라

고 나와 있다. 하나님께서 우리를 귀한 존재로 삼아주신 이유는 죄 가운데 허덕이고 있는 우리를 불러내어 복음의 빛에 들어가게 하셔서 하나님의 자녀로 삼아주신 하나님의 아름다운 은혜와 능력을 세상 사람들에게 선포하라는 것이다. 이 세 구절을 종합해서 하나님의 자녀가 살아가는 목적을 정리하면, 하나님을 기쁘시게 하라는 것이다. 이 삶의 목적을 머리로서가 아니라 전인격적으로 알고 깨달아야 한다.

셋째, 하나님을 기쁘시게 하며 살아가는 꿈의 내용을 깨닫는다. 학생들은 꿈을 가지고 살아야 한다. 그리고 꿈을 위해서 대학에 진학하는 것이고, 그 꿈을 위해서 공부도 열심히 하는 것이다. 그러나 많은 학생들이 꿈을 제대로 찾지도 못한 채 좋은 대학에 가야 한다는 세상의 가치 안에서 부모와 교사에 의해 등 떠밀려 억지로 공부하고 있다. 따라서 공부 이전에 알아야 하는 것은 바로 꿈이다.

하나님의 자녀인 기독 학생들이 꿔야 하는 꿈은 하나님의 자녀가 살아가는 삶의 목적과 연결되어야 한다. 하나님을 기쁘시게 하며 살아가는 꿈이어야 한다. 성경에 보면 꿈의 구체적인 내용이 나와 있다. 창세기에 나오는 요셉을 보면, 이집트 총리가 되어서 고대 근동 지방에 거주하는 사람들이 굶어 죽지 않도록 육체의 생명을 살리는 역할

을 한다. 하나님께서 요셉을 이집트 총리로 삼으신 이유는 육체의 생명을 살리는 꿈 때문이었다. 이집트 총리라는 직업이 중요한 것이 아니라, 이집트 총리는 직업이고, 이 직업을 통해 육체의 생명을 살리는 꿈이 중요한 것이다. 이것은 바로 하나님을 기쁘시게 하는 꿈이었다. 그래서 이 꿈은 요셉의 꿈인 동시에 바로 하나님의 꿈이셨다.

> 당신들은 나를 해하려 하였으나 하나님은 그것을 선으로 바꾸사 오늘과 같이 많은 백성의 생명을 구원하게 하시려 하셨나니 (창세기 50장 20절)

이렇듯 하나님을 기쁘시게 하며 살아가는 꿈의 구체적인 내용은 생명을 구원하고 살리는 것이다. 생명은 육체의 생명, 정신(마음)의 생명, 영혼의 생명이 있다. 육체의 생명을 살려야 하고, 정신(마음)의 생명을 살려야 하고, 영혼의 생명을 살려야 한다. 우리 학생 중에 누군가는 의료계에 진출해서 육체의 생명을 살려야 하고, 사회복지, NGO 업무를 통해서 전 세계에 굶어 죽는 사람이 없도록 하는데 일조해야 한다. 그리고 요즘은 정신(마음)이 힘든 사람들이 너무나 많다. 우울증으로 인해 자살하는 사람들도 많고, 분노 사회 속에서 정신적으로 황폐해진 사람들이 많다. 이런 사람들을 위로하고 상담하고 이야기를 들어주는 정신(마음)의 생명을 살리는 헌신자들이 많이 나와야 한다. 그리고 궁극적으로는 영혼의 생명을 살리는 꿈을 실천하고 살아야 한다. 신약성경의 바울은 영혼의 생명을 살리는 데 있어서 자신의 모든 열정과 삶의 에너지를 쏟는 헌신을 했다.

> 내가 달려갈 길과 주 예수께 받은 사명 곧 하나님의 은혜의 복음을 증언하는 일을 마치려 함에는 나의 생명조차 조금도 귀한 것으로 여기지 아

니하노라(사도행전 20장 24절)

그리고 이러한 육체의 생명, 정신(마음)의 생명, 영혼의 생명을 살리는 데에 어떠한 일을 하면서 얻은 수입으로 참여하는 것도 하나님의 꿈을 실천하는 것이 된다.

넷째, 자신의 재능을 체크하면서 하나님의 꿈을 구체적으로 실현하기 위해 나아가야 할 진로의 영역을 찾는다. 생명을 살리기 위한 하나님의 꿈을 구체적으로 준비하기 위해서는 학생 자신이 나아가야 할 진로의 영역을 찾아야 한다. 진로의 영역을 찾기 위해서는 재능을 바탕으로 찾아야 한다. 재능은 하나님께서 개개인에게 주신 것이기 때문에 자신의 재능을 통해서 하나님을 기쁘시게 해야 한다.

교육학 이론 중에 재능의 영역과 내용에서 가장 큰 통찰을 주는 이론은 '다중지능이론'이다. 하버드대학교 교육학과 교수인 하워드 가드너가 주창한 이론으로 우리의 뇌에는 여러 지능의 영역이 존재하고 있다는 것이다. 그 지능의 영역은 적어도 8가지가 되는데, 이 8가지는 "언어지능, 수리논리지능, 공간지능, 음악지능, 신체운동지능, 대인관계지능, 자기이해지능, 자연친화지능"이다.[223] 이 지능에서 재능이 발현되는 것이다. 우리 안에는 이 8가지 지능(재능)이 다 있다. 지능(재능)을 체크 할 때는 남과의 비교평가가 아닌 자신 안에서의 절대평가를 통해서 8가지 중에 자신에게서 많이 나타나는 강점적인 지능(재능)을 발견해야 하는 것이다. 그리고 이 지능(재능)을 활

223) Gardner, H. Changing Minds, (Boston: Harvard Business School Press, 2004).

용하는 진로의 영역을 찾아야 하는 것이다.[224)]

다섯째, 하나님을 기쁘시게 하는 삶을 살기 위한 꿈이 동기가 되어서 열심히 공부할 수 있도록 한다. 하나님의 자녀가 되었음을 확신하고, 하나님을 기쁘시게 하는 것이 삶의 목적임을 깨닫고, 생명 살리는 것이 하나님의 꿈이라는 것도 알고, 자신의 재능을 통해서 구체적인 생명 살리는 꿈의 진로를 찾았으면 그다음은 열심히 공부하는 것이다.

이제는 개인의 만족, 개인의 성공을 위해 열심히 공부하는 것이 아니라, 생명 살리는 하나님의 꿈을 위해서 열심히 공부하는 것이다. 개인의 만족, 성공을 위해 공부하는 것은 결국 자신과 자신의 가족이 누리며 사는 영향력 정도이지만, 생명 살리는 하나님의 꿈을 위해 공부하는 것은 나중에 학교를, 병원을, 회사를, 교회를 더 나아가 국가를, 세계를 변화시킬 수 있는 엄청난 선한 영향력을 발휘하게 된다. 그렇다면 하나님의 꿈을 꾸며 공부하는 자가 개인의 성공을 목적으로 하여 공부하는 자보다 훨씬 더 거룩한 부담감을 가지고 열심히 공부하게 되는 것이다.

2. 교육내용

신앙와 학업의 "통합유형"에서의 교육내용은 다섯 단계로 구성된다.

224) 김성중,『너는 커서 어떤 나무가 될래? 』, (서울: 생명의말씀사, 2016), 58-65.

첫 번째, 하나님과의 만남 사건, 두 번째, 삶의 목적 깨달음, 세 번째, 생명을 살리시는 하나님의 꿈 깨달음, 네 번째, 하나님의 꿈을 위한 준비, 다섯 번째, 하나님의 꿈을 실현하는 모습이다. 이 다섯 가지의 단계를 거친 인물들이 성경에 많이 나온다. 성경에서 하나님께서 쓰신 인물들은 이 다섯 가지 단계를 거치면서 하나님의 꿈을 실현했다.

학생들 교육에 있어서 제일 신경 써야 하는 부분은 바로 '공감'이다. 공감은 감정과 상황을 공유하는 것이다. 단순한 정보 전달이나 내용 설명을 통해서는 학생들의 공감을 끌어낼 수 없다. 우리와 똑같은 사람이 경험한 이야기를 나누면 학생들의 공감을 끌어낼 수 있다. 이런 면에서 성경 속에 나온 인물들을 가지고 교육하는 것은 신앙-학업 "통합유형"을 위한 교육에 있어서 너무나도 중요하다.

성경 속에 예를 들면 다음과 같다.

(1) 야곱

첫 번째 단계: 하나님과의 만남을 통해서 하나님의 자녀이며, 하나님께서 자신을 지켜주시는 분이심을 깨달았다. (창세기 28장 16-19절)

> 야곱이 잠이 깨어 이르되 여호와께서 과연 여기 계시거늘 내가 알지 못하였도다. 이에 두려워하여 이르되 두렵도다 이 곳이여 이것은 다름 아닌 하나님의 집이요 이는 하늘의 문이로다 하고 야곱이 아침에 일찍이 일어나 베개로 삼았던 돌을 가져다가 기둥으로 세우고 그 위에 기름을 붓고 그 곳 이름을 벧엘이라 하였더라 이 성의 옛 이름은 루스더라."

두 번째 단계: 하나님께 드리고 헌신하면서 하나님의 기쁨으로 사는 것이 삶의 목적임을 깨달았다. (창세기 28장 20-22절)

> 야곱이 서원하여 이르되 하나님이 나와 함께 계셔서 내가 가는 이 길에서 나를 지키시고 먹을 떡과 입을 옷을 주시어 내가 평안히 아버지 집으로 돌아가게 하시오면 여호와께서 나의 하나님이 되실 것이요 내가 기둥으로 세운 이 돌이 하나님의 집이 될 것이요 하나님께서 내게 주신 모든 것에서 십분의 일을 내가 반드시 하나님께 드리겠나이다 하였더라

세 번째 단계: 야곱 자손이 전 세계로 흩어져서 영적 이스라엘 백성을 만들어 생명을 살리시는 하나님의 꿈을 깨달았다. (창세기 28절 14절)

> 네 자손이 땅의 티끌 같이 되어 네가 서쪽과 동쪽과 북쪽과 남쪽으로 퍼져나갈지며 땅의 모든 족속이 너와 네 자손으로 말미암아 복을 받으리라

네 번째 단계: 하나님의 꿈을 위해 열심히 일했다. 외삼촌이 자신을 속이는 것을 경험하면서 과거에 자신이 형을 속인 모습을 성찰하고, 끝까지 인내하면서 살았다. (창세기 31장 41절)

> 내가 외삼촌의 집에 있는 이 이십 년 동안 외삼촌의 두 딸을 위하여 십사 년, 외삼촌의 양 떼를 위하여 육 년을 외삼촌에게 봉사하였거니와 외삼촌께서 내 품삯을 열 번이나 바꾸셨으며

다섯 번째 단계: 야곱이 이스라엘 민족의 근원이 되며 하나님의 꿈을 실현해 나갔다. (창세기 35장 10-12절)

> 하나님이 그에게 이르시되 네 이름이 야곱이지마는 네 이름을 다시는 야곱이라 부르지 않겠고 이스라엘이 네 이름이 되리라 하시고 그가 그의 이름을 이스라엘이라 부르시고 하나님이 그에게 이르시되 나는 전능한 하나님이라 생육하며 번성하라 한 백성과 백성들의 총회가 네게서 나오고 왕들이 네 허리에서 나오리라 내가 아브라함과 이삭에게 준 땅을 네게 주고 내가 네 후손에게도 그 땅을 주리라 하시고

(2) 모세

첫 번째 단계: 떨기나무에서 하나님과의 만남을 통해 하나님께서 누구신지 알게 되었고, 조상 때부터 함께 해 오신 하나님이심을 깨달았다. (출애굽기 3장 3-6절, 13-15절)

> 이에 모세가 이르되 내가 돌이켜 가서 이 큰 광경을 보리라 떨기나무가 어찌하여 타지 아니하는고 하니 그 때에 여호와께서 그가 보려고 돌이켜 오는 것을 보신지라 하나님이 떨기나무 가운데서 그를 불러 이르시되 모세야 모세야 하시매 그가 이르되 내가 여기 있나이다. 하나님이 이르시되 이리로 가까이 오지 말라 네가 선 곳은 거룩한 땅이니 네 발에서 신을 벗으라

> 모세가 하나님께 아뢰되 내가 이스라엘 자손에게 가서 이르기를 너희의 조상의 하나님이 나를 너희에게 보내셨다 하면 그들이 내게 묻기를 그의 이름이 무엇이냐 하리니 내가 무엇이라고 그들에게 말하리이까 하나님이 모세에게 이르시되 나는 스스로 있는 자이니라 또 이르시되 너는 이스라엘 자손에게 이같이 이르기를 스스로 있는 자가 나를 너희에게 보내셨다 하라 하나님이 또 모세에게 이르시되 너는 이스라엘 자손에게 이같이 이르기를 너희 조상의 하나님 여호와 곧 아브라함의 하나님, 이삭의 하나님, 야곱의 하나님께서 나를 너희에게 보내셨다 하라 이는 나의 영원한 이름이요 대대로 기억할 나의 칭호니라

두 번째 단계: 모세는 하나님을 온전을 섬기고 하나님을 찬양하는 것이 인생의 목적임을 깨달았다. (출애굽기 3장 12절)

> 하나님이 이르시되 내가 반드시 너와 함께 있으리라 네가 그 백성을 애굽에서 인도하여 낸 후에 너희가 이 산에서 하나님을 섬기리니 이것이 내가 너를 보낸 증거니라

세 번째 단계: 모세는 애굽 안에서 고통을 받으며 죽어가는 이스라엘 백성들을 이끌어내어 생명을 살리시는 하나님의 꿈을 깨달았다. (출애굽기 3장 7-8절)

> 여호와께서 이르시되 내가 애굽에 있는 내 백성의 고통을 분명히 보고 그들이 그들의 감독자로 말미암아 부르짖음을 듣고 그 근심을 알고 내가 내려가서 그들을 애굽인의 손에서 건져내고 그들을 그 땅에서 인도하여 아름답고 광대한 땅, 젖과 꿀이 흐르는 땅 곧 가나안 족속, 헷 족속, 아모리 족속, 브리스 족속, 히위 족속, 여부스 족속의 지방에 데려가려 하노라

네 번째 단계: 모세는 하나님께서 주신 지팡이를 들고, 아론과 협업하면서 하나님의 꿈을 준비했다. (출애굽기 4장 14-17절)

> 여호와께서 모세를 향하여 노하여 이르시되 레위 사람 네 형 아론이 있지 아니하냐 그가 말 잘 하는 것을 내가 아노라 그가 너를 만나러 나오나니 그가 너를 볼 때에 그의 마음에 기쁨이 있을 것이라 너는 그에게 말하고 그의 입에 할 말을 주라 내가 네 입과 그의 입에 함께 있어서 너희들이 행할 일을 가르치리라 그가 너를 대신하여 백성에게 말할 것이니 그는 네 입을 대신할 것이요 너는 그에게 하나님 같이 되리라 너는 이 지팡이를 손에 잡고 이것으로 이적을 행할지니라

다섯 번째 단계: 모세가 애굽으로 가서 이스라엘 백성들을 이끌고 나오면서 하나님의 꿈을 실현했다. (출애굽기 12장 40-41절)

> 이스라엘 자손이 애굽에 거주한 지 사백삼십 년이라 사백삼십 년이 끝나는 그 날에 여호와의 군대가 다 애굽 땅에서 나왔은즉

(3) 다니엘

첫 번째 단계: 다니엘은 그의 이름의 뜻(하나님은 나의 재판관)대로 어려서부터 하나님을 알고 율법을 지키는 생활을 통해 매 순간 하나님을 만나고 하나님을 경외하는 삶을 살았다. (다니엘 1장 8절)

> 다니엘은 뜻을 정하여 왕의 음식과 그가 마시는 포도주로 자기를 더럽히지 아니하리라 하고 자기를 더럽히지 아니하도록 환관장에게 구하니

두 번째 단계: 다니엘은 인생의 가장 중요한 목적은 하나님을 온전히 섬기고 하나님과 교제하고 예배함으로 하나님을 기쁘시게 하는 것임을 알았다. (다니엘 6장 10절)

> 다니엘이 이 조서에 왕의 도장이 찍힌 것을 알고도 자기 집에 돌아가서는 윗방에 올라가 예루살렘으로 향한 창문을 열고 전에 하던 대로 하루 세 번씩 무릎을 꿇고 기도하며 그의 하나님께 감사하였더라

세 번째 단계: 다니엘은 하나님께서 주시는 꿈 해석의 능력을 가지고 모든 열왕이 다 하나님께 돌아와서 복종함으로 말미암아 구원을 받고 생명을 얻어야 된다는 꿈을 인지했다. (다니엘 7장 27절)

> 나라와 권세와 온 천하 나라들의 위세가 지극히 높으신 이의 거룩한 백성에게 붙인 바 되리니 그의 나라는 영원한 나라이라 모든 권세 있는 자들이 다 그를 섬기며 복종하리라

네 번째 단계: 다니엘은 어려서부터 하나님의 때에 쓰임 받을 것을 인지하면서 지혜를 통찰하기 노력하고, 지식에 통달하기 위해서 열심히 공부했다. (다니엘 1장 4절)

> 곧 흠이 없고 용모가 아름다우며 모든 지혜를 통찰하며 지식에 통달하며 학문에 익숙하여 왕궁에 설 만한 소년을 데려오게 하였고 그들에게 갈대아 사람의 학문과 언어를 가르치게 하였고

다섯 번째 단계: 다니엘은 꿈 해석과 예언을 통해서 온 세계가 하나님께 복종해야 함을 선포했고, 많은 사람들을 하나님께로 돌아오게 해야 함을 선포하면서 하나님의 꿈을 이루었다. (다니엘 12장 3절)

> 지혜 있는 자는 궁창의 빛과 같이 빛날 것이요 많은 사람을 옳은 데로 돌아오게 한 자는 별과 같이 영원토록 빛나리라

(4) 베드로

첫 번째 단계: 베드로가 갈릴리 해변에서 예수님과의 만남을 통해 자신이 죄인임을 철저히 깨달았다. 그리고 회개하며 하나님의 자녀가 되었음을 확신했다. (마태복음 5장 8절)

> 시몬 베드로가 이를 보고 예수의 무릎 아래에 엎드려 이르되 주여 나를 떠나소서 나는 죄인이로소이다 하니

두 번째 단계: 베드로는 예수님의 뜻대로 살아가며 예수님을 기쁘시게 하는 삶이 가장 중요함을 깨닫고 예수님을 따르게 되었다. (마태복음 4장 18-20절)

> 갈릴리 해변에 다니시다가 두 형제 곧 베드로라 하는 시몬과 그의 형제 안드레가 바다에 그물 던지는 것을 보시니 그들은 어부라 말씀하시되 나를 따라오라 내가 너희를 사람을 낚는 어부가 되게 하리라 하시니 그들이 곧 그물을 버려 두고 예수를 따르니라

세 번째 단계: 베드로는 예수 그리스도의 가르침을 통해 예수님의 복음을 전파해서 죽어가는 영혼의 생명을 살리고, 병든 자를 고치면서 육체의 생명을 살리는 것이 하나님의 꿈임을 깨달았다. (마태복음 10장 6-8절)

> 오히려 이스라엘 집의 잃어버린 양에게로 가라 가면서 전파하여 말하되 천국이 가까이 왔다 하고 병든 자를 고치며 죽은 자를 살리며 나병환자를 깨끗하게 하며 귀신을 쫓아내되 너희가 거저 받았으니 거저 주라

네 번째 단계: 베드로는 예수님의 말씀을 철저히 듣고 공부하면서 예수님께서 구원자이시고, 하나님의 아들이심을 정확하게 인지했고, 예수님 승천 이후의 복음 사역을 위해 준비했다. (마태복음 16장 16-19절)

> 시몬 베드로가 대답하여 이르되 주는 그리스도시요 살아 계신 하나님의 아들이시니이다 예수께서 대답하여 이르시되 바요나 시몬아 네가 복이 있도다 이를 네게 알게 한 이는 혈육이 아니요 하늘에 계신 내 아

버지시니라 또 내가 네게 이르노니 너는 베드로라 내가 이 반석 위에 내 교회를 세우리니 음부의 권세가 이기지 못하리라 내가 천국 열쇠를 네게 주리니 네가 땅에서 무엇이든지 매면 하늘에서도 매일 것이요 네가 땅에서 무엇이든지 풀면 하늘에서도 풀리리라 하시고

다섯 번째 단계: 베드로는 예수님 승천 이후에 예루살렘 교회의 리더로서 사역하고, 복음을 전파하면서 생명 살리는 하나님의 꿈을 실현했다. (사도행전 2장 38절, 41절)

베드로가 이르되 너희가 회개하여 각각 예수 그리스도의 이름으로 세례를 받고 죄 사함을 받으라 그리하면 성령의 선물을 받으리니

그 말을 받은 사람들은 세례를 받으매 이 날에 신도의 수가 삼천이나 더하더라

(5) 바울

첫 번째 단계: 바울이 다메섹 도상에서 예수님을 강렬하게 만나고 하나님의 자녀가 되었음을 확실하게 깨달았다. (사도행전 9장 3-5절)

사울이 길을 가다가 다메섹에 가까이 이르더니 홀연히 하늘로부터 빛이 그를 둘러 비추는지라 땅에 엎드러져 들으매 소리가 있어 이르시되 사울아 사울아 네가 어찌하여 나를 박해하느냐 하시거늘 대답하되 주여 누구시니이까 이르시되 나는 네가 박해하는 예수라

두 번째 단계: 바울은 자신이 가졌던 세상적인 것들을 누리며 사는 것은 아무 의미 없는 것이고, 오직 예수 그리스도의 이름을 가지고 하나님을 기쁘시게 하며 사는 것이 인생의 목적임을 깨달았다. (빌립보서 3장 8절)

또한 모든 것을 해로 여김은 내 주 그리스도 예수를 아는 지식이 가장 고상하기 때문이라 내가 그를 위하여 모든 것을 잃어버리고 배설물로 여김은 그리스도를 얻고

세 번째 단계: 바울은 하나님의 은혜의 복음을 증언하며 죽어가는 영혼을 살리는 것이 하나님의 꿈임을 깨달았다. (사도행전 20장 24절)

> 내가 달려갈 길과 주 예수께 받은 사명 곧 하나님의 은혜의 복음을 증언하는 일을 마치려 함에는 나의 생명조차 조금도 귀한 것으로 여기지 아니하노라

네 번째 단계: 바울은 유대인으로서 율법을 열심히 공부하고, 당대 최고의 율법 선생으로부터 열심히 율법을 배웠기에 예수님을 만나고 하나님의 꿈을 깨달은 후에 유대인들을 품고 율법에 정통한 유대인들의 눈높이에 맞춰 복음을 전파하는 일을 하기가 수월했고, 로마시민권을 가지고 있었기에 로마에서 황제에게 재판받기 전에 로마에서 기다릴 때 로마사람들에게 복음을 전할 수 있었다. 하나님께서는 바울에게 준비됐던 것을 복음 전파에 다 사용하셨다. (사도행전 22장 3절, 사도행전 22장 28절)

> 나는 유대인으로 길리기아 다소에서 났고 이 성에서 자라 가말리엘의 문하에서 우리 조상들의 율법의 엄한 교훈을 받았고 오늘 너희 모든 사람처럼 하나님께 대하여 열심이 있는 자라

> 천부장이 대답하되 나는 돈을 많이 들여 이 시민권을 얻었노라 바울이 이르되 나는 나면서부터라 하니

다섯 번째 단계: 바울은 예수님의 복음을 전파하며 생명을 살리기 위해 모든 것을 쏟으며 하나님의 꿈을 실현했다. (디모데후서 4장 6-8절)

> 전제와 같이 내가 벌써 부어지고 나의 떠날 시각이 가까웠도다 나는 선한 싸움을 싸우고 나의 달려갈 길을 마치고 믿음을 지켰으니 이제 후로는 나를 위하여 의의 면류관이 예비되었으므로 주 곧 의로우신 재판장이 그 날에 내게 주실 것이며 내게만 아니라 주의 나타나심을 사모하는

모든 자에게도니라

3. 교육방법

(1) 1단계 교육방법 – 비블리오 드라마

“비블리오 드라마”는 그 용어에서 알 수 있듯이 성경에 나오는 이야기를 소그룹 안에서 드라마로 표현하고 보여주는 것이다. 그래서 비블리오 드라마의 텍스트는 성경이고, 표현방식은 드라마가 되는 것이고, 놀이의 요소를 가지게 되는 것이다.[225] 비블리오 드라마는 구성원들이 함께 만들어가기 때문에 가장 중요한 시작은 구성원들과 함께 성경을 읽는 것이다.[226] 성경을 읽고 내용을 파악하는 것이다. 구성원들이 많으면 집중도가 떨어질 수 있고, 충분한 나눔이 될 수 없을 가능성이 있고, 성경 본문에서 배역을 많이 찾기도 힘들 우려가 있기 때문에 소그룹 안에서 시행하는 것이 교육적 효과가 크다.

그다음 성경의 이야기에서 나오는 등장인물을 연기할 배역을 정하고 즉흥적으로 연기를 하게 된다. 우리가 교회에서 전통적으로 해오던 성극은 일정한 교육목적을 정하고, 대본을 만들고 참여하는 사람은 대본을 열심히 연습하고 외우지만, 비블리오 드라마는 대본을 만들지 않고 즉흥적으로 해내는 것이고, 그렇기 때문에 예상하지 못

225) 고원석 외 5인,『기독교교육개론 (2판)』, (서울: 장로회신학대학교 기독교교육연구원, 2017), 302.

226) 조용선, 2018년 11월 19일, “다음세대 목회 계획 … 소그룹을 살리자,”『한국기독공보』[On-line], http://www.pckworld.com/article.php?aid=7879913056, (2019년 10월 16일 접속).

한 교육적 경험을 할 수 있게 되는 것이다.[227] 비블리오 드라마를 통해서 성경의 인물이 되어 보고, 그럼으로서 참여하는 사람들이 "성경 이야기의 인물들과 연결되고, 그 관계 속에서 자기 자신을 재발견"하게 되는 것이다.[228] 즉, "비블리오 드라마에 참여하는 사람들은 성경의 인물들과 자신을 동일시함으로써 하나님 경험을 구현할 수 있게" 되는 것이다.[229]

이와 같은 "비블리오 드라마"는 놀이의 요소를 가지게 되는데, 놀이의 요소에서 중요한 것은 바로 상상력과 즐거움, 관계이다. 놀이에 참여하면서 "상상을 통해 세상을 넘어 영원한 세계를 들여다본다."[230] 놀이 안에서 "즐거움을 경험한다."[231] 그리고 함께 참여하는 사람들이 가장 가까운 '너와 나'와의 관계가 된다.[232] '너와 나'의 관계 속에서는 인격과 인격으로서의 관계인 것이고, 상호적인 관계인 것이다.[233]

신앙-학업 "통합모델"에서 중요한 교육내용은 위에서 살펴본 것과 같이 성경 속의 인물이기 때문에 예를 들어 출애굽기에 나오

227) 위의 책.

228) 고원석 외 5인,『기독교교육개론 (2판)』, 305.

229) 위의 책.

230) 강용원,『기독교교육 방법론』, (서울: 기독한교, 2011), 305.

231) 양성진, "게이미피케이션(gamification)에 근거한 신앙을 위한 놀이의 재개념 연구,"『기독교교육논총』59 (2019), 205.

232) Johnston, R. K., *The Christian at Play*, (Eugene: Wipf & Stock Publishers, 1997), 34.

233) 고용수,『관계이론에 기초한 만남의 기독교교육사상』, (서울: 장로회신학대학교출판부, 1994), 38-39.

는 '모세'를 가지고 비블리오 드라마를 시행할 때 핵심내용은 모세가 하나님과 만나고, 삶의 목적을 깨닫고, 생명을 살리시는 하나님의 꿈을 발견하고, 하나님의 꿈을 위해 준비하고, 결국 하나님의 꿈을 실현하기 위해 나아가는 모습을 재현하는 것이다. 출애굽기 3~5장에 나오는 하나님, 모세, 아론, 애굽의 바로왕이 등장인물이 될 수 있고, 비블리오 드라마에서의 연기를 통해서 모세를 연기하지 않은 학생도 자신의 배역의 입장에서 모세를 생각하고 모세의 마음을 이해해볼 수 있는 것이다.

(2) 2단계 교육방법 – 나눔

비블리오 드라마에서 성경의 인물이 되어 본 경험 이후에는 함께 참여한 학생들끼리 같이 모여서 대화하는 시간을 가지는 것이다. 연기한 성경 이야기를 이해하기 위한 대화의 시간을 가지고, 성경의 인물이 되어서 연기하면서 경험하고 느끼고 깨달은 점을 서로 나누는 시간을 가진다. 학생들 사이의 대화를 통해서 깨달음의 교환, 더 구체적으로 학생들 사이에 상호작용하는 가운데 깨달음의 의미가 무엇인지에 대한 교환이 이루어진다. 대화를 하면서 자신의 의견만 피력하는 것이 아니라 상대방에 대한 개방적인 태도를 가지고 상대방의 말을 듣게 되고, 자신이 상대방으로부터 들은 내용에 대해 반응을 하면서 깨닫게 된다. 대화의 원리에 있어서 중요한 것은 상호적인 관계성을 탐구하는 것인데, 그것은 대화를 통해서 인간과 인간 사이의 상호관계, 사물과 사물 사이의 상호관계, 사건과 사건 사이의 상호관계, 인간과 사건, 사물 사이의 복합적인 상호관계, 경험과 의미의 상호관계 등을 탐구하는 것이 필요하다.[234)]

이러한 대화를 통한 나눔에서 우리가 살펴보고 모델로 삼고자 하는 성경의 주인공을 주인공 외의 같은 배경에서 등장하는 다른 인물들과의 상호관계, 주변에 있던 사물과의 상호관계, 주인공의 경험과 그 의미와의 상호관계 등을 다각도로 살펴보게 되며, 이 안에서 발견한 깨달음을 가지고 나의 모습을 성경의 주인공과 비교하면서 자기 자신을 객관적으로 보게 되는 경험을 하게 된다. 이러한 대화를 통한 나눔은 일종의 협동학습의 효과가 나서 학생들끼리 긍정적인 측면에서 상호의존하게 되며, 학생들이 서로 주고 받는 대화와 나눔 속에 스스로 답을 찾고 깨닫는 일이 일어나며, 나눔을 통해서 학생들끼리 관계가 돈독해지는 효과가 생겨난다.[235)]

(3) 3단계 교육방법 – 피드백

3단계 교육방법에서 중요한 역할을 하는 존재는 바로 교사이다. 교사는 학생들끼리 서로 대화하고 나눈 부분에 대해서 피드백하는 시간을 가져야 한다. 피드백은 학생들이 배움의 주제에 대해서 더 주의를 집중할 수 있도록 도움을 주고, 학습 목표를 이룰 수 있도록 지원하는 역할을 하게 된다. 그럼으로써 효율적이고 효과적인 배움이

---

234) Howe, R. L., *The Miracle of Dialogue*, 김관석 역,『대화의 기적』, (서울: 대한기독교교육협회, 2000), 45-52.

235) Thom J., and Schultz, J., *Why Nobody Learns Much of Anything at Church: and How to Fix It*, 마영례 역,『지루함을 깨뜨리는 가르침의 기술』, (서울: 도서출판 디모데, 2001), 204-209.

될 수 있도록 중요한 정보를 제공해주는 기회가 된다.[236)]

카츠(Katz)는 피드백의 원칙으로 몇 가지를 제시했는데, 첫 번째는 학생들과의 관계 형성을 위한 기능으로 작용해야 하고, 두 번째는 피드백을 하기 위해서는 계획을 세워야 하고, 세 번째는 피드백의 말은 판단적이지 않아야 하고 구체적인 관찰에 근거를 두며 해야 한다는 것이다. 그다음 네 번째는 직접적으로 관찰하고 필요한 사항을 기록한 것을 가지고 해야 하고, 다섯 번째는 학생이 변화할 수 있는 부분에 초점을 맞춰서 해야 하고, 여섯 번째는 학생들이 기대를 가질 수 있는 부분과 지지를 받을 수 있는 부분에 맞춰서 해야 한다는 것이다. 그다음 일곱 번째는 학생 가까운 곳에서 관찰한 것에 대해서 해야 하고, 여덟 번째는 정확하면서도 간결하게 해야 하고, 아홉 번째는 긍정적인 말, 부정적인 말을 균형 있게 사용해야 하고, 열 번째는 학생 스스로 자신을 살피고 평가 할 수 있는 기회를 주어야 하고, 열한 번째는 결론에 있어서는 긍정적인 말을 사용해야 하고, 마지막 열두 번째는 피드백은 문서로 학생에게 제공해주어야 한다는 것이다.[237)] 교사는 학생들 개개인에게 피드백을 해 줌으로써 실제적으로 깨달은 것을 어떻게 자신의 삶으로 연결시킬 수 있을지에 대해, 어떻게 신앙을 위한 학업의 자리로 나아갈 수 있을지에 대해 구체적인 도움을 줄 수 있어야 한다.

---

236) Hoy, A. W., and Hoy, W. K. *Educational Administration: Theory, Research and Practice*(9th ed.). (New York: McGraw-Hill, 2013), 168.

237) Katz, N. T., "Providing Educational Feedback," *The Association of Professors of Gynecology and Obstetrics* 1 (2016), 3.

(4) 4단계 교육방법 – 자기 결단

교사가 해 준 피드백을 바탕으로 자신의 삶에 적용할 부분들을 학생 각자 기록하고 서로 발표하는 시간을 갖는 것이다. 즉, 자기 결단의 시간을 갖는 것이다. 성경의 주인공을 통해 알고 느끼고 깨달은 점, 성경의 주인공처럼 살면서 하나님께 쓰임 받기 위해서는 어떻게 해야 하는지에 대해 결심한 점, 성경의 주인공이 실현했던 생명을 살리는 하나님의 꿈을 어떻게 내 삶에서 구현할 수 있는지에 대해 생각한 점, 하나님의 꿈을 실현하기 위해 어떻게 준비를 할 것인지 1년 단위, 3년 단위, 5년 단위의 계획에 대해 생각한 점을 기록하게 하는 것이다. 그리고 자신이 기록한 내용을 함께 교육에 참여했던 학생들 사이에서 서로 발표하게 하는 것이다. 교육에 함께 참여했던 학생들이 자기 결단의 증인들이 되는 것이다. 발표를 통해서 자기 결단을 실천으로 연결하려는 강한 의지가 생겨나는 것이다.

Ⅳ. 나오면서

교회학교가 위기라고 말한다. "교회학교 학생 수의 격감"이 이루어지고 있기 때문이다.[238] 기독 학생들이 교회학교에 나오지 못하는 이유 중에 큰 이유가 바로 학업 때문이다. 공부해야 하기 때문에,

---

238) 박상진, "한국 교회학교 위기 극복을 위한 기독교교육의 새로운 패러다임-교회, 가정, 학교의 연계를 통한 기독교교육-,"『기독교교육논총』20 (2009), 54.

학원가야 하기 때문에, 학원 보충가야 하기 때문에, 과외 받아야 하기 때문에 교회학교에 못 나오는 경우가 많이 있다. 즉 신앙과 학업이 분리되어 신앙보다 학업 위주의 모습이 우리 학생들에게, 그리고 우리 학부모들에게 보인다는 것이다. 교회 나오는 학생들조차 학업을 위한 신앙, 학업을 위한 도구로서의 신앙, 즉 신앙생활을 열심히 하면 공부 잘하고 좋은 대학에 갈 수 있겠지라는 기복주의적인 신앙의 모습이 나타나고 있다. 따라서 이제 기독교교육 안에서 신앙-학업 관계에 대한 연구가 이루어져야 하고, 신앙-학업 사이의 건전한 관계 형성을 하며 이에 대한 구체적인 교육 모델, 교육 커리큘럼을 개발하고 기독교교육 현장에 적용해야 한다.

이런 면에서 이번 8장의 내용은 신앙-학업 관계유형을 네 가지로 정리하고, 신앙-학업 "통합유형"을 이상적인 유형으로 보고 이에 따르는 하나의 교육모델을 구체적으로 만들어서 제시했다는 점에서 큰 의의가 있다고 생각한다. 신앙-학업 "통합유형"이 실제 기독교교육 현장에서 적용되고, "통합유형"에 따른 실제적인 다양한 교육 커리큘럼이 계속 개발되어 나오기를 소망한다.

또한, 학생들에게 가장 큰 영향을 주는 존재는 바로 학부모이기 때문에 학생들을 대상으로 하는 교육 커리큘럼뿐만 아니라, 부모들을 대상으로 하는 신앙-학업 "통합유형"에 따른 부모교육 커리큘럼의 실제도 연구되어 나오기를 소망한다.

학업이 너무나도 중요한 우리나라의 교육 환경 가운데 신앙과 학업의 관계가 갈등 관계로 설정되는 경우에는 신앙과 학업 두 마리의 토끼를 잡을 수 없고, 기독 학생은 기독 학생 나름대로, 기독 학부모는 기독 학부모 나름대로, 목회자와 청소년부 교사는 그들 나름대로 스트레스를 받아 힘들게 된다. 따라서 신앙-학업 "통합유형"을 전제로 해서 신앙생활도 열심히 잘 하며, 현재 삶 속에서 자신이 해야 하는 학업도 최선을 다해 감당하는 청소년들로 키울 수 있어야 한다. 우리 청소년들의 신앙생활과 학업을 진심으로 응원한다!!

참고문헌

☆ 강용원. 『기독교교육 방법론』. 서울: 기독한교, 2011.

☆ 고원석 외 5인. 『기독교교육개론 (2판)』. 서울: 장로회신학대학교 기독교교육연구원, 2017.

☆ 고용수. 『관계이론에 기초한 만남의 기독교교육사상』. 서울: 장로회신학대학교출판부, 1994.

☆ 김성중. 『너는 커서 어떤 나무가 될래?』. 서울: 생명의말씀사, 2016.

☆ 박상진. "한국 교회학교 위기 극복을 위한 기독교교육의 새로운 패러다임-교회, 가정, 학교의 연계를 통한 기독교교육-." 『기독교교육논총』20 (2009), 53-83.

☆ 신현석 외 15인. 『학습사회의 교육행정 및 교육경영 (2판)』. 서울: 학지사, 2016.

☆ 양성진. "게이미피케이션(gamification)에 근거한 신앙을 위한 놀이의 재개념 연구." 『기독교교육논총』59 (2019), 195-238.

☆ 윤정일 외 3인. 『교육행정학 원론 (6판)』. 서울: 학지사, 2017.

☆ 전병재. "개혁주의 세계관으로 바라본 학업과 기독교교육의 과제." 『기독교교육논총』 59 (2019), 415-447.

☆ 조용선. 2018년 11월 19일. "다음세대 목회 계획...소그룹을 살리자." 『한국기독공보』 [On-line]. http://www.pckworld.com/article.php?aid=7879913056 (2019년 10월 16일 접속).

☆ 주삼환 외 10인. 『교육행정 및 교육경영 (5판)』. 서울: 학지사. 2015.

☆ 황영준, 안미화. 『교육행정 및 교육경영』. 서울: 양서원, 2015.

☆ Gardner, H. Changing Minds. Boston: Harvard Business School Press, 2004.

☆ Howe, R. L. The Miracle of Dialogue. 김관석 역. 『대화의 기적』. 서울: 대한기독교교육협회, 2000.

☆ Hoy, A. W., and Hoy, W. K. *Educational Administration: Theory*, Research and Practice (9th ed.). New York: McGraw-Hill, 2013.

☆ Johnston, R. K. *The Christian at Play*. Eugene: Wipf & Stock Publishers,

1997.

☆ Katz, N. T. "Providing Educational Feedback." *The Association of Professors of Gynecology and Obstetrics* 1 (2016), 1-6.

☆ Thom J., and Schultz, J. *Why Nobody Learns Much of Anything at Church: and How to Fix It*. 마영례 역.『지루함을 깨뜨리는 가르침의 기술』. 서울: 도서출판 디모데, 2001.

9장

기독 청소년들의 유튜브 사용 실태 연구

Ⅰ. 들어가는 말

청소년들에게서 있어서 유튜브(YouTube)는 떼래야 뗄 수 없는 삶의 도구이다. 유튜브를 통해 흥미와 재미를 느끼고, 취미 생활을 하며, 스트레스를 해소하고, 다양한 정보를 얻고 그들의 삶에서 필요한 내용을 배운다. 그러나 부모들의 시선에서 보았을 때는 청소년들이 유튜브를 통해 유해한 정보를 얻는 것은 아닌지, 청소년들이 보지 말아야 하는 내용을 보는 것은 아닌지 우려가 되기도 하고, 유튜브 중독에 빠지는 것은 아닌지 걱정이 되기도 한다. 이번 장은 교회에 출석하고 있는 기독 청소년들의 유튜브 사용 실태를 연구하고 분석하면서 어떤 특징적인 면이 있는지 찾아보려고 한다. 그리고 기독 청소년들이 아닌 청소년들의 유튜브 사용 실태와는 차이점이 있는지에 대해서 판단해보려고 한다.

구체적으로 본 연구는 양적연구조사방법을 사용하면서 기독 청소년들을 대상으로 설문조사를 실시하고, 그 설문조사의 결과를 바탕으로 기독 청소년들의 유튜브 사용 실태에 대해서 분석하려고 한다. 그리고 조사대상자의 성별, 나이. 사는 지역별로 결과에 차이가 있는지에 대한 여부도 분석하려고 한다. 더 나아가 기독 청소년들의 유튜브 사용 실태의 결과를 가지고 앞으로 교회 청소년부가 청소년들의 눈높이를 맞추기 위해 어떤 내용의 유튜브 콘텐츠를 만들어야 하는지 그 방향성에 대해서 논의하려고 한다. 본 연구는 유튜브 시대에 기독 청소년들의 유튜브 사용 실태에 대한 초창기의 연구로서 그

의미와 가치가 있다고 판단된다.

Ⅱ. 연구방법

1. 조사도구 및 분석방법

연구방법은 설문조사를 통한 양적연구조사방법을 사용했다. '구글 닥스(google docs)'를 통해 온라인 설문조사를 실시하였는데 청소년들을 대상으로 조사하는 것이기에 참여율을 높이기 위해 문항 수를 최소화했다. 질문은 총 6개로 구성했는데 설문조사 참여자에 대한 정보를 얻기 위한 질문 3개는 성별, 나이, 거주 지역이었고, 설문조사를 통해 알고 싶은 내용에 대한 질문 3개는 접속시간, 시청목적, 즐겨보는 유튜브 채널 유형이었다. 구체적으로 설문조사 참여자에 대한 정보를 얻기 위한 질문 3개에서 설문조사 참여자의 성별은 남, 여로 구별하였고, 설문조사 참여자의 나이는 청소년 초기, 중기, 후기로 구분해서 13-14세, 15-16세, 17-19세로 나누었다. 설문조사 참여자의 거주 지역은 서울시, 광역시, 일반시, 그 외 지역으로 구분하였다. 다음으로 설문조사를 통해 알고 싶은 내용에 대한 질문 3개에서 설문조사 참여자의 유튜브 하루 접속시간은 1시간 미만, 1-2시간, 2-3시간, 3-4시간, 4시간 이상으로 나누었고, 설문조사 참여자의 유튜브 시청목적은 흥미(재미), 취미, 이유 없음, 스트레스 해소, 교육으로 구분하였다. 설문조사 참여자의 즐겨보는 유튜브 채널 유형은 먹방, 뷰티, 게임, 자기개발, 코메디, 실험, 몰카(상황설정극), 토크쇼, 아이돌 음악, 스포츠, 애완동물, TV예능, 만화, 신앙생활로 나누었다. 설문조사 문항이 담겨 있는 '구글 닥스' 설문 링크는 2021년 4월 1일부터 4월 30일까지 전국에 있는 교회 청소년부 담당 목회자들에게 무작위 샘플링의 방법으로 전달되었고, 설문 링크를 받은 목회자들은 본인이 사역하는 청소년부 학생들 카카오톡 메시지를 통해 전달하였다(Don, Jolene, & Leah, 2009, 61). 그리고 2021년 6월 15일까지 수집된 자료를 SPSS 18.0을 사용해서 분석하였다(이학식, 임지훈, 2011). 구체적으로 빈도분석을 통해 성별, 나이, 거주 지역, 접속시간, 시청목적, 즐겨보는 유튜브 채널 유형의 퍼센트 분포를 조사하였다. 이 외에 독립변수로 설정할 수 있는 성별, 나이, 거주 지역과 종속변수로 설정할 수 있는 접속시간, 시청목적, 즐겨보는 유튜브 채널 유형 간의 상관관계를 분석했다. 통계적으로 유의한 차이는 p-value .05를 기준을 했다(Dooley, 2000).

2. 설문조사 참여자

1) 성별

설문조사에 참여한 총 참여자는 182명으로, 남자는 94명(51.4%), 여자는 88명(48.4%)이었다. 남자와 여자 비율이 거의 맞았다.

<표 1> 성별(sex)

	빈도 (frequency)	퍼센트 (percent)	유효 퍼센트 (effective percent)	누적 퍼센트 (cumulative percent)
남자(male)	94	51.6	51.6	51.6
여자(female)	88	48.4	48.4	100.0
전체(total)	182	100.0	100.0	

2) 나이

설문조사참여자의 나이는 한국 나이로서 중·고등학교 학생을 기준으로 설정하였다. 중학교에 빨리 입학하는 경우도 있기에 13세부터 설문에 참여할 수 있도록 했다. 13-14세(청소년 초기)는 75명(41.2%), 15-16세(청소년 중기)는 33명(18.1%), 17-19세(청소년 후기)는 74명(40.7%)이 설문에 참여하였다.

<표 2> 나이(age)

	빈도 (frequency)	퍼센트 (percent)	유효 퍼센트 (effective percent)	누적 퍼센트 (cumulative percent)
13-14세 (13-14 years)	75	41.2	41.2	41.2
15-16세 (15-16 years)	33	18.1	18.1	59.3
17-19세 (17-19 years)	74	40.7	40.7	100.0
전체(total)	182	100.0	100.0	

3) 거주 지역

설문조사참여자의 거주 지역은 서울이 36명(19.8%), 광역시가 38명(20.9%), 일반시가 62명(34.1%), 그 외 지역이 46명(25.3%)으로서 일반시에 거주하는 학생들이 가장 많이 설문에 참여하였고, 그다음은 그 외 지역이었고, 서울과 광역시가 비슷한 수준에서 참여했다.

<표 3> 거주 지역(residence)

	빈도 (frequency)	퍼센트 (percent)	유효 퍼센트 (effective percent)	누적 퍼센트 (cumulative percent)
서울 (seoul)	36	19.8	19.8	19.8
광역시 (metropolitan city)	38	20.9	20.9	40.7
일반시 (general city)	62	34.1	34.1	74.7
그 외 지역 (other areas)	46	25.3	25.3	100.9
전체(total)	182	100.0	100.0	

Ⅲ. 연구 결과

1. 종합 분석

1) 유튜브 하루 접속시간

유튜브 하루 접속시간은 1시간 미만이 95명(52.2%)으로 가장 높았고, 다음으로 1-2시간이 32명(17.6%), 2-3시간이 31명(17.0%), 3-4시간이 17명(9.3%), 4시간 이상이 7명(3.8%)으로 나타났다. 청소년들은 학업으로 인해 바쁘기 때문에 하루에 유튜브를 많이 보는 것 같아도 실제적으로는 1시간 미만이 가장 많이 차지하고 있음을 확인할 수 있다. 2017년 OECD"학생 웰빙 보고서"에 의하면, 공부하는 시간이 주당 60시간을 초과한다고 답한 우리나라 학생들은 23.2%를 차지했고, 이것은 OECD 국가 평균인 13.3%를 훨씬 넘는 수치이다(김남중, 2018.11.9). 우리나라 학생들은 학업으로 인해 유튜브를 볼 시간이 생각보다 많지 않다는 것을 유추할 수 있는 대목이다.

<표 4> 유튜브 하루 접속시간(YouTube access time per day)

	빈도 (frequency)	퍼센트 (percent)	유효 퍼센트 (effective percent)	누적 퍼센트 (cumulative percent)
1시간 미만 (less than 1 hour)	95	52.2	52.2	52.2
1-2시간 (1-2 hours)	32	17.6	17.6	69.8
2-3시간 (2-3 hours)	31	17.0	17.0	86.8
3-4시간 (3-4 hours)	17	9.3	9.3	96.2
4시간 이상 (more than 4 hours)	7	3.8	3.8	100.0
전체(total)	182	100.0	100.0	

2) 유튜브 시청목적

유튜브 시청목적은 흥미(재미)가 72명(39.6%)으로 가장 많았고, 다음으로 취미가 41명(22.5%), 이유 없음이 37명(20.3%), 스트레스 해소가 16명(8.8%), 교육이 16명(8.8%)으로 나타났다. 입시 위주의 경쟁주의적인 삶을 살아가는 청소년들은 삶의 흥미(재미)를 간절히 원하며 흥미(재미)를 찾기 위해 유튜브를 시청한다는 점을 발견할 수 있다. 이 외에도 청소년들이 취미 생활로서 유튜브를 시청함을 알 수 있고, 유튜브가 일상이 되어 아무 이유 없이 그냥 시청하게 됨을 알 수 있다. 흥미롭게 발견되는 점은 학생들의 공부를 위한 교육의 목적으로는 자발적으로 유튜브를 찾는 빈도가 높지 않다는 점이다. 이런 면에서 유튜브는 청소년들이 순수하게 자기가 원하는 것을 하는 공간임을 확인할 수 있다.

<표 5> 유튜브 시청목적(YouTube viewing purpose)

	빈도 (frequency)	퍼센트 (percent)	유효 퍼센트 (effective percent)	누적 퍼센트 (cumulative percent)
흥미(재미) (fun)	72	39.6	39.6	39.6
취미 (hobby)	41	22.5	22.5	62.1
이유 없음 (no reason)	37	20.3	20.3	82.4
스트레스해소 (stress relief)	16	8.8	8.8	91.2
교육 (education)	16	8.8	8.8	100.0
전체(total)	182	100.0	100.0	

3) 즐겨보는 유튜브 채널 유형

청소년들이 즐겨보는 유튜브 채널 유형 1위는 게임(32명, 17.6%)이고, 2위는 아이돌 음악(26명, 14.3%)이고, 3위는 TV예능과 자기개발(20명, 11.0%)이다. 5위는 먹방(19명, 10.4%)이고, 6위는 코메디(16명, 8.8%), 7위는 애완동물(15명, 8.2%)이다. 이 외에 8위는 스포츠(11명, 6.0%)이고, 9위는 몰카(상황설정극)(7명, 3.8%)이고, 10위는 뷰티(6명, 3.3%)이고, 11위는 실험(4명, 2.2%)이다. 12위는 만화(3명, 1.6%)이고, 13위는 신앙생활(2명, 1.1%)이고, 마지막 14위는 토크쇼(1명, 0.5%)이다. 청소년들의 문화에서 가장 중요한 부분은 온라인 게임임을 확인할 수 있고, 아이돌이 청소년들의 삶에 큰 영향을 주고 있음을 확인할 수 있다. 또한 청소년들은 예능 프로그램을 좋아하고, 자신의 관심사와 재능을 키우는 자기개발에 관심이 있음을 확인할 수 있다. 또한 스트레스 받는 청소년들의 삶 가운데 웃을 수 있는 코메디에 관심을 가지고, 정서순화에 도움이 되는 애완동물을 보는 것에 관심을 가지고 있음도 알 수 있다. 중요하게 눈여겨볼 점은 신앙생활과 관련된 채널을 즐겨보는 학생은 거의 없다는 점이다. 학생들이 신앙에 대한 관심이 줄어드는 부분도 있겠지만, 청소년들에게 신앙적인 부분에서 도움을 주는 청소년 눈높이 맞춤형 유튜브 신앙교육 콘텐츠가 많지 않다는 점도 인지해야 한다. 유튜브를 통해서는 청소년들의 신앙생활에 유익을 주지 못하고 있다는 점을 중요하게 살펴보아야 한다.

<표 6> 즐겨보는 유튜브 채널 유형(Favorite YouTube channel types)

	빈도 (frequency)	퍼센트 (percent)	유효 퍼센트 (effective percent)	누적 퍼센트 (cumulative percent)
먹방(eating show)	19	10.4	10.4	10.4
뷰티(beauty)	6	3.3	3.3	13.7
게임(game)	32	17.6	17.6	31.3

자기개발 (self-development)	20	11.0	11.0	42.3
코메디(comedy)	16	8.8	8.8	51.1
실험(experiment)	4	2.2	2.2	53.3
몰카(상황설정극) (hidden camera)	7	3.8	3.8	57.1
토크쇼(talk show)	1	0.5	0.5	57.7
아이돌음악(idol music)	26	14.3	14.3	72.0
스포츠(sports)	11	6.0	6.0	78.0
애완동물(pet)	15	8.2	8.2	86.3
TV예능 (entertainment show)	20	11.0	11.0	97.3
만화(cartoon)	3	1.6	1.6	98.9
신앙생활(faith life)	2	1.1	1.1	100.0
전체(total)	182	100.0	100.0	

2. 교차 분석

1) 성별과 유튜브 하루 접속시간 간의 교차 분석

남학생과 여학생 모두에게서 유튜브 하루 접속시간은 1시간 미만이 제일 높게 나타났다. 남학생과 여학생의 접속시간을 깊이 있게 분석했을 때는 남학생의 경우 1시간 미만이 여학생의 경우보다 빈도수가 낮고, 1-2시간, 2-3시간 사용이 여학생의 경우보다 빈도수가 높고, 특히 2-3시간은 여학생보다 3배 가까이 빈도수가 많은 것으로 보아서는 남학생의 유튜브 접속시간이 여학생보다 많다고 분석할 수 있다. 통계적으로도 남학생, 여학생 간에 유의미한 차이가 있는 것으로 나타났다(α=.038, $p < .05$).

<표 7> 성별과 유튜브 하루 접속시간 간의 교차표
(Crosstabulation between sex and YouTube access time per day)

		접속시간(YouTube access time per day)					전체 (total)
		1시간 미만 (less than 1 hour)	1-2시간 (1-2 hours)	2-3시간 (2-3 hours)	3-4시간 (3-4 hours)	4시간 이상 (more than 4 hours)	
성별 (sex)	남자 (male)	39	18	23	14	0	94
	여자 (female)	56	14	8	3	7	88
전체(total)		95	32	31	17	7	182

2) 성별과 유튜브 시청목적 간의 교차 분석

남학생과 여학생 모두 흥미(재미)를 위해 유튜브를 시청한다는 답변이 제일 많이 나왔고, 취미와 이유 없이 그냥 시청한다는 답변이 남학생, 여학생 모두 높게 나왔다. 통계적으로 남학생과 여학생 간에 유의미한 차이가 나타나지 않았다(α=.799, $p > .05$).

<표 8> 성별과 유튜브 시청목적 간의 교차표
(Crosstabulation between sex and YouTube viewing purpose)

		접속시간(YouTube access time per day)					전체 (total)
		흥미 (재미) (fun)	취미 (hobby)	이유없음 (no reason)	스트레스 해소 (stress relief)	교육 (education)	
성별 (sex)	남자 (male)	32	29	19	8	6	94
	여자 (female)	40	12	18	8	10	88
전체(total)		72	41	37	16	16	182

3) 성별과 즐겨보는 유튜브 채널 유형 간의 교차 분석

남학생과 여학생은 즐겨보는 유튜브 채널 유형이 다르다. 남학생의 경우는 게임(21명), 먹방(13명), 코메디(12명), 스포츠(11명) 순이었지만, 여학생의 경우는 아이돌 음악(18명), TV예능(15명), 자기개발(12명), 게임(11명) 순이었다. 즐겨보는 유튜브 채널 유형은 남학생과 여학생의 관심사를 알 수 있게 한다. 남학생의 주 관심사는 게임, 먹는 것, 웃기는 것, 스포츠이지만, 여학생의 주 관심사는 아이돌, 예능, 자기개발을 위해 배우는 것, 게임이라는 점을 알 수 있다. 응답 빈도수가 많이 나온 순위권에서 남학생, 여학생의 공통된 관심사는 게임임을 알 수 있다. 통계적으로도 남학생, 여학생 간에 유의미한 차이가 있는 것으로 나타났다(α=.018, $p < .05$).

<표 9> 성별과 즐겨보는 유튜브 채널 유형 간의 교차표
(Crosstabulation between sex and favorite YouTube channel types)

		채널(channel)				
		먹방 (eating show)	뷰티 (beauty)	게임 (game)	자기개발 (self-development)	코메디 (comedy)
성별 (sex)	남자 (male)	13	0	21	8	12
	여자 (female)	6	6	11	12	5
전체(total)		19	6	32	20	16

		채널(channel)				
		실험 (experiment)	몰카 (상황설정극) (hidden camera)	토크쇼 (talk show)	아이돌음악 (idol music)	스포츠 (sports)
성별 (sex)	남자 (male)	4	4	0	8	11
	여자 (female)	0	3	1	18	0
전체(total)		4	7	1	26	11

		채널(channel)				전체 (total)
		애완동물 (pet)	TV예능 (entertainment show)	만화 (cartoon)	신앙생활 (faith life)	
성별 (sex)	남자 (male)	8	5	0	0	94
	여자 (female)	7	15	3	2	88
전체(total)		15	20	3	2	182

4) 나이와 유튜브 하루 접속시간 간의 교차 분석

13-14세, 15-16세, 17-19세에서 모두 1시간 미만이 제일 높은 빈도수를 차지했다. 눈여겨볼 점은 17-19세 고등학생들이 2-3시간 사용한다는 응답이 13-14세와 15-16세보다 4배 이상 높다는 점이다. 청소년들이 바쁜 일상 가운데서 유튜브 접속시간이 1시간 미만이 제일 높게 나타났지만, 공부에 대한 스트레스가 가장 높은 고등학생들은 유튜브를 통해 스트레스를 해소하는 정도가 다른 나잇대에

<표 10> 나이와 유튜브 하루 접속시간 간의 교차표
(Crosstabulation between age and YouTube access time per day)

		접속시간(YouTube access time per day)					전체 (total)
		1시간 미만 (less than 1 hour)	1-2시간 (1-2 hours)	2-3시간 (2-3 hours)	3-4시간 (3-4 hours)	4시간 이상 (more than 4 hours)	
나이 (age)	13-14세 (13-14 years)	45	19	5	6	0	75
	15-16세 (15-16 years)	18	3	5	7	0	33
	17-19세 (17-19 years)	32	10	21	4	7	74
전체(total)		95	32	31	17	7	182

비해 높을 수 있음을 예측할 수 있고, 다른 나잇대에 비해 더 늦게 자기 때문에 유튜브에 접속할 시간이 더 많을 수 있음을 예측할 수 있다. 집단 간의 차이는 13-14세와 17-19세 사이에서 유의미하게 나타났다(α=.006, p< .05).

5) 나이와 유튜브 시청목적 간의 교차 분석

13-14세의 학생들은 흥미(재미)가 가장 높은 시청목적으로 나왔고, 그다음으로 취미, 이유 없음 순으로 높게 나왔다. 15-16세의 학생들은 이유 없음이 가장 높은 시청목적으로 나왔고, 그다음으로 흥미(재미), 취미 순으로 높게 나왔다. 17-19세의 학생들은 흥미(재미)가 가장 높은 시청목적으로 나왔고, 그다음으로 취미, 이유 없음 순으로 높게 나왔다. 눈여겨볼 점은 13-14세 학생들은 스트레스 해소를 위한 목적이 4회 나왔고, 15-16세 학생들은 0회 나왔지만, 17-19세 학생들은 12회나 나왔다는 점이다. 고등학생들은 학업에 대한 압박과 입시 스트레스가 크기 때문에 스트레스 해소로 유튜브를 시청하는 경우가 많음을 확인할 수 있다(김동일 외 14인, 2016, 20). 실제 한국청소년정책연구원의 황여정 위원의 "학생들의 스트레스" 조사에 따르면 고등학생들의 스트레스 인지 비율이 다른 연령대의 학생들보다 높았다(통계개발원, 2014, 121). 나이와 유튜브 시청목적 간의 교차 분석 결과 통계적으로 집단 간에 유의미한 차이는 없었다(α=.292, p >.05).

<표 11> 나이와 유튜브 시청목적 간의 교차표
(Crosstabulation between age and YouTube viewing purpose)

		사용목적(YouTube viewing purpose)					전체 (total)
		흥미(재미) (fun)	취미 (hobby)	이유없음 (no reason)	스트레스 해소 (stress relief)	교육 (education)	
나이 (age)	13-14세 (13-14 years)	35	18	11	4	7	75
	15-16세 (15-16 years)	9	8	13	0	3	33
	17-19세 (17-19 years)	28	15	13	12	6	74
전체(total)		72	41	37	16	16	182

6) 나이와 즐겨보는 유튜브 채널 유형 간의 교차 분석

13-14세가 즐겨보는 유튜브 채널 유형은 게임(12명)과 TV예능(12명), 아이돌 음악(10명), 자기개발(8명) 순으로 나타났고, 15-16세가 즐겨보는 유튜브 채널 유형은 게임(8명)과 아이돌 음악(8명), 먹방(5명) 순으로 나타났고, 17-19세가 즐겨보는 유튜브 채널 유형은 게임(12명), 자기개발(10명)과 코메디(10명), 먹방(8명)과 아이돌 음악(8명) 순으로 나타났다. 나잇대와 관계없이 상위권에서 공통적으로 나오는 채널 유형은 게임과 아이돌 음악이었다. 게임과 아이돌 음악이 청소년 아이들에게는 나잇대와 관계없이 관심사임을 확인할 수 있다. 통계적으로 집단 간에 유의미한 차이는 없었다(α=.273, p >.05).

<표 12> 나이와 즐겨보는 유튜브 채널 유형 간의 교차표
(Crosstabulation between age and favorite YouTube channel types)

		채널(channel)				
		먹방 (eating show)	뷰티 (beauty)	게임 (game)	자기개발 (self-development)	코메디 (comedy)
성별 (sex)	13-14세 (13-14 years)	6	0	12	8	6
	15-16세 (15-16 years)	5	3	8	2	0
	17-19세 (17-19 years)	8	3	12	10	10
전체(total)		19	6	32	20	16

		채널(channel)				
		실험 (experiment)	몰카 (상황설정극) (hidden camera)	토크쇼 (talk show)	아이돌음악 (idol music)	스포츠 (sports)
성별 (sex)	13-14세 (13-14 years)	4	5	1	10	3
	15-16세 (15-16 years)	0	0	0	8	3
	17-19세 (17-19 years)	0	2	0	8	5
전체(total)		4	7	1	26	11

		채널(channel)				전체 (total)
		애완동물 (pet)	TV예능 (entertainment show)	만화 (cartoon)	신앙생활 (faith life)	
성별 (sex)	13-14세 (13-14 years)	7	12	1	0	75
	15-16세 (15-16 years)	3	1	0	0	33
	17-19세 (17-19 years)	5	7	2	2	74
전체(total)		15	20	3	2	182

7) 거주 지역과 유튜브 하루 접속시간 간의 교차 분석

거주 지역과 관계없이 1시간 미만 접속시간이 가장 높은 것으로 나타났다. 눈여겨볼 점은 광역시 외의 일반시에서는 1-2시간 접속시간도 높게 나타났고, 서울의 경우는 2-3시간 접속시간도 높게 나타났다는 점이다. 통계적으로 집단 간에 유의미한 차이는 없었다 (α=.067, p >.05).

<표 13> 거주 지역과 유튜브 하루 접속시간 간의 교차표
(Crosstabulation between residence and YouTube access time per day)

		접속시간(YouTube access time per day)					전체 (total)
		1시간 미만 (less than 1 hour)	1-2시간 (1-2 hours)	2-3시간 (2-3 hours)	3-4시간 (3-4 hours)	4시간 이상 (more than 4 hours)	
지역 (residence)	서울 (seoul)	18	0	15	3	0	36
	광역시 (metro-politan city)	20	3	4	4	7	38
	일반시 (general city)	28	23	7	4	0	62
	그 외 지역 (other areas)	29	6	5	6	0	46
전체(total)		95	32	31	17	7	182

8) 거주 지역과 유튜브 시청목적 간의 교차 분석

서울에 사는 학생들은 유튜브 시청목적으로 취미가 가장 높았고, 그다음 흥미(재미)와 이유 없음이 두 번째로 높았다. 광역시에 사는 학생들은 유튜브 시청목적이 흥미(재미), 취미, 스트레스 해소 순으로 높았다. 일반시에 사는 학생들은 유튜브 시청목적이 흥미(재미)와 이유 없음이 가장 높았고, 그다음 교육이 높게 나왔다. 그 외 지역에 사는 학생들은 유튜브 시청목적이 흥미(재미), 취미, 이유 없음 순으로 높았다. 눈여겨볼 점은, 광역시에 사는 학생들은 유튜브 시청목적으로 이유 없음을 3명밖에 체크하지 않았지만, 일반시에 사는 학생들은 21명이나 체크했다는 점이고, 일반시에 사는 학생들은 유튜브 시청목적으로 교육을 13명이나 체크했지만, 광역시나 그 외 지역에 사는 학생들은 한 명도 체크하지 않았다는 점이다. 또한, 일반시에 사는 학생들은 유튜브 시청목적으로 취미를 3명밖에 체크하지 않았지만 그 외 지역에 사는 학생들은 14명이나 체크했다는 점이다. 집단 간의 차이는 광역시와 일반시에 사는 학생 사이에서(α=.002, p

<표 14> 거주 지역과 유튜브 시청목적 간의 교차표
(Crosstabulation between residence and YouTube viewing purpose)

		접속시간(YouTube access time per day)					전체 (total)
		1시간 미만 (less than 1 hour)	1-2시간 (1-2 hours)	2-3시간 (2-3 hours)	3-4시간 (3-4 hours)	4시간 이상 (more than 4 hours)	
지역 (residence)	서울 (seoul)	8	13	8	4	3	36
	광역시 (metro-politan city)	20	11	3	4	0	38
	일반시 (general city)	21	3	21	4	13	62
	그 외 지역 (other areas)	23	14	5	4	0	46
전체(total)		72	41	37	16	16	182

< .05), 그리고 일반시와 그 외 지역에서 사는 학생 사이에서 유의미하게 나타났다(α=.001, p> .05).

9) 거주 지역과 즐겨보는 유튜브 채널 유형 간의 교차 분석

서울에 사는 학생들이 즐겨보는 유튜브 채널은 먹방(7명), 아이돌 음악(6명), 코메디(5명)와 스포츠(5명) 순으로 나타났고, 광역시에 사는 학생들이 즐겨보는 유튜브 채널은 TV예능(10명), 게임(9명), 자기개발(5명)과 아이돌 음악(5명) 순으로 나타났다. 일반시에 사는 학생들이 즐겨 보는 유튜브 채널은 게임(14명), 자기개발(10명), 코메디(9명) 순으로 나타났고, 그 외 지역에 사는 학생들이 즐겨 보는 유튜브 채널은 아이돌 음악(7명)과 애완동물(7명)과 TV예능

<표 15> 거주 지역과 즐겨보는 유튜브 채널 유형 간의 교차표
(Crosstabulation between residence and favorite YouTube channel types)

		채널(channel)				
		먹방 (eating show)	뷰티 (beauty)	게임 (game)	자기개발 (self-development)	코메디 (comedy)
성별 (sex)	서울 (seoul)	7	3	3	2	5
	광역시 (metro-politan city)	2	3	9	5	0
	일반시 (general city)	5	0	14	10	9
	그 외 지역 (other areas)	5	0	6	3	2
전체(total)		19	6	32	20	16

		채널(channel)				
		실험 (experiment)	몰카 (상황설정극) (hidden camera)	토크쇼 (talk show)	아이돌음악 (idol music)	스포츠 (sports)
성별 (sex)	서울 (seoul)	0	0	0	6	5
	광역시 (metro-politan city)	1	1	1	5	0
	일반시 (general city)	0	2	0	8	6
	그 외 지역 (other areas)	3	4	0	7	0
전체(total)		4	7	1	26	11

		채널(channel)				전체 (total)
		애완동물 (pet)	TV예능 (entertainment show)	만화 (cartoon)	신앙생활 (faith life)	
성별 (sex)	서울 (seoul)	3	0	0	2	36
	광역시 (metro-politan city)	0	10	1	0	38
	일반시 (general city)	5	3	0	0	62
	그 외 지역 (other areas)	7	7	2	0	46
전체(total)		15	20	3	2	182

(7명)이 동률로 가장 높게 나타났다. 통계적으로 집단 간에 유의미한 차이는 없었다(α=.234, p >.05).

Ⅳ. 나가는 말

기독 청소년들의 유튜브 사용 실태에 대해 조사한 본 연구에서 발견한 점은 첫째, 유튜브 시청 시간에 있어서 기독 청소년들은 학업으로 인해 바쁜 생활을 하기에 하루에 유튜브에 접속하는 시간이 어른들이 우려할 만큼 많지 않다는 점이다. 둘째, 유튜브 시청목적에 있어서 많은 기독 청소년들은 삶의 흥미(재미)를 찾기 위해 유튜브를 시청하고, 취미 생활로서 유튜브를 시청하고, 시간이 날 때 아무 이유 없이 시청한다는 점이다. 셋째, 기독 청소년들이 주로 시청하는 유튜브 채널 유형을 통해서 그들의 관심사를 파악할 수 있다는 점이다. 기독 청소년들의 주요 관심사는 온라인 게임, 아이돌 음악, TV 예능 프로그램, 자기개발이라는 사실을 확인할 수 있다. 이 관심사가 이들의 문화이자, 취미이자, 놀이이자, 스트레스 해소 방법이다. 그리고 기독 청소년임에도 불구하고 신앙생활과 관련된 유튜브 채널은 학생들이 거의 자발적으로 선택해서 보지 않는다는 점이 이 연구에서 중요하게 발견한 점이다. 이런 면에서 예측할 수 있는 점은 기독 청소년들이나 비 기독 청소년들은 유튜브 사용과 관련해서는 별반 차이가 없다는 점이다. 청소년들의 삶의 중심에 유튜브가 있는데, 기독 청소년들은 그 유튜브 안에서 신앙적인 영향을 받는 것이 거의 없다는 점은 "기독교적인 자아 정체성" 형성에 유튜브 콘텐츠가 거의 영향을 주지 못하고 있다는 점을 말해주는 것이다(옥장흠, 2009, 290).

기독 청소년들의 유튜브 사용 실태에서 발견한 점은 교회 청소년부 안에서 만들어지는 유튜브 콘텐츠의 방향성을 제시해준다. 코로나19 시대로 인해 많은 교회 청소년부는 유튜브 채널을 만들고 운영하고 있지만, 아쉽게도 청소년들이 들어오지 않는다. 그래서 대부분 단순히 예배 영상 송출의 수동적인 역할로만 유튜브가 기독 청소년들에게 영향을 주고 있다. 앞으로 교회 청소년부에서 유튜브 콘텐츠를 만들 때 중요하게 생각해야 하는 점은 바로 청소년들에게 흥미(재미)를 주어야 한다는 점이다. 그리고 콘텐츠 내용에 있어서는 도전하고 레벨을 높여 나가는 게임의 요소가 들어가는 콘텐츠, 아이돌 음악의 장르를 사용하는 찬양 콘텐츠, TV 예능 프로그램과 같이 미션을 주고 참여하게 하는 콘텐츠, 청소년들의 다양한 재능을 키워주는 콘텐츠가 필요하다는 점이다. 마지막으로 유튜브를 통해 학생들의 신앙생활에 도움이 될 수 있는 교육 콘텐츠를 제작할 시에는 딱딱하거나 형식적이지 않게 만들어야 하고, 학생들의 눈높이를 맞출 수 있어야 한다. 그러기 위해 신앙교육 콘텐츠를 제작하기 전에 청소년들의 의견을 듣는 과정을 반드시 가져야 하고, 온라인 콘텐츠를 전문적으로 제작할 수 있는 노하우를 가지고 있어야 한다(김성중, 2020).

더 나아가 청소년부 목회자와 교사들은 청소년 디지털 문화 전반을 이해하면서 “디지털 문화 역량으로서 미디어 리터러시”를 갖추기 위해 부단히 노력해야 한다(김효숙, 2013, 401). 본 연구의 후속 연구로는 더 많은 기독 청소년들을 대상으로 유튜브 사용 실태에 대해 연구하고, 양적연구 뿐만 아니라, 질적연구를 진행할 필요가 있다. 부족하지만 본 연구는 기독 청소년들의 유튜브 사용 실태에 대한 초창기 연구로서 그 의미와 가치가 있다고 확신한다.

참고문헌

☆ 김남중(2018. 11. 9). 학원 일요휴무제. 중앙일보, https://news.joins.com/article/23109163, 추출일 : 2021. 7. 2.

☆ 김동일 외 14인 (2016).『청소년 상담학 개론』서울: 학지사.

☆ 김성중(2020). 코로나19 시기 이후의 기독교교육의 방향.『기독교교육논총』, 63, 39-64.

☆ 김효숙(2013). 디지털 문화 역량으로서 미디어 리터러시 개발.『기독교교육논총』, 36, 395-421.

☆ 옥장흠(2009). 청소년의 종교교육에 대한 인식이 신앙발달에 미치는 영향.『기독교교육논총』, 21, 275-309.

☆ 이학식, 임지훈(2011).『SPSS 18.0 매뉴얼』. 서울: 집현재.

☆ 통계개발원 편(2014).『한국의 사회동향 2013』. 서울: 통계개발원.

☆ Don, A. D., Jolene, D. S., & Leah, M. C. (2009). *Surveys*. New Jersey: Wiley.

☆ Dooley, D. (2000). *Social Research Methods* (4th ed). Boston: Pearson Custom Publishing.

<설문조사지>

안녕하세요. 기독 청소년들의 유튜브 이용현황을 파악하기 위해 간단한 설문을 하려고 합니다. 응답해주시면 감사드리겠습니다.

1. 성별은?

   남 □ 여 □

2. 나이는?

   13-14세 □ 15-16세 □ 17-19세

3. 사는 지역은?

   서울시 □ 광역시 □ 일반시 □ 그 외 지역 □

4. 유튜브 하루 접속 시간은?

   1시간 미만 □ 1-2시간 □ 2-3시간 □ 3-4시간 □ 4시간 이상 □

5. 유튜브 시청목적은?

   흥미(재미) □ 취미 □ 이유없음 □ 스트레스 해소 □ 교육 □

6. 내가 가장 즐겨보는 유튜브 채널 유형은?

   먹방 □ 뷰티 □ 게임 □ 자기개발 □ 코메디 □ 실험 □

   몰카(상황설정극) □ 토크쇼 □ 아이돌 음악 □ 스포츠 □

   애완동물 □ TV예능 □ 만화 □ 신앙생활 □

저자 : 김성중

1. 학력사항

연세대학교 신과대학 졸업

장로회신학대학교 신학대학원 목회학 석사 졸업

장로회신학대학교 대학원 기독교교육학 석사 졸업

미국 보스턴대학교(Boston University) 신학 석사 졸업

미국 플로리다대학교(University of Florida) 교육학 박사 졸업

미국 하버드대학교(Harvard University) 케네디 스쿨 NGO 전문교육연수 수료

2. 경력사항

前 동안교회 청소년부 전도사, 목사

前 대한민국 공군 군종목사

前 평화교회 교육 협력목사

前 인도네시아 주님의교회 목사

前 플로리다 게인스빌 한인교회 교육목사, 부목사, 청년유학부 목사

前 세광교회 교육총괄 목사, 청년부 목사

前 여전도회전국연합회 계속교육원 강사

前 연세대학교 강사

現 플로리다 게인스빌 한인교회 협동목사

現 서소문교회 청년부 목사

現 전국 청소년수련회, 부흥회, 교사대학 및 세미나 강사

現 한국기독교교육학회 임원

現 다음세대를 위한 번개탄TV 감사

現 코리아바이블로드선교회 이사

現 대한민국교육봉사단 공동대표

現 두레자연중,고등학교 이사

現 더작은재단 자문교수

現 기독교교육리더십연구소 소장

現 장로회신학대학교 교수

3. 저서

비전을 심어주는 청소년 사역 매뉴얼 (쿰란출판사, 2007)

비전으로 인생을 연주하라 (예영 커뮤니케이션, 2009)

출애굽기, 그 다음은 뭐였더라? (공저, 하늘산책, 2011)

기독교교육행정학의 이론과 실제 (민영사, 2015)

너는 커서 어떤 나무가 될래? (생명의 말씀사, 2016)

교회교육 현장으로 나가다 (공저, 동연, 2016)

2016 대림절 묵상집 "주님을 기다리며" (공저, 동연, 2016)

이 시대에 필요한 기도 트렌드 (민영사, 2017)

제4차 산업혁명시대의 교육목회 (공저, 기독한교, 2017)

(개정판) 기독교교육행정학의 이론과 실제 (민영사, 2018)

청소년 사역자 (공저, 민영사, 2019)

사춘기 자녀 웃으며 키우기 (두란노, 2020)

재난 시대를 극복하는 한국교회 (공저, 킹덤북스, 2020)

코로나19를 넘어서는 기독교교육 (공저, 동연, 2020))

기독교 학교, 교회에서의 인사행정 (민영사, 2021)

(제3판) 기독교교육행정학의 이론과 실제 (민영사, 2021)

*저자 특강 문의) 이메일: newant99@gmail.com

기독교교육과 청소년:

기독교청소년교육학

지은이	김성중
펴낸날	2021년 12월 20일 초판
펴낸이	김동현
펴낸곳	민영사
주소	서울시 성동구 독서당로 39길 43 1층
전화	(02) 711-1224~5
팩스	(02) 711-1226
등록	2014년 1월 1일 제2014-000001호
Home	http://www.minyoungsa.com
E-mail	myspub@hanmail.net

값 16,000원

ISBN 979-11-86378-41-0 03230

*잘못 만들어진 책은 교환해 드립니다.